Thematic representatives prayer

평신도를 위한 주제별

대표
기도문

노 진 향 지음

머 리 말

　교회력에 맞춘 대표 기도문에 이어 주제별 대표 기도문을 펴낼 수 있도록 인도하신 하나님께 감사와 영광을 돌립니다. 우리 주위에 기도하는 법에 관한 책은 이미 오래 전부터 발간되었고 많은 그리스도인들이 참고하기도 하고, 또 적용해 보기도 했을 것 입니다. 그러나 전적으로 대표 기도만을 위해서 발간 된 책은 아직 만나 보지를 못했습니다. 이 책은 일반 기도문은 제외하고 오직 대표 기도문만을 집중적으로 엮어 보았습니다. 개 교회에서 대표 기도를 준비하시는 분들에게 조금이나마 도움이 되었으면 하는 바램을 갖습니다.

　대표 기도문을 집필하면서 최대한 평신도의 입장에 서서 써 보려고 노력했지만 막상 문장으로 엮어놓고 보니 부족한 부분이 많았다는 것을 절감합니다. 이 책의 부족한 부분은 이 책을 참고로 하여 하나님의 뜻을 담아내는 멋진 대표 기도문을 만들어 보시고 실제적으로 적용해 보시기 바랍니다.
　이 책의 뒷부분에 신앙 생활에 도움이 될 만한 내용들을 몇 가지 선정해서 실어 보았습니다. 참고하셔서 더 나은 영적인 풍요를 누리시고 하늘 보좌를 움직일 수 있는 기도의 사람이 되시길 바랍니다.

　끝으로 연약한 종을 위하여 기도로 협력해 주신 교우들과 사모에게 감사를 드리며, 이 일을 시작케 하시고 이루게 하신 하나님께 다시 한번 영광을 돌리며……

저자 노진향

Contents _ 목차

머리말 / 3

1부 대표 기도에 대한 짤막한 상식

1. 대표 기도란 무엇인가? / 10
2. 대표 기도는 언제하는가? / 12
3. 대표 기도는 어떻게 드리는가? / 13
4. 대표 기도는 누가하는가? / 15
5. 대표 기도는 어떻게 준비해야 하는가? / 15
6. 대표 기도의 자세와 태도 / 16
7. 대표 기도시 주의해야 할 것들 / 17
8. 대표 기도의 잘못된 형태 / 21
9. 대표 기도중에 틀리기 쉬운 말들 / 24

2부 절기에 대한 짤막한 상식

1. 대강절 / 28
2. 성탄절 / 28
3. 현현절 / 29
4. 사순절 / 30
5. 성회 수요일 / 31
6. 종려 주일 / 32
7. 세족 목요일 / 32
8. 성 금요일 / 32
9. 부활절 / 33
10. 성령 강림절 / 34
11. 맥추 감사절 / 35
12. 어린이 주일 / 36
13. 어버이 주일 / 37
14. 종교개혁 주일 / 37
15. 추수 감사절 / 39
16. 성서 주일 / 40

3부 대표 기도 예문

1. 월별에 맞춘 대표 기도문

   1) 1월에 맞춘 기도문 / 42
   2) 2월에 맞춘 기도문 / 44
   3) 3월에 맞춘 기도문 / 46
   4) 4월에 맞춘 기도문 / 48
   5) 5월에 맞춘 기도문 / 50
   6) 6월에 맞춘 기도문 / 52
   7) 7월에 맞춘 기도문 / 54
   8) 8월에 맞춘 기도문 / 56
   9) 9월에 맞춘 기도문 / 58
   10) 10월에 맞춘 기도문 / 60
   11) 11월에 맞춘 기도문 / 62
   12) 12월에 맞춘 기도문 / 64

2. 교회력에 맞춘 대표 기도문

1) 주현절에 맞춘 기도문 / 68
2) 산상변모일에 맞춘 기도문 / 70
3) 사순절에 맞춘 기도문 / 72
4) 종려주일에 맞춘 기도문 / 74
5) 고난주간에 맞춘 기도문 / 76
6) 성 금요일에 맞춘 기도문 / 78
7) 부활주일에 맞춘 기도문 / 80
8) 부활절에 맞춘 기도문 / 82
9) 성령강림절에 맞춘 기도문 / 84
10) 오순절에 맞춘 기도문 / 86
11) 삼위일체 주일에 맞춘 기도문 / 88
12) 왕국절에 맞춘 기도문 / 90
13) 대강절에 맞춘 기도문 / 92
14) 성탄절에 맞춘 기도문 / 94
15) 성탄절 기간에 맞춘 기도문 / 96

3. 절기와 공공 기념일 때의 대표 기도문

1) 신년감사 주일에 맞춘 기도문 / 100
2) 설날에 맞춘 기도문 / 102
3) 삼일절 기념 주일에 맞춘 기도문 / 104
4) 어린이 주일에 맞춘 기도문 / 106
5) 어버이 주일에 맞춘 기도문 / 108
6) 현충일에 맞춘 기도문 / 110
7) 6.25 상기 주일에 맞춘 기도문 / 112
8) 맥추감사 주일에 맞춘 기도문 / 114
9) 광복절 기념 주일에 맞춘 기도문 / 116
10) 추석 명절에 맞춘 기도문 / 118
11) 종교개혁 주일에 맞춘 기도문 / 120
12) 추수감사 주일에 맞춘 기도문 / 122
13) 성서 주일에 맞춘 기도문 / 124
14) 송구영신 예배에 맞춘 기도문 / 126

4. 헌신 예배에 맞춘 대표 기도문

1) 제직회 헌신 예배에 맞춘 기도문 / 130
2) 남전도회 헌신 예배에 맞춘 기도문 / 132
3) 여전도회 헌신 예배에 맞춘 기도문 / 134
4) 선교 헌신 예배에 맞춘 기도문 / 136
5) 청년회 헌신 예배에 맞춘 기도문 / 138
6) 중,고등부 헌신 예배에 맞춘 기도문 / 140
7) 교사 헌신 예배에 맞춘 기도문 / 142
8) 찬양대 헌신 예배에 맞춘 기도문 / 144
9) 구역(속회) 헌신 예배에 맞춘 기도문 / 146

5. 행사에 맞춘 대표 기도문

1) 예배당 정초(상량)에 맞춘 기도문 / 150
2) 예배당 입당 예배에 맞춘 기도문 / 152
3) 예배당 헌당식에 맞춘 기도문 / 154
4) 야외 예배에 맞춘 기도문 / 156
5) 체육 대회에 맞춘 기도문 / 158
6) 수련회에 맞춘 기도문 / 160
7) 부흥회(사경회)에 맞춘 기도문 / 162
8) 초청잔치 전도 주일에 맞춘 기도문 / 164
9) 특별새벽 기도회에 맞춘 기도문 / 166
10) 설립 기념 주일에 맞춘 기도문 / 168
11) 여름 성경학교에 맞춘 기도문 / 170
12) 수료(졸업) 예배에 맞춘 기도문 / 172

6. 일반 주제에 맞춘 대표 기도문

1) 성전 신앙에 맞춘 기도문 / 176
2) 가정의 달에 맞춘 기도문 / 178
3) 복음 전도에 맞춘 기도문 / 180
4) 온전한 봉사에 맞춘 기도문 / 182
5) 조국의 통일과 안녕에 맞춘 기도문 / 184
6) 하나님 나라의 확장에 맞춘 기도문 / 186
7) 예배의 회복에 맞춘 기도문 / 188
8) 교인의 의무에 맞춘 기도문 / 190
9) 사순절 기간에 맞춘 기도문 / 192
10) 신앙의 승리에 맞춘 기도문 / 194
11) 직분 임명에 맞춘 기도문 / 196
12) 성례식에 맞춘 기도문 / 198
13) 성찬식에 맞춘 기도문 / 200
14) 여름 행사에 맞춘 기도문 / 202
15) 수재민에게 맞춘 기도문 / 204
16) 노회 주간에 맞춘 기도문 / 206
17) 기관 총회에 맞춘 기도문 / 208
18) 입시생에게 맞춘 기도문 / 210

7. 기도회, 회의, 모임에 맞춘 대표 기도문

1) 심야 기도회에 맞춘 기도문 / 214
2) 새벽 기도회에 맞춘 기도문 / 216
3) 공동의회에 맞춘 기도문 / 218
4) 제직회에 맞춘 기도문 / 220
5) 월례회에 맞춘 기도문 / 221
6) 구역 예배에 맞춘 기도문 / 222
7) 연합 구역 예배에 맞춘 기도문 / 224
8) 성경공부 모임에 맞춘 기도문 / 226

8. 부서 예배에 맞춘 대표 기도문

1) 어린이 예배에 맞춘 기도문 / 229
2) 학생회 예배에 맞춘 기도문 / 230
3) 대학, 청년부 예배에 맞춘 기도문 / 232

9. 헌금, 식사, 기타 예배 대표 기도문

1) 헌금을 드리기 전의 기도문 / 236
2) 헌금을 드린 후의 기도문 / 237
3) 헌신 예배때의 헌금 기도문 / 238
4) 구역 예배때의 헌금 기도문 / 239
5) 어린이 예배때의 헌금 기도문 / 240
6) 학생회 예배때의 헌금기도문 / 241
7) 청년회 예배때의 헌금기도문 / 242
8) 교회에서의 식사 기도문 / 243
9) 구역모임에서의 식사 기도문 / 244
10) 가정에서의 식사 기도문 / 245
11) 사업장 예배에 맞춘 기도문 / 246
12) 가정 예배에 맞춘 기도문(개인) / 247
13) 가정 예배에 맞춘 기도문(가족) / 248

10. 심방에 맞춘 대표 기도문

1) 대심방 때의 대표 기도문 / 250
2) 백일(돌)때의 기도문 / 251
3) 개업예배(가정에서) 기도문 / 252
4) 생일을 위한 기도문 / 253
5) 고희(수연)에 맞춘 기도문 / 254
6) 출생을 위한 기도문 / 255
7) 입주, 이사를 위한 기도문 / 256
8) 새로믿는 가정을 위한 기도문 / 257
9) 재소자 방문시 기도문 / 258

11. 환자를 위한 대표 기도문

1) 병원 방문시 기도문 / 260
2) 뜻하지 않는 고통이 올 때의 기도문 / 261
3) 절단수술, 혈액투석, 장기이식 환자를 위한 기도문 / 262
4) 불치병, 당뇨병 환자를 위한 기도문 / 263
5) 수술전 환자를 위한 기도문 / 264
6) 장기입원 환자를 위한 기도문 / 265

12. 장례에 맞춘 대표 기도문

1) 임종을 맞이한 자리에서의 기도문 / 268
2) 장례식에서의 기도문 / 269
3) 자녀를 잃은 부모 앞에서의 기도문 / 270
4) 어린이 장례식에서의 기도문 / 271
7) 어른 장례식에서의 기도문 / 272
8) 입관 예배시의 기도문 / 273
9) 하관 예배시의 기도문 / 274
10) 위로예배(하관)시의 기도문 / 275
11) 추도 예배시의 기도문 / 276

부록

1. 주기도문 강해 / 278
2. 응답받는 기도 포인트 100선 / 314
3. 신앙의 위험 신호는 어떻게 오는가? / 325
4. 교회 선택의 십계명 / 332

제1부

대표기도에 대한 짤막한 상식

대표 기도란 무엇인가?
대표 기도는 언제 하는가?
대표 기도는 어떻게 드리는가?
대표 기도는 누가 하는가?
대표 기도는 어떻게 준비해야 하는가?
대표 기도의 자세와 태도
대표 기도시 주의 해야 할 것들
대표 기도의 잘못된 형태
대표 기도중에 틀리기 쉬운 말들

대표 기도란 무엇인가?

　　대표 기도는 공중 예배, 예식, 모임 등에서 한 사람이 전체 회중이나 모인 사람을 대표하여 하나님께 드리는 기도를 말합니다. 목회가 권위적인 목회방향으로 흐르고 있던 과거에는 목회자의 위상 때문에 예배나 예식 및 모임에 관한 모든 것을 목회자가 직접 담당하고 주관하였으나 오늘날에는 목회자의 일방적인 주도보다는 교회의 예배나 모임 등에서 행해지는 모든 순서에 대표기도 순서를 맡김으로 과거에 비하여 평신도를 참여 시키는 방향으로 흘러가고 있습니다.

　　또한 모임의 성격도 다양화 됨으로 평신도가 회중이나 모인 사람을 대표하는 기도하는 경우가 과거에 비하여 비중이 커졌습니다. 기도의 성격도 공중예배의 경우 과거에는 목회 기도의 성격을 띠고 있었기 때문에 교회와 주님의 양떼들을 위하여 드리는 중재적 기도로서 목사가 직접 기도했지만 지금은 회중 가운데 한 사람이 대표하여 기도하는 형식으로 바뀌어 짐으로써 기도의 성격 또한 감사와 회개와 간구와 설교자를 위한 기도, 예배나 모임의 참여자를 위한 기도로 바뀌어진 것을 보게 됩니다.

　　기도의 형식과 성격이 어떻게 바뀌어 졌든지 기도의 본질은 변함이 없습니다. 기도의 본질은 주 예수 그리스도의 이름으로 아시고, 이해하시며, 염려하시고, 응답하시는, 사랑하는 아버지의 목전에 우리의 무력함과 다른 사람의 무력함을 펼쳐 놓는 것입니다. 또한 기도는 하나님을 향한 영혼의 숨결이요 헐떡임입니다. 그리고 기도는 전지 전능하신 하나님의 지혜와 능력에 주파수를 맞추는 것 입니다.

　　그렇다면 대표 기도를 어떻게 이해하고 있는 것이 바람직 할까요?

　　첫째, 대표 기도는 회중 한 사람이 회중 전체를 대표하여 하나님께 드리는 기도이기 때문에 회중 모두가 기도의 주체자라는 것을 잊지 말아야 합니다.

둘째, 대표 기도자 한 사람이 기도를 하겠지만 회중을 대표하여 기도하는 것이니 만큼 공동체의 관심과 문제를 파악 할 수 있어야 하고, 기도의 성격과 내용상 개인에 관계된 기도 내용으로 흘러가지 않도록 주의해야만 합니다.

셋째, 회중 전체로 하여금 예배에 집중하도록 인도하여 기도의 방향을 제시 해 줄 수 있어야 합니다. 개인 또는 교회가 감당 해야만 할 책임감에 대하여 자각할 수 있도록 해야 하고, 관심을 가질 수 있도록 기도의 방향을 제시할 수 있어야 합니다.

넷째, 대표 기도는 회중 전체를 대표하여 기도하고, 공동체 전체의 입장을 대변하는 마음으로 기도하기 때문에 중보기도의 형태를 띤 기도라고 볼 수 있습니다.

대표 기도는 언제하는가?

　대표 기도는 일반 공적인 예배에서, 또는 교회의 예식이나 일반 예식에서 또는 교회에서의 모임이나 기타 신앙모임에서 하게 되는데 그 종류를 나열해 보면 다음과 같습니다.

1. 예배
   1) 주일 낮 예배　2) 주일 오후(저녁)예배　3) 절기예배　4) 헌신예배
   5) 주일(교회)학교 예배　6) 학생회 예배　7) 대학, 청년부예배
   8) 가정예배　9) 심방예배　10) 사업장에서의 예배
2. 기도회
   1) 수요기도회　2) 금요기도회　3) 새벽기도회　4) 특별기도회
3. 모임
   1) 구역모임　2) 성경공부모임　3) 공동의회　4) 당회　5) 제직회
   6) 월례회
4. 예식
   1) 성례식 및 성찬식　2) 결혼식 및 장례식
5. 행사
   1) 교회입당 및 헌당식　2) 임직식　3) 여름 성경학교　4) 학생회, 대학, 청년부 수련회　5) 야외 예배　6) 전교인 체육대회　7) 찬송가 경연대회
   8) 성경퀴즈 대회
6. 기타
   돌, 생일, 고희

대표 기도는 어떻게 드리는가?

하나님께 드리는 모든 기도의 형태가 그렇듯이 대표기도의 형태도 찬양과 감사, 죄에 대한 고백, 회중 전체의 염원과 소망을 담은 간구, 기도를 들어 주실 것에 대한 신뢰와 확신, 예수님의 이름으로 아멘 하며 끝을 맺습니다. 이것을 자세히 구분하여 살펴보면 다음과 같습니다.

1. 찬양과 감사

대표 기도도 개인 기도와 마찬가지로 먼저 하나님께 대한 찬양과 감사로 시작됩니다. 그 이유는 온 우주 만물의 창조주가 되시고, 죽을 수밖에 없는 죄인인 우리를 구속하여 주시며, 거룩한 자녀로 삼아 주시고, 지금도 우리와 함께 하시는 주님의 은혜와 사랑을 찬양하고, 감사하며, 영광 돌리는 것이 지극히 당연한 것이기 때문입니다.

예수님께서 제자들에게 가르쳐 주신 주기도문을 보면 거기에도 하나님께 대한 찬양과 영광이 서두에 나와 있습니다. 따라서 하나님의 은혜와 사랑에 감사하며 그 이름을 높이는 기도가 우선 되어야만 합니다.

2. 회개와 고백

하나님께 무엇을 기도하기 전에 먼저 선행되어야 할 것은 하나님과의 관계를 바르게 확립하는 것입니다. 그 중에서도 제일 중요한 것이 죄에 대한 고백과 회개입니다. 허물 많고 죄많은 우리가 거룩하신 하나님 앞에 서 있으면서 죄에 대한 깨달음이 없고 서야 우리가 어찌 하나님의 사랑과 용서와 십자가의 그 크신 은혜를 깨닫고 있는 새 생명을 얻은 주님의 자녀라고 말할 수 있겠습니까?

우리는 "하나님이 구하시는 제사는 상한 심령이라 하나님이여 상하고 통회하는 마음을 주께서 멸시하지 아니하시리이다"(시 51:17)라고 고백한 시편 기자의 회개에 귀를 기울여야만 합니다. 회개와 참회가 이루어지지 않고는 하나님과의 정당한 관계를 회복하기란 매우 불가능한 일입니다.

3. 감사

간구는 말 그대로 원하는 바를 하나님께 아뢰고 도움을 구하는 것이 간구입니다. 기도의 형식이 대표성을 띠고 있는 만큼 간구하는 내용도 개인의 소망이나 염원이 아니라 회중전체의 염원과 소망에 초점을 맞춰야 할 것입니다. 예컨대 성도들이 영·육간에 강건함을 위해, 교회의 부흥과 성장을 위해, 나라의 안녕을 위해, 가정과 어려움을 당하는 이웃을 위해, 질병을 앓고 있는 교우들을 위해, 목회자를 위해, 교회 직분자와 기관을 위한 것들에 간구의 초점을 맞춰야만 합니다. 그리고 무엇보다 중요한 것은 이기적인 간구가 아니라 하나님께서 기뻐하시는 것을 구해야 한다는 것입니다.

4. 예수 이름으로

우리는 거룩하신 하나님 앞에 결코 나아갈 수 없는 죄인이지만 예수 그리스도의 보혈의 공로로 하나님의 은혜의 보좌 앞으로 나아가게 되는 특권을 갖게 되었습니다. 예수님께서 우리의 중보자가 되지 않으셨더라면 우리는 결코 하나님 앞에 설 수 없는 존재들입니다.

그러므로 예수님이 우리와 하나님 사이에 가로막혀 있던 죄악의 담을 허시고 우리의 중보자가 되셨기 때문에 예수님의 이름으로 기도해야만 예수님께서 기도의 영이신 성령을 통해서 우리의 연약함을 도와주시고 하나님 앞에서 우리가 드리는 기도가 상달 될 수 있도록 이끌어 주십니다. 따라서 예수님의 이름은 우리의 기도가 상달 되는 조건입니다. 성경에 보면 예수님께서도 자신의 이름으로 구할 것을 친히 말씀하셨습니다.

"내 이름으로 아버지께 무엇을 구하든지 다 받게 하려 함이라"(요 15:16) "지지금까지는 너희가 내 이름으로 아무 것도 구하지 아니하였으나 구하라

그리하면 받으리니 너희 기쁨이 충만하리라 "(요 16:24)

5. 아멘

아멘의 뜻은 "그렇게 될지어다"입니다. 복음서에는 "진실로"라고 자주 번역됩니다. "아멘"이란 믿음과 소원의 표현입니다. 우리의 강한 열망을 표현하며 하나님의 권능과 진실하심에 대한 우리의 확신을 표현하는 신앙고백이 "아멘"입니다. 따라서 우리는 기도할 때 응답의 풍성함을 확신하고 기대하며 "아멘"할 때 하나님께서는 우리의 기도에 응답하여 주실 것입니다.

대표 기도는 누가 하는가?

앞에서도 말했듯이 공적기도, 특히 낮 예배는 목회기도라 하여 목사가 했습니다. 그러나 오늘날은 평신도의 대표자인 장로가 하는 것이 보통이고, 그리고 때에 따라서는 안수집사 또는 권사가 할 수도 있습니다.

그리고 낮 예배 외 다른 공적예배나 기도회 같은 경우는 교회에서 직분과 직책을 맡은 자들이 할 수 있고 직분을 받지 않은 평신도라 할지라도 모임의 성격상 대표기도를 할 수 있다면 모인 사람을 대표하여 기도를 해도 상관없습니다. 그러나 가정예배, 장례, 결혼같은 예배와 예식의 경우는 교회 지도자의 위치에 있는 사람이 하는 것이 좋으며 그 가정의 형편과 사정을 밝게 알고있는 사람으로 하여금 기도하게 함이 바람직합니다.

대표기도는 어떻게 준비해야 하는가?

교회의 공식 예배의 경우 사전에 대표 기도를 준비할 수 있도록 한달 전 또는 한 주 전에 주보에 대표기도 담당자를 기재합니다. 따라서 자신이 대표 기도 담당자라는 것을 알고 그 때부터 준비하면 되겠지만 자신이 언제라도 대표 기도 할 수 있다는 것을 생각할 때 항상 대표 기도를 준비하는 습관을 갖는 것이 바람직하고 무엇보다도 기도생활을 꾸준히 지속해 나가는 것이 대표 기도를 막힘이 없이 은혜롭게 잘 할 수 있는 비결입니다.

대표 기도를 할 때 잘하기 위하여 준비해야 할 사항들을 몇 가지 적어보겠습니다.

1) 예배시간 전에 미리 나와서 충분히 기도하며 준비했는가?
2) 몸가짐을 단정히 준비했는가?
3) 기도 제목의 방향과 핵심을 잘 맞추고 있는가?
4) 기도의 내용으로 회중들에게 일치된 관심과 소망을 불러일으킬 수 있는가?
5) 목사님이 설교하실 설교 제목과 어느 정도 조화를 이루고 있는가?
6) 절기 또는 특별행사, 교회행사는 없는가?
7) 기도의 영이신 성령님을 의지하고 있는가?

대표 기도의 자세와 태도

성격상 소 예배든지 대 예배든지 또는 작은 모임이든지 큰 모임이든지 모인 사람을 대표하여 하는 기도는 모두 대표 기도라고 말할 수 있습니다. 모인 사람이나 회중을 대표하여 기도하는 것이니 만큼 기도자는 다음과 같은 자세와 태도를 가지고 하나님께 기도 드려야 할 것입니다.

1) 대표 기도가 무슨 공식 행사나 발표가 아님을 생각할 때 회중을 대표하여 기도에 임할 때 자신의 정체성에 대한 분명한 자각을 가지고 하나님께 대한 경외와 신뢰가운데 진실된 마음으로 기도 드려야 합니다.

2) 대표 기도는 개인기도와는 달리 어느 정도 일정한 형식이나 격식을 지니고 있기 때문에 기도자 자신이 자신의 지식이나 신앙을 드러내려 하거나

지나치게 회중을 의식하여 상투적이고 형식적인 기도를 하지 않도록 주의하여야 합니다.

3) 대표 기도는 회중이 대표 기도의 주체자이기 때문에 대표 기도자는 홀로 기도하는 것이 아니라 그리스도 안에서 한 몸 된 형제들과 함께 공동으로 하나님 앞에 서는 것이라는 마음을 가져야만 합니다. 따라서 다른 형제들을 비판하거나 공격하는 형식의 기도태도를 삼가야만 합니다.

4) 대표 기도는 회중을 대표하여 하나님 앞에 드리는 기도이기 때문에 중언부언 하지 말아야 하고 기도의 내용이 선명해야 하며, 공명심에 사로잡히면 안됩니다.

5) 대표 기도는 무엇보다도 성령을 의지하여 성령 안에서 기도해야 합니다. 왜냐하면 대표 기도자가 성령이 충만할 때 하나님께 가장 진실되고 영광이 되는 기도를 드릴 수 있기 때문입니다.

대표 기도시 주의해야 할 것들

1) 길게 하지 말아야 합니다

이.엠.바운즈(E.M. Bounds)는 "개인 기도는 길면 길수록 은혜스럽지만 대표 기도는 간결할수록 좋다"고 했습니다. 대표 기도를 할 때 길게 하면 믿음이 좋아 보이는 것 같이 생각하기 쉬우나 대표 기도가 길어지면 예배시간의 전체적인 조화가 깨어지기 쉽고, 회중이 지루해 지고 설교시간을 침범하기 쉽습니다. 그리고 기도가 길어지면 성도들로 하여금 설교를 들을 마음을 상실케 하기 쉬우므로 기도는 짧게 하는 것이 좋습니다.

2) 탄원가 원망과 원성이 섞인 기도는 삼가는 것이 좋습니다.

대표기도 시간을 이용하여 교회에 대한 불만과 불평을 늘어놓는 경우가 종종 있는데 이것은 하나님께로 향하여 있는 성도들의 마음을 막아버릴 뿐만 아니라 자신도 하나님 앞에 범죄 하는 행위나 다름 없습니다.

3) 개인기도로 착각하지 말아야 합니다.

대표 기도를 하기는 하되 기도의 내용을 보면 회중을 대표하는 기도라기보다 개인기도와 관련된 제목들을 가지고 기도를 하는 경우가 있습니다. 따라서 자신이 기도하는 내용이 대표 기도의 성격을 띠고 있는지 아니면 개인기도로 치우치고 있는지 잘 분별하여 기도할 수 있어야 합니다.

4) 설교식으로 하지 말아야 합니다.

오늘날 대표 기도를 하는 사람들을 보면 하나님께 대한 설교인지, 혹은 광고인지, 기도인지를 분간할 수 없이 기도하는 경우가 있습니다. 이 같은 기도는 성도들을 지루하게 만들고 따분하게 만들므로 기도자는 각별히 주의해야 합니다.

5) 상투적인 용어를 쓰지 말아야 합니다.

호칭의 남발이나, 앞뒤의 연결성이 결여된 반복이나, 의미 없이 인용하는 성경이나 인물 등은 기도를 맥없이 만드는 요인이 됩니다.

6) 가성을 사용하지 말아야 합니다.

기도생활을 많이 하고 영적으로 충만하다는 것을 드러내 보이려고 일부러 쉿소리 같은 가성을 내며 기도하는 경우가 있는데 이것은 아직도 대표 기도의 성격을 파악하고 있지 못한 무지한 행동에 불과할 따름입니다.

7) 어려운 문자를 쓰지 말아야 합니다.

될 수 있으면 온 회중이 쉽게 알아들을 수 있는 평범한 언어를 구사하는 것이 대표 기도자의 바람직한 태도라고 볼 수 있습니다.

8) 격한 어조로 기도하지 않는 것이 좋습니다.

대표기도를 하는 사람 가운데 시종 우는 듯한 음성으로 기도하는 사람도 있고, 웅변조로 기도하는 사람도 있습니다. 예배에 참석한 사람들 가운데는 사업이 잘되고 승진하고 기쁘고 즐겁고 밝은 마음으로 예배에 참석한 사람들도 있고, 반대로 괴로움과 슬픔과 좌절 가운데 잠겨있는 사람도 있기 때문에 처음부터 끝까지 격한 어조로 기도하는 일은 삼가 해야만 합니다.

9) 축복이란 말은 사용하지 않는 것이 좋습니다.

축복은 한 사람이 다른 사람을 위해서 하나님께 복을 달라고 기도하는 것이고(즉, 목사가 하나님께 기도하여 성도들에게 복을 비는 것은 축복이다) 복은 친히 하나님께서 내려 주시는 것입니다. 그러므로 기도 가운데 하나님께 축복하여 달라는 말은 기도자가 하지 않는 것이 좋습니다.

10) 기도의 습관적인 잘못된 말버릇은 고쳐야 합니다.

사람마다 그 사람에게 독특한 말버릇이 있어서 어떤 사람은 "에…", "그런데…", "그리고"…, 이렇듯 기도하는 데에도 좋지 못한 말버릇이 섞여 나오는 경우가 많이 있습니다. 이를테면 "아버지 하나님"이라는 말은 하나님을 아버지로 고백하고 부르는 매우 은혜스러운 말이지만 말 끝마다 "아버지 하나님"을 연발하는 이런 기도 습관은 결코 바람직하지 않습니다. 또한 "주여…" 하면서 한숨을 내쉬듯 하는 버릇은 듣는 이로 하여금 짜증스러움을 유발시킬 수 있으므로 은혜스러운 기도가 되기 위하여는 이런 습관적인 말버릇은 고치는 것이 좋습니다.

11) 개인적이기 보다는 일반화 시킨 대명사를 사용하는 것이 좋습니다.

예) 제가 – 저희가, 내가 – 우리가

12) 하나님 또는 예수님에 대하여 "당신"이라는 단어는 사용하지 않는 것이 좋습니다.

"당신"이라는 말이 상대방을 향한 극존칭이기는 하나, 하나님을 향해서 "당신"이라고 부르는 것은 좋은 언어적 습관이라고는 볼 수 없습니다. 그리고 하나님을 향하여 "당신"이라는 단어를 사용하면 하나님을 격하시키는 것이 되고 무례함을 범하는 것이 될 수도 있습니다.

13) 자랑하듯이 기도하지 말아야 합니다.

기도는 어디까지나 기도 그 자체에서 벗어나서는 안됩니다. 어떤 경우에 보면 기도 시간이 성경 암송 시간인 듯 착각하게 되는 경우도 있습니다. 신구약성경의 여러 구절들을 언급 하면서 모든 성경을 훤히 알고있는 것 처럼 자랑하는 듯한 연상을 주는 경우가 있는데 기도 시간에 여러 성경 구절들을 자주 인용하여 성경 해석을 하는 식으로 기도하는 것은 좋지 못한 습관입니다.

14) 대표기도를 할 때 "지금은 처음시간" 이라는 말을 하지 말아야 합니다.

예배의 시작을 알리는 종이 울리면 예배는 시작된 것입니다. 그 후에 인도자가 기도를 하고, 찬송을 부르고 성시를 교독하고, 사도신경으로 신앙고백을 한 뒤에 또 찬송을 부르고 나서 대표 기도자가 나와 대표 기도를 하는데 대개의 경우 대표 기도자들은 자기의 기도하는 그 시간이 예배가 시작되는 첫 시간으로 착각을 하는 경우가 있습니다. 그래서 "지금은 처음 시간이오니 마치는 시간까지"라고 기도합니다. 이것은 대단히 잘못된 것이고 "예배의 시종을 주님께 의탁한다"는 식으로 말을 바꿔야만 합니다.

15) 기도의 성격을 잘 알아야 합니다.

주일 낮 예배인지, 오후 예배인지, 구역 예배인지, 식사 감사 기도인지 기도의 성격을 잘 알아야 하고 거기에 맞는 기도를 드려야 할 것입니다.

어떤 이는 설교후의 기도를 하면서 이제 예배를 시작 하는 것 같은 착각을 일으키게 만들기도 하며, 식사기도를 하면서 예배기도 하듯이 길게 하는 경우도 있습니다.

16) 중언부언 하지 말아야 합니다.

중언부언은 "바타르 게네테"라는 말인데 이것은 히브리어의 "파트파트"

라는 단어에서 비롯된 것입니다. 이 단어의 뜻은 어린아이들이 어른에게서 말을 배워 그 뜻도 알지 못하고 부모를 따라 발음하는 데서 이 단어가 생겨 났습니다. 따라서 중언부언이란 말은 마음에도 없는 단어의 기계적인 반복 이며 마음의 간절함 없이 길기만 하고 말만 많은 나열일 뿐입니다.

대표 기도의 잘못된 형태

대표 기도시 충분히 있을 수 있는 잘못된 기도의 형태를 가상으로 편집 해 보았습니다. 참고하셔서 가급적 이런 기도가 되지 않도록 기도 준비를 철 저히 하셨으면 하는 바램입니다.

예문 1)
우리의 세세무궁토록 살아계셔서 천천만 천군 천사들과 네 영물들과 이십사 장 로들과 땅위에 태어나서 예수 믿다가 죽임을 당한 순교자의 영혼들이 여호아 앞에 엎드려 금 면류관 바쳐 주께 드리는 이 한시간에도 50억이 넘는 이 지구상에 있는 인간들 중에 대한민국에 태어나서 살아가는 저들 가운데, 천에 하나 만에 하나 구 별하여 빼내여 주신 사랑하는 저 양 무리들과 함께 주의 제단에 모여 이 한시간에 경배할 수 있는 이 은혜를 주셨으니 감사를 드립니다. 어리석은 내 조상 내 민족이 보내신 의인들을 무참하게 피 흘려 죽이지 않았습니까? 의인의 피값을 지고 태어 났기에 30년 쓰라린 일제의 압박과 서러움도 겪어사옵고, 동족의 가슴에 총칼을 겨누어 피흘려 죽이려 하였던 6.25 사변도 우리는 경험하고 체험하였습니다.

위의 기도문은 주일 낮 예배 대표 기도의 시작 부분입니다. 한마디로 기 도의 형식이 전혀 갖추어져 있지 않음을 발견할 수 있고, 무엇을 이야기 하 고자 하는 것인지 종잡을 수가 없을 뿐 아니라 너무나 긴 문장이기에 연결 성이 결여되어 있습니다.

예문 2)

도피성 되신 주님 앞에 피할길 없는 멸망의 잔인한 성에서 믿음으로 예수 그리스도 안에서 우리의 영원한 거처가 되신 주님 안에서 찬송할 수 있는 특권과 힘을 저희에게 주셨습니다. 주님의 사랑 베푸시는 은혜를 너무 커서 말로다 할 수가 없습니다. 하지만 사는 모습은 너무 부족하고 주님 앞에 송구스럽습니다. 하지만 사랑하는 주님의 자녀들이 한 자리에 모였습니다. 이 교회가 설립 9기를 지나면서 복음화의 지름길을 달리기 위해서 지도자의 면류관을 바라보면서 힘껏 뛰고 있습니다. 그런 중에서 오늘 저희 교회는 오늘 성례식도 행하여 지고, 또한 추수감사주일도 지키게 됩니다. 특별한 은혜의 계절에 부담을 가지고 육신적인 삶으로 인해서 욕심 부리지 않게 하시고, 받은 은혜 보답할 길이 없는 하나님의 자녀의 뜨거운 감사가 심령마다 솟구치게 하여 주시기를 바랍니다.

이 기도는 보고서식 또는 설명식의 표현이라고 할 수 있습니다. '하고있다' 또는 '형편이 이렇다' 하고 설명하는 식의 기도입니다. 그리고 찬양이나 영광돌림이 표현상 매우 미숙한 기도라고 볼 수 있습니다.

예문 3)

만일 하나님께서 살아계시지 아니하고 부활도 없고, 내세 소원이 없다면 우리는 평생을 예수 믿고 하나님을 의지하여 살아왔는데 얼마나 불쌍한 존재들입니까? 그러나 우리는 부활을 믿고, 내세를 믿고, 전능하신 하나님을 믿고 의지하기 때문에 지금까지 하나님을 의지하여 살아왔고, 주님부르시는 그날까지 우리는 가장 귀한 것 바쳐 주께 영광 돌리는 간절한 마음이 저희들에게 있습니다. 독자 이삭을 바치라 할 때 서슴없이 아브라함이 받친것 같이 하나님이 우리에게 바라고, 구하고 하는 것이 또 무엇인지 저희들은 우둔하고미련하여 알지를 못합니다. 아버지, 아나니아나 삽비라 같이 되지않게 하시고, 삼손같이 되지않게 하시고, 요나같이 되지 않게 하시고, 발람같이 되지 않게 해 주셔서 하나님을 바라볼때 우리가 하나님을 향해서 두 손모아 기도할때 우리의 기도를 어느 곳에라도 응답할 수 있는 우리 성도님들이 되게 하여 주시기만을 간절히 빕니다.

이 기도는 신구약 성경의 인물들을 고루 인용한 것은 대단하기는 하나 아무런 의미나 감화를 주지 못하고 있습니다. 그리고 그 인물들을 한 마디로 언급하여 그 사람 처럼 되지 않게 해 달라든지, 또는 '그 사람처럼' 되게 해 달라는 표현이 너무 추상적입니다.

예문 4)

아버지여! 입으로만 주여, 주여 하오며 또한 주 앞에 나와서 형식적으로 되기만 하면 무슨 소용이 있겠습니까? 아버지 하나님이여! 말씀앞에 겸손히 엎드러지며, 죄인임을 때닫게 하여 주시기를.... 흉악한 죄인, 빌고 원하옵니다.(울음) 아버지 하나님, 죄인들은 할 수가 없습니다. 연약합니다. 실패합니다. 넘어집니다. 주께서 함께하시지 아니하시면 주어진 사명 감당할 수도 없고, 주의 자녀로서의 본분도 못지켜 주의 영광을 가릴 수 밖에 없는 죄인들입니다. 우리의 연약함을 아시고, 추하고 더러운 죄인 됨을 아시면서 무존건 사랑으로 십자가의 보혈의 공로로 씻음을 받아 주의 것으로 삼으셨사오니(울음) 아버지 앞에 서는 그날까지 주어진 사명을 잘 감당할 수 있도록 도와주시옵소서. 지금까지 죄인들을 용서하여 주신것은 당신의 영광을 위해서 참으신 줄 아노니 내가 주님이여, 잘 나서가 아니라(울음) 주님이 다시 기회를 주신줄 알며 주여, 감사합니다.

이 기도는 시종일관 죄인 의식에 눌린 상태에서 드려지는 기도입니다. 마음이 위축되고, 오그라드는 감을 느끼게 하는 기도입니다. 부정적이고 어두운 표현의 기도이며, 일반화시킨 대명사가 아닌 개인적인 대명사들을 사용한 것을 볼 수 있습니다.

대표 기도중에 틀리기 쉬운 말들

1) '당회장' 은 '담임 목사' 로

당회 때만 당회장이지 평소 때는 담임 목사입니다. 따라서 대표 기도 때에 '당회장 목사님'이라든가, '당회장 사자 목사님'이라든가, '당회장님'이란 용어를 쓰는 것은 적합하지 않습니다.

2) '삼일 기도회' 는 '수요기도회' 로

주일 이 주중 첫 날이니까 수요일은 주중 4일째가 되는 날입니다. 대표 기도때의 무심코 '삼일간'이라는 말을 사용하는데 엄밀하게 말하면 삼일이 아니라 사일이라고 해야 옳습니다. 이러한 말의 실수를 피하려면 '삼일'이란 용어보다는 '수요일'이란 용어를 사용하는 것이 적절할 것 같습니다.

3) '제단' 은 '교회' 로

대표 기도 때의 교회를 제단이란 말로 종종 바꾸어서 사용하게 되는데 제단이란 말은 십자가 밑에 성경을 놓아두는 촛대를 둔 곳을 말합니다. 그러므로 교회를 이야기 하려고 할 때 가급적 제단이란 말을 피하는 것이 좋고, 교회라는 명칭을 그대로 사용하는 것이 바람직합니다.

4) '새로 등록한 새 신자' 는 '교우' 로

성도(Saints)라는 명칭은 원래 초대 교회 시 순교한 교인들이나 사도들에게 붙인 호칭입니다. 그리고 교인 전체를 부를 때에 '성도'라고 말합니다. 그러므로 금방 등록한 사람을 성도라고 부르는 것이 너무 지나친 표현일 수도 있습니다. 이럴 때는 가급적이면 '성도'보다는 '교우'라고 표현하는 것이 적합할 것입니다.

5) '예배보다' 는 '예배하다' 로

'예배보다'와 '예배하다'는 그 의미가 엄격히 다릅니다. 본다는 것은 내가 무엇인가를 구경할 때 쓰는 말이고, 한다는 것은 내가 무엇을 할 때 쓰는 말입니다. 그러므로 예배 본다는 말은 구경한다는 의미가 강하게 느껴지므로 예배 한다는 말로 고쳐 쓰는 것이 바람직합니다.

6) '대 예배' 를 '낮 예배' 로

주일 낮 예배를 대 예배로 부르는 것은 아마도 주중에 가장 큰 예배이기 때문일 것입니다. 그런데 주일 낮 예배를 대 예배라고 부르는 것은 조금 문제가 있습니다. 왜냐하면 주일 낮 예배가 대 예배가 된다면 주중에 드려지는 다른 예배는 소 예배로 격하시켜 버리는 것이 되기 때문입니다. 하나님이 보시기에 그 분께 드려지는 모든 예배는 다 소중하게 보시고, 동일하게 보십니다. 그러므로 대 예배라는 말 보다는 낮 예배로 부르는 것이 적합할 것입니다.

7) '우리' 를 '저희' 로

대표 기도는 하나님께 드리는 기도입니다. '우리'라는 말은 낮추는 말이 아니므로 '저희'로 고쳐서 기도하는 것이 바람직합니다.

8) '드립니다' 를 '합니다' 로

우리는 대표기도할 때 '감사 드립니다', '기도 드립니다'라는 말을 자주 사용합니다. 여기서 '드립니다를 '합니다'로 말하는 것이 바람직합니다.

9) '하옵고' 는 하시옵고 '로

기도는 지극히 높으신 절대자에게 올리는 행위이므로 존대 선어 말 어미 '시'를 넣는 것이 바람직 합니다. 예컨대 '영광 받으옵소서'는 '영광 받으시옵소서'로, '용서하여 주옵소서'는 '용서하여 주옵시고'로, '도와 주옵시고'는 '도와 주시옵고'로, '평안을 주옵시고'는 '평안을 주시옵고'로 말하는 것이 중요합니다. 그리고 '시'와 '옵'이 바뀌는 경우도 있습니다. '시'를 '옵'의 앞에 놓는 것이 정상입니다.

제 2부

절기에 대한 짤막한 상식

대강절
성탄절
현현절
사순절
성회수요일
종려주일
세족목요일
성금요일
부활절
성령강림절
맥추감사절
어린이주일
어버이주일
종교개혁주일
추수감사절
성서주일

대강절(Advent)

교회는 성탄절 전 네 주간을 대강절이라 하며 그 의미는 '오심'이라는 뜻입니다. 세상에서 가장 중요한 손님, 예수 그리스도의 오심을 기다리는 때입니다. 대강절은 예수님께서 오셨음, 오심, 오실 것이다, 라는 세 가지 의미의 오심을 포함하고 있습니다. 오셨음은 과거적인데 성탄절에 오셨던 예수님을 말하고 있습니다. 하나님의 아들로서 세상을 만드시고, 이 세상에 아기로 오셔서 성장하고 또한 어른이 되어서는 모든 사람을 구원하시고자 자기 목숨을 주시러 오셨습니다.

오심은 현재에 속하는데 누구든지 예수님을 영접하고 믿기만 하면 우리의 마음속에 오시기 때문입니다. 오실 것임은 미래에 오실 예수님을 이야기하고 있습니다. 미래의 어느 날 예수님께서는 힘이 없는 작은 아기의 모습으로서가 아니라 세상을 심판 하실 만왕의 왕으로서 오실 것입니다. 그러므로 대강절은 옛 베들레헴에서 태어나셨던, 현재 우리 마음속에 계시는, 앞으로 오시는 예수님을 기다리는 계절입니다.

성탄절(Christmas)

크리스마스(Christmas)란 '그리스도'(Christ)와 '마스'(Mass)의 두 낱말이 합하여 된 것입니다. '그리스도'란 구약 히브리어 '메시아'(Messiah)에 해당하는 헬라어로서 '하나님께로부터 기름 부음을 받은 자'라는 뜻이고 '마스'란 카톨릭의 '미사'혹은 '예배'를 뜻하는 말입니다. 따라서 크리스마스란 그리스도의 탄생을 축하하고 예배한다는 뜻이 됩니다.

왜 우리가 그리스도를 예배해야 하는 것입니까? 그 이유는 2000년 전 유대 베들레헴에서 그 분이 유대인으로 태어나셨다는 사실 때문만은 아닙니다. 단순한 '나심'의 사건에 연결 짓는다면 예수라는 역사적 인물을 성자로 모시고 그의 생일을 기념하는 날이 될지언정 그가 예배의 대상이 될 수는 없습니다. 예배의 근거는 '나심'(자연인의 탄생)때문이 아니요 '오심'의 사건, 곧 성육신(Incarmasion)에 있습니다. 하나님의 구속의 경륜 속에서 인간 구원을 위해 그의 '오심'의 사건을 알려주는 칭호는 '그리스도'이십니다. 따라서 그리스도 '오심'의 사건은 구속적 의미를 지니게 됩니다.

1. 예수 그리스도의 오심은 하나님께는 영광을, 이 땅 위에 있는 모든 민족과 국가간에는 온전한 평화를 이루기 위함이었습니다.(눅 2:14)
2. 성육신하셔서 영원자, 구원자로 오셨습니다.(빌 2:6-11)
3. 인간에게 자유를 주시기 위해서 오셨습니다.(눅 4:18-19)
4. 죄의 어둠과 실패의 좌절의 어둠을 이기는 빛으로 오셨습니다. (요 1:45)
5. 복을 주시고 더욱 풍성하게 하시기 위해 오셨습니다.(요 10:10)

현현절(Epiphania)

현현절의 성경적인 근거로는 마태복음 2장 1-12절의 내용으로 봅니다. 그 내용은 먼저 그리스도의 탄생의 복음으로 보며, 동시에 생명의 빛으로서 이방의 세계로 오는 것입니다. 동방 교회에서는 마태복음 3장 13-17절에 근거하여 이 날을 예수님의 수세 후 그 출현을 기념하고 축하하는 날로 보고 있으며, 독일의 루터교회나 로마 카톨릭도 현현후 첫 주일을 예수의 세례 받으심의 축하일로 보고 있습니다.

날짜로는 사순절 전까지 여섯 번 주일을 포함한 46-47일 간으로 보고 있으며, 유동적인 부활절의 날짜 결정에 따라 현현절의 날짜도 유동적입니다. 현재 교회력을 지키는 교회는 현현절이 처음에는 그리스도의 세례를 기념하다가 후에는 그리스도께서 이방인에게 나타나신 것을 기념하는 의미로 현현절을 지켰기 때문에 이에 따르고 있는 것으로 보고 있습니다.

사순절(Lent)

사순절은 교회력에 있어서 성탄절과 마찬가지로 신자들에게 중요한 절기 중의 하나입니다. 사순절은 부활절을 위한 신앙의 성장과 회개를 통한 영적 준비의 시기이며, 교회력 중에서 주님의 수난과 죽음에 초점이 맞추어지는 때입니다. 이 절기는 특별한 회개일인 속죄일(Ash Wednesday:성회 수요일)에서 시작되어 성 금요일(Good Friday)의 슬픔과 비극 가운데 끝이 납니다. 이 기간에는 금식하며 자기 회개의 기회로 삼기도 하였으며, 구제와 사회봉사를 강화하여 신앙훈련 기간으로 삼기도 하였습니다.

사순절은 부활 주일로부터 주일을 뺀 40일 전입니다. 왜 주일을 사순절에서 제외하는가 하면 주일이 초대교회 때부터 '작은 부활절'로 지켜 오면서 모든 절기보다 우선하는 절기가 되어왔기 때문입니다. 그래서 월요일부터 토요일까지 금식을 하다가도 주일에는 금식을 하지 않았습니다.

40일은 여러 가지 의미가 있는데 40일 간의 예수님의 금식, 시내산에서의 40일간의 모세의 사건, 무덤 속에 40시간 동안 계신 예수, 부활에서 승천까지의 40일을 의미합니다. 사순절의 근원은 초대 교인들이 성찬식을 지켰던 일이 있습니다. 이스라엘 백성들이 유월절 준비를 위해서 금식했던 것처럼 기독교인도 성찬식 전에 금식 했었습니다.

'사순절'의 역사적 출현을 살펴보면, A.D 325년 니케아 회의에서 정한 교회의 규칙에 40일 간의 사순절이 언급되어 있고, 몇 년 후 아다나시우스의 목회서신에서도 사순절과 부활절에 대한 준비의 말씀이 있습니다. 그러나 이때까지는 사순절이 일정하지 않았습니다.

사순절을 지키는 의미로 보면, 중세기에는 주로 회개의 시기로 지켰는데 종교개혁자들도 이 사상을 받아들여서 공중기도문 중의 사순절 기도문의 주제를 '회개'로 삼기도 하였습니다. 이 기간에는 예배자들도 검정 색 옷을 입었으며, 오르간 연주 등 축하 성결의 집회는 하지 않았습니다. 사순절을 거룩한 주간(Holy Weak)이라고도 하며 위대한 주간(Great Week)이라고도 일컫습니다.

성회 수요일(Ash Wednesday: 속죄일)

사순절은 언제나 수요일에 시작 되는데 이 날을 '재의 수요일 성회'라고도 합니다. 성경에서 재는 슬픔과 죄에 대한 회개의 상징으로 나타나는데 재는 전년도 종려주일에 사용되었던 종려 가지의 숯을 사용해 신자들의 이마에 십자가 상징을 그리는데 사용하기도 했습니다.

고난주간

부활주일 전 한 주간을 고난주간 또는 수난주간이라 하며, 이 주간은 수난절의 절정기로서 예수님께서 고난 받으신 주간임을 뜻합니다. 종려주일로부터 시작됩니다.

종려주일(Palm Sunday)

종려주일은 사순절의 여섯 번째 주일이 됩니다. 한때 이 주일은 "호산나 주일"(Dominica Hosanna)이라고 불리기도 하였으며 예수님의 예루살렘으로의 입성을 축하하는 주일이며, 고난주간의 시작이기도 합니다. 종려주일이란 이름은 1928년 이후에야 영국 국교의식에서 나왔습니다. 팔마름(Palmarum)이라고도 불리우는데 이 뜻은 '종려의'라는 뜻이며 종려가지에 대한 축사와 그 다음에 오는 행진의식을 말합니다.

이 주일은 그리스도를 모르는 모든 다른 사람들에게 그리스도의 비밀을 공적으로 알려주는 절기로서 그 가치를 가지고 있습니다. 또한 이 날은 왕으로 오시는 예수님을 기쁨으로 영접하는 예수님의 고난의 시작과 십자가의 죽음을 생각하며 정결하게 일주일을 시작해야 하는 날이기도 합니다.

세족 목요일(Maundy Thursday)

Maundy는 라틴어의 율법이란 의미를 나타내는 mandatum 으로부터 나온 말로 이 날은 예수님께서 유월절 목요일 날 다락방에서 제자들에게 "새 계명을 너희에게 주노니 서로 사랑하라"(요 13:34)라는 가르침을 주심을 기념합니다. 이 날은 또한 성 목요일이라 불리우며 보통 교회에서 이 날 성찬에 참예하거나 세족식을 통해 기념하기도 합니다.

성 금요일(Good Friday)

성 금요일은 하나님께서 인간을 구원하시기 위해 예수그리스도를 죽음에서 생명으로 이끄신 놀라운 사랑이 나타난 날로 성 금요일이라고 합니다. 부활절전 금요일로서 예수께서 십자가에 못 박히신 슬픈 날이지만 하나님께서 그리스도의 생애를 통하여 인간을 위한 그의 사역을 성취하셨기에, 바로 이 부활 사건의 전체를 good 으로 받으셨기에, Good Friday 라고 합니다. 또 다른 설에 의하면 God's Friday에서 Good Friday 가 되지 않았는가? 라고 보기도 합니다.

부활절(Easter)

부활절은 기독교 축일 중에서 가장 오랜 것이며 교회력에서 다른 축일의 근원이 됩니다. 다른 축일과 절기가 해마다 바뀌어 지는 것은 부활절의 날짜에 따라 정해지고 있기 때문입니다. 이 주간의 첫날에 예수가 죽은 자 중에서 다시 살아나셨기 때문에 이 절기는 기독교의 결정이라고 할 수 있습니다. 동방교회에서는 부활절이 교회력의 시작이 됩니다. 부활절의 옛 이름은 유월절을 뜻하는 파스컬(Paschal)이라는 히브리 말이었습니다.

즉 부활절은 오늘의 하나님의 백성들에게 새로운 유월절, 즉 죽음의 노예 상태로부터의 해방을 이루었다는 뜻을 부여 받은 것입니다. 또한 부활절이란 명칭 '이스터'(Easter)는 앵글로색슨 사람의 봄의 여신 이오스터(Eoster)에서 나온 것입니다. 이오스터의 축일은 해마다 춘분에 왔습니다.

부활절 날짜에 대해 일치를 보지 못하고 있던 교회는 주후 325년 니케아 회의 때에 와서야 이 문제를 해결한 듯합니다. 모든 그리스도인들이 '봄의 첫 날인 3월21일 또는 그 이후의 만월 후의 첫 주일, 또는 만월이 주일인 경우 그 다음 주일'을 받아들이도록 명령을 받았습니다.

부활절의 기쁨과 승리는 현대 그리스도인들이 알거나 되찾기 어려우리

만큼 초대교회의 정신을 지배하였습니다. 부활은 초기 설교자들의 전도활동의 원동력이었으며 설교의 핵심이기도 하였습니다.

기독교가 타 종교와 비교될 수 없는 측면은 예수의 부활과 그로 인해 생겨난 믿는 자의 부활에 있습니다. 그러므로 이 진리를 믿고 소유할 수 있도록 그리스도인 들은 최선의 노력을 다하여야 할 것입니다. 예수 그리스도의 부활은 기독교의 생명입니다.

성령강림절(Witsunday)

성령강림은 오순절에 이루어졌습니다.(행2장) 그리스도께서 승천하신 후에 약속하신 대로 예루살렘을 떠나지 않고 기다리는 무리들에게 임하신 날입니다.(요 16:7, 행 1:4) 오순절은 성령강림하신 날의 공식적인 명칭입니다. 영어의 Pentecdst는 50을 뜻하는 희랍어 '펜테코스테'에서 온 말인데 부활절에서 50일 후라는 뜻입니다.

오순절은 27주일이나 계속되는 교회력에서 가장 긴 절기입니다. 교회력의 전반부가 그리스도의 삶을 지키는 것이라면 후반부는 성령의 역사와 은사 및 열매를 통한 교회의 삶과 연관되어 있습니다.

성령강림절 중 주일은 영어로 Whitsunday 라고 하는데 이 단어는 White-Sunday 의 축약형입니다. 이 말은 세례에 참여하는 사람들 자신이 성령에 의해 깨끗해 졌다는 것을 나타내기 위해 이 날 흰옷을 입은 데서 불려졌습니다.

그리스도인의 오순절은 유대인의 오순절과 관계가 있습니다. 유대인에게는 유월절로부터 7주 후에 오는 칠칠절(출 34:22, 신 16:10, 레 23:15-22)이 있었습니다. 이것은 율법의 선포와 이스라엘의 건국을 의미합니다. 마찬가지로 그리스도인들은 성령을 받고 새 이스라엘을 세운 날로서 오순절을 축하합니다.

예수의 제자들을 비롯하여 성도들은 열흘 동안 흩어짐 없이 합심하여 말씀을 묵상하며 기도하는 중에 성령을 받아 모든 신앙생활을 이상적으로 해왔으며 이때부터 드디어 증인이 되었습니다.

맥추감사절

이스라엘 백성들은 이 맥추절을 아주 성대히 지키며 다채로운 행사를 통하여 큰 축제를 하였습니다. 맥추절은 이스라엘의 3대 절기 중 두 번째 절기이기도 합니다. 유월절로부터 시작되는 절기 주기의 종결로서 간주되는 절기가 맥추절입니다. 이 절기의 다른 명칭은 칠칠절 혹은 초실절이 라고도 불리워집니다. 약 7주간에 걸쳐 보리와 밀을 거두어 들이는 추수가 하나님의 보호로 성공적으로 끝마치게 된 데 대한 기쁨과 감사를 격식을 차려 표현한 것이 요제로 드려진 것입니다.

맥추절에 일어났던 일이 구약 교회와 신약 교회에 각각 중요한 사건으로 나타나 있습니다. 바로 맥추절에 모세가 십계명을 받게 되었고 그 후 이스라엘 백성들은 맥추절을 지킬 때마다 십계명을 주신 하나님께 감사를 더하게 되었습니다.

신약 교회에 있어서는 아버지의 약속하신 성령을 기다리는 성도들에게 강림하는 역사가 오순절이었는데 이 날이 바로 칠칠절 그 다음날이었으며 칠칠절이 바로 맥추절입니다.

오늘날 한국 교회들이 성령강림절과 맥추절을 따로 구분하여 지키고 있는데 아마도 한국교회가 지키고 있는 맥추절은 추수감사절과 같은 차원에서 지킨다고 보는 것이 정확할 것입니다. 계절적으로 가을의 추수 감사절은 1년 동안의 마지막 추수에 대한 감사주일 이듯이 맥추 감사절은 1년이 첫 추수에 대한 감사절로 지키고 있다고 보는 것이 오순절과 구분할 수 있는 이유가 됩니다.

어린이주일(Children's day)

국가적으로 어린이날을 공휴일로 정한 나라는 전 세계에서 일본과 우리나라 두 나라뿐인 것으로 알고 있습니다. 교회에서도 어린이 날을 전후하여 어린이주일을 지키고 있는데 어린이 주일은 다른 말로 꽃 주일이라고도 합니다. 어린이 주일은 여러 해 동안 프로테스탄트 교회학교 달력에서 널리 준수되어 오고 있고, 한국에서는 5월 첫째 주일(미국에서는 보통 6월 둘째 주일)에 지키며 이 날은 교회 생활에서 특별히 어린이의 중요성을 강조하는 시간으로 되어 왔습니다.

교회적으로 어린이 주일의 준수가 언제 어떻게 기원 되었는지 결정하는 것이 매우 불가능하며, 아주 초기 때부터 많은 목회자들이 어린이를 위한 특별한 봉사 및 어린이의 중요성에 대해 각별한 강조를 해온 것이 사실입니다. 교회에서 지키는 어린이 주일의 본래목적은 어린이들의 헌신과 부모들의 재헌신에 있었으나 지금은 어린이와 함께하는 행사 속에서 그들에 대한 관심을 표현하는 날로 바뀌어진 것을 볼 때 본래 목적과는 많이 빗나가 있음을 발견하게 됩니다.

한국교회에서는 1883년 장로회 총회가 감리교회와 같은 결의를 하여 교회행사에 넣었으며, 이어서 그 밖의 모든 교파에서도 이것을 결의하였습니다. 어린이 주일을 꽃 주일이라고 한 것은 과거 교회들은 어린이 주일 날 들과 숲에서 가져온 꽃들로 교회를 아름답게 장식하였는데 여기서 '꽃 주일'이라는 말이 생겼났습니다.

어버이주일(Parents day)

어머니 날 운동은 '어머니 날의 어머니'라고 불리우게 된 쟈비스 부인(Mrs. Anna M. Jarvis)에게서부터 시작되었습니다. 이것이 국제적 세력으로 확대된 것은 그의 딸 안나 쟈비스의 활동 때문입니다. 그는 특정한 날을 택하여 어머니 날로 정하고 또한 어머니 날 국제 협회를 설립하였습니다. 이 날은 가정과 모성을 존경하기 위하여 축하하는 것인데 역사상에 있었던 중요한 사건의 기념일과 같은 국경일의 하나로 정해서 전국적으로 지키자는 것이 그 근본 취지입니다.

한국에서는 1988년 6월 15일 구세군 가정단에 의해 최초로 어머니 주일이 실시 되었으며, 그 후 한국교회가 어머니 주일을 지켰고, 이후 어머니 날이 어버이 날로 바뀌면서 교회에서도 어버이주일로 명칭을 바꾸어서 지키고 있습니다.

종교개혁주일(Reformation Sunday)

종교개혁은 1517년 10월 31일 마틴 루터(Martin Luther)가 비텐베르그(Wittenberg)대학 게시판에 95개 조항을 써 붙이면서 시작 되었습니다. 이 95개 조항은 주로 믿음으로(Solo Fide) 둘째, 오직 성경으로(Sola Scriptura) 셋째, 오직 은혜로(Sola Gratia)라는 슬로건을 종교개혁의 3대 원리로 삼았습니다. 당시 로마 카톨릭 교회는 인간의 구원은 '오직 믿음으로'가 아니라 인간이 율법을 지킨다든가, 선행을 한다든가 하는 행위에 의해 가능함을 강조했습니다.

이것은 성경에서 벗어난 구원 교리이며, 이러한 잘못을 성경해석으로 인해서 면죄부를 판매하는 해괴한 일이 생겨났던 것입니다. 이것을 예리하게 간파한 루터는 '속죄와 구원은 인간의 행위에 의해서 얻는 것이 아니고 믿음으로 말미암아 가능하다'고 했습니다. 이러한 루터의 주장은 로마 카톨릭 교회 편에서 볼때는 대단한 도전이요 반항이었습니다.

또 그 당시 로마 카톨릭 교회는 성경을 제쳐놓고 교회의 제도와 전통을 만들고 성경에 근거하지 않는 교황의 말을 더 강조하니 교회는 타락할 수 밖에 없었습니다. 그래서 루터는 우리 그리스도인들은 오직 성경대로 살아야 한다고 주장하고 교황 무오설에 정면으로 도전하는 성경 무오설을 주장했습니다. 또 루터는 교회의 권위는 교황으로부터 나오는 것이 아니라 성경으로부터 나온다고 했습니다. 또 그 당시 로마 카톨릭 교회는 인간의 죄를 교황이 용서 해줄 수 있고, 또 교황만이 하나님과 인간 사이의 중보자라고 생각했습니다.

그러나 루터는 "우리의 죄를 속량해 주시는 중보자는 오직 예수 그리스도이다"라고 했습니다. 이것 역시 교황 편에서 볼 때 대단한 도전이 아닐 수 없었습니다. 다시 말하면 인간의 죄 용서는 예수 그리스도를 통한 하나님의 은혜에 의해서만 가능하다고 했습니다. 이런 주장들로 인해서 루터는 로마 교황으로부터 파문 당했으나 조금도 굴하지 않고 자기의 주장을 당당히 펴 나갔습니다. 따라서 종교개혁 주일은 이러한 루터의 종교개혁 정신을 한번 더 되새겨 보자는 뜻 깊은 날입니다.

추수감사절(Thanksgiving day)

　추수 감사절의 기원은 1620년 9월 영국의 플리머스 항에서 칼빈을 따르는 청교도들이 영국 국교도들에게 심한 박해를 당했습니다. 그러자 순수한 신앙을 지키기 위해 그 핍박을 피해 아메리카 신대륙으로 떠났습니다. 102명의 청교도들은 메이플라워라는 목선에다 몸을 싣고 63일 동안 대서양을 횡단하여 그 해 12월 21일 미국의 메사추세츠주에 있는 플리머스 항에 도착하게 되었습니다.

　자신들이 떠나온 항구의 이름을 따서 도착한 곳의 이름을 플리머스라고 부른 것입니다. 그들은 맨 처음에 교회를 짓고 하나님께 예배를 드린 후에 자기들의 집을 지었고 땅을 경작하고 곡식을 심어서 그 다음해에 처음 거둔 농산물을 하나님 앞에 감격스러운 마음으로 드렸는데 그것이 추수 감사절의 유래가 된 것입니다.

　한국교회의 추수감사절은 1904년 부터 단독으로 지키다가, 1914년 각교파 선교부의 회의를 거쳐 미국인 선교사가 처음으로 조선에 입국한 날을 기념한 11월 3째 주일 후 수요일을 감사절로 지키다가 변경하여 셋째 주일로 감사절을 지키게 되었습니다.

　성경에 보면 모세는 이스라엘 백성들에게 "너희가 너희의 소산을 먹을 때 너희에게 그것을 주신 하나님을 찬양하라"고 명하였으며, 이스라엘 백성들이 광야에서 받은 제사법전에는 소제 즉 감사의 제사를 드리도록 되어 있음을 볼 수 있습니다.

성서주일(Bible Sunday)

　성서주일을 언제부터 지켰는지에 대한 정확한 기록은 없습니다. 성서주일이 특별히 강조된 것은 마틴 루터가 종교개혁을 일으킨 후부터입니다. 종교개혁이후 각 교회에서는 말씀을 주신 하나님께 감사하고 이 말씀을 더 열심히 읽고 전파하겠다는 서약으로 성서주일을 지켜왔습니다.

　내용보다는 형식으로 치우치고 말씀보다는 의식에 기울어지는 로마 카톨릭에 대해서 성서의 권위를 바로 세우고 성서에 대한 바른 이해를 가지고 말씀으로 굳게 무장하는 개신교의 개혁 정신을 더욱 새롭게 하기 위하여 이 성서주일은 더욱 큰 의미를 가진다고 볼 수 있습니다. 성서주일은 강림절 두 번째 주일로 지키기 때문에 일반 달력이 교회력과 일치하지 않으므로 12월 첫째 주가 되기도 하고 둘째 주가 되기도 합니다.

대표기도 예문 　　제3부

1. 월별에 맞춘 대표 기도문

　　1월에 맞춘 기도문
　　2월에 맞춘 기도문
　　3월에 맞춘 기도문
　　4월에 맞춘 기도문
　　5월에 맞춘 기도문
　　6월에 맞춘 기도문
　　7월에 맞춘 기도문
　　8월에 맞춘 기도문
　　9월에 맞춘 기도문
　　10월에 맞춘 기도문
　　11월에 맞춘 기도문
　　12월에 맞춘 기도문

1월에 맞춘 기도문

적용 : 주일 낮예배, 주일 오후예배, 수요기도회
성경 : 잠 16:3, 19:21

찬양과 감사

다사 다난했던 한 해를 보내고 희망찬 새해를 다시금 맞이하게 하시니 진심으로 감사합니다. 저희들을 사랑하시는 주님의 사랑을 온 몸으로 느끼며 이 시간 예배할 수 있게 하시니 감격할 뿐입니다. 이 예배가 우리 주님께서 기쁘게 열납하시는 예배가 되게 하시고, 주님의 영광이 가득하게 임하는 예배가 되게 하시옵소서.

회개와 고백

자비로우신 하나님 아버지
이제껏 주님의 자녀답게 살지 못하고, 주님을 앞세우지 못한 삶을 살아감으로 세상의 온갖 더러운 것들로 더렵혀진 저희들의 모습입니다. 이 시간 치유하시는 주님의 긍휼을 덧입을 수 있는 시간이 되게 하여 주시옵소서. 온전한 주님의 자녀로 이끌어 주시옵소서.

간구

은혜로우시고 사랑이 넘치는 하나님 아버지!
올해는 그 어떤 환경과 여건을 만난다 할지라도 믿음으로 살아가려고 힘쓰는 모습이 있게 하시고, 빛 되신 주님을 좇아갈 수 있는 발걸음이 되게 하여 주시옵소서.

섭리하시고 인도하시는 하나님 아버지!
저희들이 새해를 맞이하여 계획하고 소망하는 일들이 있습니다. 저희들이 그 어떤 계획을 세우든지 생각과 마음을 주관 하시고, 이끄시는 이는 우리 주님 이시오니, 저희들이 언제나 주님의 뜻 안에서 모든 것을 이루어 갈

📖
" 너의 행사를 여호와께 맡기라 그리하면 네가 경영하는 것이 이루어지리라 "
(잠언 16:3)

수 있도록 섭리하시고 이끌어 주시옵소서.

혹여, 계획하던 일들이 뜻대로 되지 않는다 하여 감정을 앞세우지 않게 하시고, 합력하여 선을 이루시는 하나님의 뜻을 끝까지 바라볼 수 있는 저희들 되게 하여 주시옵소서.

계획하는 일들이 잘되든지, 안되든지, 감사를 잃지 않게 하시고, 오직 주님의 주님 되시는 것으로만 만족하여 살아갈 수 있는 한해가 되게 하여 주시옵소서.

새해를 맞이하여 교회도 각 기관마다 새로이 사업 계획들을 세웠습니다. 서로 사랑으로 연합하여 주님의 뜻을 높이고 이루는 기관들이 되게 하시고 주님의 몸 된 교회에 유익이 되는 복되고 선한 열매를 풍성하게 맺을 수 있도록 인도하여 주시옵소서.

서로 이해하고 사랑으로 연합하여 주님의 의를 드러낼 수 있는 기관들이 되게 하시고, 하나님의 은혜를 아는 자들답게 모든 것을 은혜롭게 이루어 나갈 수 있도록 도와 주시옵소서.

| 예수님
| 이름으로

새해를 맞이하여 주님의 복된 진리의 말씀을 듣고 단 위에 서신 목사님을 성령의 능력으로 붙드셔서 모든 성도들에게 소망이 넘치는 말씀이 되게 하여 주시옵소서. 예배의 시종을 주님께 의탁하오며 예수 그리스도의 이름으로 기도합니다. 아멘.

2월에 맞춘 기도문

적용 : 주일 낮예배, 주일 오후예배, 수요기도회
성경 : 엡 4:22~24 벧전 3:8

찬양과 감사 | 사랑으로 저희들을 돌보시는 하나님 아버지!

주님의 은혜로 한 주간을 살게 하시다가 주님의 전에 나와서 예배하게 하시니 감사합니다. 고달픈 삶으로 인하여 육신이 곤고할 지라도 예배자의 모습으로 주님 앞에 서게 되니 영혼은 날로 새로움을 느끼지 않을 수 없사옵니다.

회개와 고백 | 사랑의 하나님!

지난 한 주간을 돌이켜 봅니다. 삶에 부딪치는 다양한 상황 속에서 진리의 편에 서기보다는 순간적인 편안함과 만족을 위해 거짓과 위선과 욕심을 내세운 적이 많았습니다. 저희의 깨지기 쉬운 양심과 인격을 강건하게 하시어서 주님의 삶을 본받아 사는 삶의 모습이 되게 하시옵소서.

간구 | 은혜 주시기를 즐겨하시는 하나님 아버지!

모든 만물이 꽁꽁 얼어있는 이때에 저희들의 신앙도 얼어붙을까 두렵사오니 성령의 불로 저희의 심령을 뜨겁게 지펴 주셔서 불붙는 신앙생활을 할 수 있도록 이끌어 주시옵소서.

새해를 맞이하여 각오는 새롭게 하였지만 한 달이 지난 지금의 저희의 모습 속에서 그때나 지금이나 별반 차이점을 발견하지 못하겠나이다. 저희들의 연약한 모습을 긍휼히 여겨 주셔서 힘을 다하여 주님을 섬기며 새해에 다짐했던 모든 것들을 열과 성의를 다하여 이루어 나갈 수 있도록 도와

" 너희는 유혹의 욕심을 따라 썩어져 가는 구습을 따르는 옛 사람을 벗어 버리고 오직 너희의 심령이 새롭게 되어 하나님을 따라 의와 진리의 거룩함으로 지으심을 받은 새 사람을 입으라 "(에베소서 4:22~24)

주시옵소서.

   자비로우신 하나님 아버지!

   추운 날씨에 추위와 싸워가는 가련한 이웃들도 많이 있습니다. 돈이 없어서 냉방에서 지내야 하는 이웃들, 먹을것이 없어서 얼음 물로 텅빈 배속을 채워야 하는 이웃들, 겨울 옷이 없어서 여름옷을 그대로 입고 있어야 하는 이웃들, 주님! 가난한 이웃들을 불쌍히 여겨주시고, 그들에게도 주님의 따뜻한 사랑이 전달되게 하시옵소서.

   특별히 노숙자들을 기억하시기를 원합니다. 저들 한 사람, 한 사람마다 가슴 아픈 사연이 있음을 압니다. 거리를 안식처로 삼아야 하는 저들의 안타까운 모습을 불쌍히 여기셔서 이 나라가 속히 경제적인 안정을 되찾음으로 저들도 희망을 갖고 살 수 있는 사회가 되게 하시옵소서.

   오늘도 주님의 말씀을 전하실 목사님을 기억하시고 성령의 두루마기를 입혀 주셔서 저희들의 얼어붙은 신앙에 불을 지피는 말씀이 되게 하여 주시옵소서. 예배를 돕는 여러 손길들을 기억하시고, 저희의 수고가 더하여 질 때마다 심령으로 파고드는 주님의 따뜻한 사랑을 경험하게 하시옵소서.

   예배의 시종을 주님께 의탁하오며 예수그리스도의 이름으로 기도합니다. 아멘

> 예수님 이름으로

3월에 맞춘 기도문

적용 : 주일 낮예배, 주일 오후예배, 수요기도회
성경 : 시 126:5~6 요 15:12~18

찬양과 감사 | 모든 계절을 통하여 저희들에게 기쁨을 주시고 은혜를 베푸시는 하나님 아버지!

이 시간도 저희들에게 한량없는 은혜를 베풀어 주셔서 주님 앞에 나와 예배할 수 있게 하시니 감사합니다. 계절이 바뀐 이때에 저희들의 모든 것이 새로운 모습으로 변화되는 시간이 되게하여 주시옵소서.

회개와 고백 | 자비로우신 하나님 아버지!

지난 시간을 돌이켜 볼 때 실수도 많았고, 실언도 많았고, 진실한 것 같이 하면서도 거짓도 많았습니다. 이 시간 모든 것들을 내어 놓고 용서 받기를 원합니다.

간구 | 3월입니다. 미움으로 응어리진 마음들이 사랑으로 꽃피게 하시고, 형제의 실수와 잘못을 용납 못하는 굳은 마음들이 부드러운 마음으로 변화되게 하시옵소서. 봄을 맞이하여 농촌을 위하여 기도합니다. 씨를 심는 농민들에게 축복하시고, 그들의 수고가 가을에 많은 열매를 맺게 해 주시옵소서. 공업화의 물결에 휩쓸려 매년 줄어드는 우리의 농촌을 보호하시고 우리나라가 도시뿐만 아니라 농촌도 윤택하게 되어 발전을 할 수 있게 도와주시옵소서.

3월에, 학교에 새로 입학한 학생들과 새 학년에 올라간 학생들을 위하여 기도합니다. 저들이 새로운 희망을 가지고 앞날을 내다보면서 열심히 공부

" 눈물을 흘리며 씨를 뿌리는 자는 기쁨으로 거두리로다 울며 씨를 뿌리러 나가는 자는 반드시 기쁨으로 그 곡식 단을 가지고 돌아오리로다 " (시편 126:5~6)

하여 커다란 진보가 있게 하여 주시옵소서. 저들의 키가 자라면서 지혜도 자라고 모든 사람들에게 덕을 끼치는 사람들이 되게 인도하여 주시옵소서.

구원의 아버지 하나님!

3월을 맞으면서 사순절 기간을 생각하지 않을 수 없나이다. 주님께서 저희들을 위해 고난당하시고 십자가를 지신 것이 오직 저희들을 죄에서 구원하시기 위함이라는 것을 생각할 때 주님의 무한하신 사랑 앞에 저희들은 감격할 뿐입니다. 주님께서 고난 받으신 것은 전적으로 저희들의 죄 때문이었기에 방관자의 모습으로 있는 것이 아니라 주님의 고난 받으심을 심령 깊숙이 안타까워하며 주님의 고난의 십자가를 바라보게 하시옵소서.

주님의 교회는 주님의 피 묻은 십자가를 상실한 교회가 되지 말게 하시고 교회 곳곳에 피 묻은 십자가의 정신과 복음이 깊게 깊게 스며들게 하셔서 교회를 찾는 모든 심령들이 십자가의 사랑을 만날 수 있게 하시고, 가슴을 찢는 회심과 영적 부흥이 있게 하시옵소서.

오늘도 생명의 복음을 증거 하시기 위하여 단위에 서신 목사님을 기억 하시고, 심령을 내어 쏟는 마음으로 말씀을 선포하실 때 새 생명의 기쁨이 샘솟는 저희들이 되게 하시옵소서.

| 예수님 이름으로

이 시간 성령께서 친히 예배가운데 운행하심을 믿사옵고, 예수 그리스도의 이름으로 기도합니다. 아멘.

4월에 맞춘 기도문

적용 : 주일 낮예배, 주일 오후예배, 수요기도회
성경 : 사 53:2~6 롬 5:8 요일 4:10

찬양과
감사

고난의 십자가를 지시기 위하여 이 땅에 오셔서 십자가 위에서 피 흘리시고 죄인들을 죽음의 자리에서 구원하여 주신 주님이시여!

주님의 그 크신 은혜와 사랑을 저희들이 기억하며 이 시간 예배하오니 저희의 예배를 받아 주시옵소서. 이 시간 더욱 더 저희들을 대신하여 고난 받으신 주님의 은혜에 감격하며 예배드릴 수 있는 저희들이 되게 하시고 죄와 죽음에서 승리하심으로써 저희들에게 영원한 소망과 영원한 생명을 주신 것을 진심으로 감사합니다.

회개와
고백

사랑의 주님!

주님이 구하시는 제사는 상한 심령이요, 상하고 통회하는 자들을 멸시치 아니하신다고 말씀하셨사오니, 저희의 허물을 사하여 주시고 용서하여 주시기를 원합니다. 이 시간 주님 안에 있는 생명의 성령의 법이 저희를 죄와 사망의 법에서 해방 시키시는 은총을 경험하게 하시옵소서.

간구

은혜의 주님!

이 시간 저희들 모두가 십자가를 향한 사랑에 불타기를 원합니다. 고난의 삶 가운데서도 기도 생활을 멈추지 않으셨던 주님의 깊은 기도를 본받기를 원합니다. 오직 십자가의 사랑을 이루시기 위해서 모진 고통과 멸시를 감내하셨던 십자가의 길이 이 자리에 모인 저희들에게도 특권 중의 특권이 되게 하여 주시옵소서.

온 땅에 생명이 움트는 따사로운 봄날입니다. 주님께서 창조하신 이 아름

📖
"우리가 아직 죄인 되었을 때에 그리스도께서 우리를 위하여 죽으심으로 하나님께서 우리에 대한 자기의 사랑을 확증하셨느니라 "(로마서 5:8)

다운 봄날을 보며 저희들도 신앙의 새봄을 가꾸는 믿음이 되게 하시고, 모든 사람들을 주님의 사랑으로 따뜻하게 할 수 있는 믿음들이 되게 하여 주시옵소서.

또한 자신의 죄를 뉘우치고 새로운 삶을 다짐하는 강도에게, 질병과 투쟁하여 몸부림치는 환자에게도, 끼니를 잇지 못해 허덕이는 걸인에게도, 주님의 따사로운 사랑을 전할 수 있는 저희들 되게 하여 주시옵소서. 지금 농촌의 들판에는 씨앗을 뿌리고 파종하는 농부의 손길들로 분주합니다. 복음의 씨앗을 뿌리는 주님의 일꾼 된 저희들도 이 봄날에 복음의 씨앗을 뿌릴 수 있게 하시고, 악하고 게으른 종이 되지 않도록 힘써서 주님을 증거할 수 있는 주님의 충성된 종들이 되게 하여 주시옵소서.

이 시간에 말씀을 증거 하시는 목사님을 성령의 능력으로 강하게 붙들어 주시고, 주님의 말씀을 듣는 저희 모두가 새 힘과 새 능력으로 충만해지는 시간이 되게 하셔서 생동력을 가지고 천국 건설에 앞장 서는 일꾼들이 되게 하시옵소서. 예배를 돕는 모든 손길들 위에도 함께 하셔서 저들의 수고가 더해질 때마다 주님의 주시는 위로가 넘치게 하옵소서.

언제나 변함이 없으신 은혜와 사랑으로 함께 하시는 예수 그리스도의 이름으로 기도합니다. 아멘.

| 예수님
이름으로

5월에 맞춘 기도문

적용 : 주일 낮예배, 주일 오후예배, 수요기도회
성경 : 행 10:1~8 시 112:2~3

찬양과 감사 | 언제 어디서나 늘 저희들과 함께 계시는 주님!

슬플 때나 기쁠 때나 쉴 때에나 함께 하시고, 주님의 선하신 뜻대로 이끌어 주심을 감사합니다. 온 세상에 주님이 주신 은총으로 생명이 있는 것마다 왕성하게 움직이고 활동하는 아름다운 계절입니다.

회개와 고백 | 자비와 은혜의 주님!

푸르고 울창한 숲들도 가까이 접하고 보면 죽어서 쓰러져 있는 나무들을 볼 수 있듯이 저희들 자신을 돌아볼 때 살아있는 믿음의 모습을 보인 것이 아니라 죽은 믿음 그대로 였음을 고백하지 않을 수 없나이다.

행함이 없는 믿음은 "죽은 믿음"이라는 야고보 선생의 말대로 저희의 믿음에는 행함이 결여되어 있었기 때문에 죽은 믿음이었음을 솔직히 시인하지 않을 수 없나이다. 주님, 긍휼히 여겨 주셔서 용서하여 주시기를 원합니다. 성령의 능력으로 강하게 붙들어 주셔서 행함이 넘치는 믿음이 되게 하시고, 주님의 향기를 발하고 주님을 나타낼 수 있는 믿음이 되도록 이끌어 주시옵소서.

간구 | 사랑의 주님!

5월은 가정의 달입니다. 이것을 계기로 내 중심 내 가족 중심만이 아니라 더불어 함께 살며 기쁨을 찾을 수 있는 저희들 되게 하여 주시옵소서. 저희들의 가정도 사랑을 쏟아 부어 주시는 주님의 은혜를 더욱 깊이 깨닫는 5월

> " 그의 후손이 땅에서 강성함이여 정직한 자들의 후손에게 복이 있으리로다 부와 재물이 그의 집에 있음이여 그의 공의가 영구히 서 있으리로다 " (시편 112:2~3)

이 되게 하시고, 늘 주님께서 저희 가정의 호주가 되셔서 축복된 가정으로 이끌어 주시고 보호하여 주시고 계심을 깨닫고 감사하는 저희들 되게 하여 주시옵소서. 행복한 가정을 가꾸기에 힘쓸 수 있도록 도와 주시옵소서. 사회가 어려워지고 시대가 험악해 질수록 가정마다 깨지고 금이 가는 가정들이 점차 늘어만 가고 있습니다. 이때 주님만 모시고 사는 믿음의 가정을 유산으로 물려줄 수 있는 부모들이 되게 하여 주시옵소서.

주님의 교회도 말과 혀로만 사랑을 외치는 교회가 되지 말게 하시옵고, 사회와 가정의 문제와 아픔들을 감싸 안고 치유할 수 있는 교회가 될 수 있도록 이끌어 주시옵소서.

오늘도 주님의 말씀으로 신령한 만나를 준비하신 목사님을 성령의 능력으로 붙들어 주셔서, 주님의 말씀을 사모하며 귀 기울여 듣는 심령들마다 주님의 음성을 들을 수 있는 은혜가 있게 하시옵소서.

예수님 이름으로

예배를 돕는 손길들도 주의 성령으로 붙들어 주셔서 몸을 드려 충성할 때마다 샘솟는 기쁨과 신령한 은혜로 충만해 질 수 있도록 그 심령들을 주장하여 주시옵소서.

예배의 시종을 주님께 의탁하옵고, 홀로 영광 받으시기에 합당하신 예수 그리스도의 이름으로 기도합니다. 아멘.

6월에 맞춘 기도문

적용 : 주일 낮예배, 주일 오후예배, 수요기도회
성경 : 느 4:23 시 33:11~12, 22

찬양과 감사 | 사랑의 하나님 아버지!

어느덧 금년도 반년이 흘러 6월의 문턱에 들어섰습니다. 산천에는 신록이 우거져 마치 성장을 경쟁이나 하는 듯 비쳐지고 있습니다. 농부들의 땀방울이 풍요로운 가을을 약속하는 듯 하오며 단비를 촉촉이 받아먹는 대지는 더욱 신록을 우거지게 하기에 이러한 자연의 푸르름이 하나님의 은혜를 연상케 하오니 감사하지 않을 수 없나이다.

회개와 고백 | 사랑의 하나님!

한 주간 있었던 저희들의 삶을 돌이켜 봅니다. 주님의 뜻대로 사는 향기 넘치는 생활이 되지 못했음을 솔직히 고백하지 않을 수 없나이다. 저희는 많은 위선과 거짓 속에서 지낼 때가 많았고, 연약함과 추한 모습 속에서 괴로워할 때가 많았습니다. 주님께 이끌림을 받기 보다는 주위의 환경에 이끌림을 받을 때가 많았습니다.

주님! 이 시간 주님의 십자가 보혈의 공로를 의지하여 회개하오니 긍휼히 여기사 용서하여 주시옵소서.

간구 | 자비로우신 하나님!

생명 있는 모든 것들이 향기를 발하고, 성숙을 향하여 왕성하게 발돋움하고 있는 이 때에 저희의 심령을 더욱 성령충만 하게 하셔서 죄에 이끌려 살기 보다는 굳센 믿음을 소유하기 위해서 더욱 힘있게 발돋움할 수 있게 하

> " 나나 내 형제들이나 종자들이나 나를 따라 파수하는 사람들이나 우리가 다 우리의 옷을 벗지 아니하였으며 물을 길으러 갈 때에도 각각 병기를 잡았느니라 "
> (느헤미야 4 : 23)

시고, 내게 능력 주시는 자 안에서 무엇이든지 할 수 있다는 신앙으로 힘있게 전진할 수 있는 저희들이 되게 하여 주시옵소서.

은혜로우신 하나님!

6월을 맞이할 때마다 저희들이 이 민족의 백성으로서 결코 잊지 못할 뼈아픈 지난날을 회상하지 않을 수 없나이다. 이 강토가 피로 물들고, 삶과 죽음의 통곡소리가 하늘과 땅에서 진동하던 그날을 어찌 우리가 잊을 수 있겠나이까? 이제 다시는 이 나라에 피비린내 나는 전쟁이 발발하지 않도록 권능의 주님께서 막아 주시옵소서.

아직도 이 민족은 6.25 전쟁 발발 이후 남과 북으로 분단된 채 화합하지 못하고 반목하고 대립하고 있나이다. 주님, 오늘도 이 땅에서 이 민족의 화합을 위해서 기도하는 주님의 백성들의 기도를 들으사, 어서 속히 남과 북이 평화 가운데 하나가 될 수 있도록 인도하시옵소서.

오늘도 말씀을 들고 단위에 서신 목사님께 말씀의 권세를 더하여 주셔서 힘 있고 권세 있는 말씀, 치료와 안식을 선포하는 말씀이 되게 하여 주시옵소서.

> **예수님** 이름으로

예배의 시종을 주님께 의탁하며, 거룩하신 예수그리스도의 이름으로 기도합니다. 아멘.

7월에 맞춘 기도문

적용 : 주일 낮예배, 주일 오후예배, 수요기도회
성경 : 살전 5:2, 4 벧후 3:10 계 16:15

찬양과 감사 | 　오늘도 이 생명을 연장하여 건강을 주시고, 만민 중에서 택하여 하나님의 자녀로서의 긍지를 가지고 살게 하신 하나님께 진실로 감사합니다. 또한 시대와 환경이 변하여 황금만능과 과학만능의 세상에서도 변치 않으시는 주님의 진리 안에서 승리하여 살게 하시니 감사 합니다.

회개와 고백 | 자비하신 아버지 하나님!
　7월을 맞이하여 지나간 6 개월을 회고해 봅니다. 하나에서 열까지 모든 것이 주님의 사랑과 자비의 결과임을 피부 깊숙이 느껴옵니다. 그러나 저희들은 연약한 인간들이라 주님의 말씀을 사랑하며 주님의 뜻대로 살지 못하고 주님의 마음을 아프게 해드린 경우가 너무나 많았습니다. 허물 많고 죄 많은 저희들을 용서하여 주시옵고, 오직 주님의 능력으로 사는 저희들 되게 하여 주시옵소서. 주님의 말씀을 벗어나서 살지 않도록 이끌어 주시옵소서.

간구 | 사랑의 하나님 아버지!
　7월이 되면 성도들의 신앙에 적색 신호등이 켜지기 쉬운 계절입니다. 계절적으로 무더운 여름 날씨이기에 육신이 지치고 피곤하여 신앙생활이 게을러지기 쉽사오니 게을러지지 않고 오히려 더욱 열심 있는 신앙생활이 이루어 질 수 있도록 이끌어 주시옵소서.
　이 여름에 수많은 사람들이 바다와 산으로 자연이라는 주님의 품안에 안기는 기회를 가지게 될 것이니 그들의 여정을 지켜 주시고 육신의 피로와

" 그러나 주의 날이 도둑 같이 오리니 그 날에는 하늘이 큰 소리로 떠나가고 물질이 뜨거운 불에 풀어지고 땅과 그 중에 있는 모든 일이 드러나리로다 "
(베드로후서 3:10)

마음의 때를 씻어 버리며 나가서는 영혼의 눈도 맑아질 수 있는 좋은 기회가 되게 하여 주시옵소서.

하지만 신앙인들도 죄악 세상에 빠지기 쉬운 계절입니다. 소돔과 고모라 성과 같은 죄악이 이 땅에 넘실거리지 않도록 화염검으로 막아 주시옵소서. 주님의 사랑하는 백성들은 강한 주님의 팔로 의지해서 조금도 나태하지 않게 붙들어 주시옵고, 믿음으로 승리하는 7월이 되게 하여 주시옵소서.

교회는 여름을 맞이하여 기관 마다 여름행사를 갖고 있습니다. 유치부에서 장년부까지 각 부서마다 여름성경학교를 비롯해 수련회가 진행되오니 각 부서의 담당자들은 기도로 준비하여 최선을 다할 수 있게 하여 주시고 이 모든 행사를 주님께서 주관하여 주시어 이번행사를 통하여 은혜가 강물같이 넘치며 주님의 음성을 듣고 신앙의 도약을 할 수 있는 다시 없는 기회가 되게 하시옵소서.

오늘도 주님의 말씀을 듣고 단위에 서신 목사님을 기억하시고, 성령의 능력으로 붙드셔서 이 자리에 참석한 모든 성도들이 날선 검 같은 주님의 말씀이 심령 골수를 쪼개는 체험을 하게 하시옵소서.

| 예수님 이름으로

예배의 시종을 주님께 의탁하오며 예수그리스도의 이름으로 기도합니다. 아멘.

8월에 맞춘 기도문

적용 : 주일 낮예배, 주일 오후예배, 수요기도회
성경 : 히 12:1 약 1:3~4

찬양과 감사 | 새 힘을 주시는 능력의 하나님!
지난 한 주간도 저희들은 주님의 은혜로 지켜 보호하여 주시고 오늘 이렇게 주님의 백성들이 한 자리에 모여 주님 앞에 찬양 하오며 예배할 수 있도록 이끌어주신 은혜를 감사합니다. 주님께서 불꽃같은 눈동자로 저희들을 지켜 주시고 믿음의 뜨거움이 식지 않도록 인도하여 주셔서 오늘도 뜨거운 마음으로 예배할 수 있게 하시니 감사드립니다.

회개와 고백 | 긍휼이 풍성하신 하나님!
한 주간의 삶을 돌이켜 볼 때 더위에 지쳐 세상의 빛을 발하기 보다는 오히려 어두움에 휩싸이고 불의와 부패 앞에 무력했음을 고백하지 않을 수 없나이다. 주님의 그 크신 긍휼을 베푸사 잘못된 저희들의 행위를 용서하여 주시옵고, 말씀에 순종할 수 있는 믿음과 말씀대로 실천할 수 있는 믿음을 주시옵소서.

간구 | 자비로우신 하나님!
이번 홍수로 인하여 농민들의 가옥과 가축이 떠내려가고 인명까지도 앗아갔사오니 그 상처가 비참하여 비명이 하늘까지 사무치고 있나이다. 고통을 함께 나누고 사랑을 베푸는 삶이 얼마나 아름답고 기쁘고 즐거운 것인지를 믿음 가득히 깨닫는 계기가 되게 하여 주시옵소서.
주님의 교회들도 길을 잃은 영혼들에게 등불이 될 수 있는 교회가 되게 하시고, 또한 저희들에게 깨달음을 주시어서 성령의 선물은 저희들에게 기

" 이러므로 우리에게 구름 같이 둘러싼 허다한 증인들이 있으니 모든 무거운 것과 얽매이기 쉬운 죄를 벗어 버리고 인내로써 우리 앞에 당한 경주를 하며 "
(히브리서 12:1)

뿜만을 선사함이 아니라 모든 사람들을 섬기며 봉사하도록 강권하신 것을 알게 하시옵소서. 그러한 직분을 감당하도록 놀라운 능력도 주심을 알게 하시고, 저희의 마음속 깊이 침전되어 있는 주님을 향한 열망의 불을 불붙게 하시사, 거룩하게 타오르도록 하실 수 있는 분은 오직 주님 한 분이심을 확신하게 하시옵소서.

사랑의 하나님!

어려운 경제난으로 인하여 신앙적으로 넘어지는 성도들이 많습니다. 고통에도 하나님의 뜻이 계신줄 믿고 더욱 더 믿음으로 정진할 수 있는 성도들이 되게 하시고 주님을 높이는 생활이 될 수 있도록 이끌어 주시옵소서.

여름행사를 진행중인 부서들을 붙드시고, 이 무더운 여름에 나태하거나 연약해지는 기관이 없게 하시고, 풍요로운 열매를 거두는 복된 기관들이 될 수 있도록 인도하여 주시옵소서.

오늘도 주님의 복된 말씀을 듣고 단 위에 서신 목사님을 성령의 능력으로 강하게 붙드셔서 선포하시는 말씀이 나태해진 저희의 심령에 불을 붙이는 말씀이 되게 하여 주시옵소서.

| 예수님 이름으로

예배의 시종을 주님께 의탁하오며 예수그리스도의 이름으로 기도합니다. 아멘.

9월에 맞춘 기도문

적용 : 주일 낮예배, 주일 오후예배, 수요기도회
성경 : 마 7:16~20

찬양과 감사 아름다운 계절과 수확의 절기를 주신 하나님!

하늘이 높아지고 오곡이 무르익어가는 이 즐거운 계절에 주님 앞에 나와 예배할 수 있게 하시니 감사합니다. 날이 갈수록 믿음이 더해가는 저희들이 되게 하시옵고 영적인 열매까지 더욱 알차게 맺을 수 있는 저희들 되게 하시옵소서.

회개와 고백 사랑의 하나님!

주님을 사랑한다고 입술로는 늘 말하면서도 오히려 세상과 저희 자신을 더욱 사랑했던 허물을 고백합니다. 주님 마저도 저희의 이기적인 사랑의 도구로 만들려했던 저희들의 죄를 사하여 주시옵소서. 이제는 마음과 정성과 뜻을 다하여 주님을 더욱 사랑하게 하시옵소서.

간구 자비로우신 하나님!

이 나라를 불쌍히 보시기를 원합니다. 지금 정치적으로 경제적으로 사회적으로 너무 어려운 때를 당했습니다. 이 나라와 이 백성들을 긍휼히 여기사 하루 속히 정국이 안정되고 사회가 안정될 수 있도록 도와주시옵소서. 그 어려운 때를 겪었으면서도 아직도 정신을 차리지 못하여 이런 현상이 일어나고 있사오니, 다시금 정신을 차리고 근신할 수 있는 이 나라와 백성들이 되게 하시고, 침체에 빠진 경제가 하루 속히 회복될 수 있도록 도와주시옵소서.

이 나라가 이처럼 다시 어려움에 처하게 된 것도 아직도 교회가 바로 서

" 이와 같이 좋은 나무마다 아름다운 열매를 맺고 못된 나무가 나쁜 열매를 맺나니 좋은 나무가 나쁜 열매를 맺을 수 없고 못된 나무가 아름다운 열매를 맺을 수 없느니라 " (마태복음 7:17~18)

지 못하고 사명을 망각한 까닭인줄 압니다. 지금부터라도 교계 지도자들이 먼저 회개하여 하나가 되게 하시고, 온 성도들도 회개하고 자복하여 세상에 빛과 소금의 역할을 감당할 수 있는 성도, 침체된 이 사회를 밝은 길로 인도할 수 있는 교회들이 되게 하여 주시옵소서.

인생의 풍랑이 험해질수록 용서가 필요한 때 인줄 압니다. 나라의 경제가 끝없이 추락하고 있음에도 불구하고 현 정권은 정죄의 칼을 들고 같은 동료들을 심판하기에만 급급해 하고 있습니다.

용서는 인간이 할 수 있는 가장 큰 사랑의 표현임을 깨닫습니다. 용서의 대상을 한정하지 말게 하시옵고, 무조건적이고 무제한적인 용서를 베푸는 기업과 단체 가정들이 되게 하여 주시옵소서. 이제는 온 국민이 용서와 화해와 사랑의 삶을 실천할 수 있도록 도와주시옵소서.

오늘도 생명의 말씀을 듣고 단위에 서신 목사님을 성령의 능력으로 붙드시고 권세 있는 말씀을 전하실 수 있도록 힘을 더하여 주시옵소서. 예배를 돕는 모든 손길들도 신령한 은혜를 주셔서 주님을 위한 수고가 기쁨이 되게 하여 주시옵소서.

예배의 시종을 주님께 의탁하오며 예수그리스도의 이름으로 기도합니다. 아멘.

예수님 이름으로

10월에 맞춘 기도문

적용 : 주일 낮예배, 주일 오후예배, 수요기도회
성경 : 마 21:19

찬양과 감사 | 풍성한 결실이 있게 하시는 하나님 아버지!

이 좋은 계절에 건강한 육체와 맑은 정신을 주시어서 주님 앞에 나와 예배할 수 있게 하시니 감사합니다. 지금까지 지내온 모든 것이 주님의 크신 은혜였음을 믿고 고백합니다. 오늘도 신령과 진정으로 예배하는 자들을 찾으시는 하나님이시오니 거짓 없는 마음과 진실된 마음으로 예배드리게 하시옵소서.

회개와 고백 | 긍휼이 풍성하신 하나님!

저희는 주님의 백성이면서도 사탄이 환영하는 죄를 얼마나 많이 짓고 사는지 헤아릴 수조차 없습니다. 오늘 주님의 전에 엎드렸으나 저희의 모습은 주님의 진노와 심판을 받기에 합당합니다. 늘 자신의 육욕과 세속적 관점을 벗어나지 못하는 저희들을 불쌍히 여겨 주시옵고, 보혈의 피로 씻어 정결하고 거룩한 삶을 살아갈 수 있도록 도와주시옵소서.

간구 | 은혜의 하나님!

열매 맺는 가을이지만 아직도 저희들은 주님께 드릴 열매가 없음을 솔직히 고백하지 않을 수 없나이다. 헌신과 봉사에 대한 열매도 없나이다. 주님의 말씀에 대한 순종의 열매도 없나이다. 영혼구원을 위한 전도의 열매도 없나이다.

오!주여, 열매없는 무화과 나무를 저주하시던 주님의 심판이 저희들에게도 임할까 두렵습니다. 삶이 힘들고 고달프다고 하여 주님의 백성으로서 마

> " 길 가에서 한 무화과나무를 보시고 그리로 가사 잎사귀 밖에 아무 것도 찾지 못하시고 나무에게 이르시되 이제부터 영원토록 네가 열매를 맺지 못하리라 하시니 무화과나무가 곧 마른지라 " (마태복음 21:19)

땅히 해야만 할 기본 의무를 잘 감당하기 위하여 조금도 부끄러워하지 아니하고 잘 달려갈 수 있는 저희들 되게 하여 주시옵소서. 영적인 열매를 풍성하게 맺음으로 주님께 영광을 돌릴 수 있게 하시고, 저희의 삶에 소망과 기쁨이 넘치게 하시옵소서.

위로의 하나님!

풍요로운 수확을 기대하는 가을이지만 자연 재해로 인하여 애써서 가꾼 곡식들을 다 잃은 사람들이 있습니다. 거두고 싶어도 거둘 것이 없는 상처 받은 사람들을 위로하여 주시옵고, 무엇보다 소중한 생명을 잃지 않은 것을 감사할 수 있는 저들이 되게 하여 주시옵소서.

이 시간 단위에 세워주신 목사님께 능력의 오른 팔로 붙들어 주시사 주님의 권세있는 능력의 말씀을 선포케 하시고, 저희 심령마다 성령의 역사를 뜨겁게 체험함으로써 새 술에 취하듯 주님의 은혜를 체험케 하시옵소서. 주님의 몸된 교회를 위하여 물질과 몸을 아끼지 아니하고 충성하는 주님의 백성들이 있습니다. 저들의 수고가 더해질 때마다 주님의 향기가 만발하게 하시고, 모든 사람들에게 기쁨을 주는 축복의 사람들이 되게 하여 주시옵소서.

| 예수님 이름으로

예배의 시종을 주님께 맡기며, 예수그리스도의 이름으로 기도합니다. 아멘.

11월에 맞춘 기도문

적용 : 주일 낮예배, 주일 오후예배, 수요기도회
성경 : 마 7:16~20

찬양과 감사 | 은혜로우신 하나님!

하나님께서 창조하신 이 땅을 보면 얼마나 광대하며 오묘하고 신비로운지 감격할 뿐입니다. 저희의 삶이 주님을 닮아간다면 얼마나 기쁘고 감격이 넘칠런지, 주님! 간절히 소망합니다.

회개와 고백 | 풍성한 결실의 계절인 가을을 허락하신 하나님!

지금까지 지내온 모든 것이 주님 은혜였음을 믿고 고백합니다. 앞으로 나아갈 길도 주님이 지키실 줄을 확신하오니 저희의 믿음의 발걸음을 쉬지않게 하시옵소서.

간구 | 사랑의 하나님!

이 가을에 사랑의 열매를 더욱 많이 맺게 하여 주시옵소서. 저희를 잠잠히 사랑하시고, 조건 없이 사랑하시며, 끝이 없는 사랑으로 대하시는 그 깊은 사랑을 생각하여 주님께서 관심 가지신 모든 것을 사랑할 수 있는 저희들 되게 하여 주시옵소서. 한 영혼을 더욱 사랑하시는 주님의 사랑을 생각하여 영혼 사랑의 열매를 맺는 이 가을이 되게 하여 주시옵소서.

주님이 친히 세우신 교회가 그 무엇보다 사랑의 공동체라는 것을 생각할 때 입술로만 사랑을 고백하는 저희들 되지 말게 하시옵고, 교회를 사랑하고, 사랑을 위한 수고를 아끼지 않는 저희들 되게 하여 주시옵소서.

자비로우신 하나님!

" 아름다운 열매를 맺지 아니하는 나무마다 찍혀 불에 던져지느니라 이러므로 그들의 열매로 그들을 알리라 " (마태복음 7:19~20)

이 가을에 감사의 열매를 더욱 많이 맺게 하여 주시옵소서. 부족한 가운데서도 주님을 더욱 힘써서 섬길 수 있으니 얼마나 감사한 일이옵니까? 이 가을에 감사의 열매를 더욱 풍성히 맺게 하여 주셔서 모든 것이 주님의 은혜였음을 믿음으로 고백하는 저희들 되게 하여 주시옵소서.

또한 이 가을에 성령의 열매가 있기를 원합니다. 성령의 열매를 맺음으로 인하여 영적인 풍성함을 귀중한 재산으로 삼을 수 있는 저희들 되게 하여 주시옵소서. 주님의 몸 된 교회도 병든 이 세상을 치료함으로 영적인 수확물을 가득 채울 수 있는 교회가 되기를 원합니다. 세상살이에 상하고 찢겨진 영혼들을 진정으로 싸매주고 소망을 주는 교회가 되게 하여 주시옵소서.

오늘도 열매맺는 이 가을을 맞이하여 주님의 귀한 말씀을 듣고 단위에 서시는 목사님을 성령의 능력으로 더욱 붙드시고, 단위에서 선포되어지는 주님의 귀한 말씀을 듣는 저희들 모두가 감사로 넘쳐 나며 열매 맺는 신앙이 되기를 다짐하는 시간이 되게 하여 주시옵소서.

예배를 돕는 손길들이 있습니다. 기쁜 마음으로 순종하게 하시고, 주님이 채우시는 신령한 은혜를 맛보게 하시옵소서.

예배의 시종을 주님께 의탁하오며, 예수그리스도의 이름으로 기도합니다. 아멘.

12월에 맞춘 기도문

적용 : 주일 낮예배, 주일 오후예배, 수요기도회
성경 : 눅 13:6~9

찬양과 감사 | 영원토록 영광을 받으실 하나님 아버지!
어둠의 이 땅에 주님이 친히 오심을 감사합니다. 주님의 지극한 사랑이 온 땅에 알려지는 날이 되기를 원합니다. 주님의 오심이 병든 자와 외롭고 쓸쓸한 이들에게 기쁨의 소식이 되게 하시며, 새 소망가운데 살아가는 계기가 되게 하시옵소서.

회개와 고백 | 재림을 약속하신 주님!
저희들은 아직 주님 앞에 설 수 없는 가증한 죄인의 모습임을 고백합니다. 이 시간 깨끗함을 입어 순결한 마음을 얻게 하여 주시옵소서. 아름다운 찬송을 부르며 왕 되신 예수 그리스도를 맞이하게 하시옵소서. 이 시간 고백하는 심령의 죄악들을 용서해 주시기를 원하오며 주님의 사랑과 손길로 저희들을 붙들어 주시옵소서.

간구 | 이제 이 해의 마지막 달인 12월 입니다. 경제적인 어려움 속에서 정신없이 달려온 한 해였습니다. 새해를 맞이하면서 다짐하고 결심한 것들이 세월의 흐름 속에 희석되어 버리고, 지금은 아련한 기억 속에서 조차 떠오르지 않는 장밋빛 같은 것들이 되어 버렸습니다.
앞으로 남은 기간 만큼이라도 감사의 결실을 맺기 위하여 몸부림 칠 수 있는 저희들 되게 하여 주시옵소서. 이제 성탄절도 눈앞에 두고 있습니다. 세상 사람들과 같이 뜻 모를 흥분감에 사로잡히는 저희들 되지 말게 하시옵고, 죄 많은 저희들을 찾아오신 하나님의 사랑, 저희를 대신하여 죄값을

📖

"대답하여 이르되 주인이여 금년에도 그대로 두소서 내가 두루 파고 거름을 주리니 이 후에 만일 열매가 열면 좋거니와 그렇지 않으면 찍어버리소서 하였다 하시니라"
(누가복음 13:8~9)

지불하신 그리스도의 피 묻은 십자가를 기억하는 저희들 되게 하여 주시옵소서.

추운 겨울이 시작 되었습니다. 육신적으로도 준비 없는 겨울은 더욱 추울 수 밖에 없듯이, 겨울을 준비하듯 믿음을 굳게 하여 감사와 기쁨을 잃지 않는 복된 삶이 되게 하여 주시옵소서. 연말이 되면 교회 안팎으로 여러 가지 행사들이 많습니다. 죄짓는 자리는 피할수 있는 지혜를 주시고, 성도의 본분을 잊지 않게 하시옵소서.

겨울이 오면 추위 때문에 걱정하는 사람들이 있습니다. 그들의 고통을 함께 나눌 수 있는 교회가 되게 하시고, 따뜻하고 훈훈한 이웃이 곁에 있음을 보여줄 수 있는 저희들이 되게 하여 주시옵소서.

오늘도 주님의 귀한 말씀을 들고 단위에 서신 목사님을 주님의 오른팔로 붙들어 주시고, 저희들의 굳어진 마음들이 주님의 능력의 말씀으로 녹아지는 은혜의 시간이 되게 하여 주시옵소서. | 예수님 이름으로

예배를 돕는 손길들 위에도 함께 하시고, 어려운 환경 가운데서도 주님의 몸된 교회를 위하여 힘을 다하여 봉사하는 저들의 수고위에 주님이 채우시는 위로가 넘쳐 나게 하시옵소서.

예배의 시종을 주님께 의탁하오며 예수그리스도의 이름으로 기도합니다. 아멘.

기도하지 않고 성공했다면
성공한 그것 때문에 망한다.

- 스펄전 -

성자를 만들어 내는 것은 기도의 힘이다.

- 이 엠 바운즈 -

2. 교회력에 맞춘 대표 기도문

주현절(현현절)에 맞춘 기도문
산상 변모일에 맞춘 기도문
사순절에 맞춘 기도문
종려주일에 맞춘 기도문
고난주간에 맞춘 기도문
성 금요일에 맞춘 기도문
부활주일에 맞춘 기도문
부활절에 맞춘 기도문
성령감림절에 맞춘 기도문
오순절에 맞춘 기도문
삼위일체 주일에 맞춘 기도문
왕국절에 맞춘 기도문
대강절에 맞춘 기도문
성탄절에 맞춘 기도문
성탄절 기간에 맞춘 기도문

현현절(주현절)에 맞춘 기도문

적용 : 주일 낮예배
성경 : 시 103:1~2, 5

찬양과 감사 새해들어 처음 맞는 이 주일에 빛으로 나타나신 우리 주님의 현현을 기쁨으로 주님께 찬양과 영광을 돌립니다. 여기 모여 새해 첫 예배를 드리는 저희에게 빛으로 살아갈 수 있도록 크신 은혜를 베풀어 주시옵소서. 빛 되신 주님의 모습을 뵈오니 지난날의 흑암이 모두 사라지고 걷히는 것을 깨닫습니다.

주여!

다시는 저 어둠속으로 돌아가지 않도록 성령의 능력으로 인도하여 주시옵고, 저희 방탕한 발길이 죄악의 깊은 곳에서 서성이는 일이 없도록 삶의 등불이 되어 주시옵소서.

간구 주님의 거룩한 전에 모여 예배드리는 저희 모두가 일어나 빛을 발하라는 하나님의 말씀을 지키며 행하는 한 해가 되기를 원합니다. 빛 된 삶을 사는 저희들의 모습을 보고 빛 되신 주님 앞으로 나아오는 자들이 많아지게 하시고, 주님의 빛이 온 누리에 충만해 지는 역사가 있게 하시옵소서. 또한 지난날의 교회와 이웃을 위하여 기도하지 못한 것과 주님을 증거 하는 일에 태만했던 죄를 다시는 범치 않는 한해가 되게 하시옵소서.

오늘, 주님이 현현하신 첫 주일에 빛 되신 주님 앞으로 나오지 못한 성도들을 기억하여 주시옵소서. 어디에 있든지 빛의 자녀라는 사실을 잊지 않게 하시고, 빛의 자녀 된 의무를 다할 수 있는 주님의 자녀들이 되게 하시옵소서.

> " 내 영혼아 여호와를 송축하라 내 속에 있는 것들아 다 그의 거룩한 이름을 송축하라 내 영혼아 여호와를 송축하며 그의 모든 은택을 잊지 말지어다 " (시편 103:1~2)

    병든 자들, 실직자들, 가난한 이들, 해외에 나간 이들을 기억하시사 흑암에 있지 않도록 빛으로 보호하시고 지켜 주시옵소서.

    새해 첫 주일을 맞이하여 모든 기관이 새롭게 출발합니다. 임명된 모든 일꾼을 이같은 소임에 충성을 다하게 하시옵고, 서로 서로 사랑하며 부흥하는 원년이 되게 하시오며, 가슴 벅찬 즐거움이 넘쳐 나는 복된 해가 되게 하시옵소서.

    특별히 양 무리들을 보살피는 목사님과 교역자님들에게 성령의 충만함을 늘 베푸시옵소서. 찬양으로 영광 돌리는 찬양대의 찬송을 받으시옵고, 모든 영광을 주님께 돌리오며 빛이신 주 예수 그리스도의 이름으로 기도합니다. 아멘.

예수님 이름으로

---

* 주현절 : 1월 6일부터 성회 수요일까지이다. 처음에는 그리스도의 세례를 기념하다가 후에는 그리스도께서 이방인에게 나타나심을 기념하여 지켰다.

산상 변모일에 맞춘 기도문

적용 : 주일 낮예배

성경 : 사 26:3~4

찬양과 감사   천지를 주관하시는 하나님 아버지!

주님의 지극히 높으신 위엄을 찬양합니다. 주님께서 영광스럽게 변모하셔서 보잘 것 없는 인생들에게도 영원한 계시의 빛을 밝혀 주시오니 진정 감사드립니다.

회개와 고백   저희들이 항상 주님의 밝은 빛을 받으며 살아가면서도 오늘 빛이신 주님 앞으로 나아오기가 두려웠나이다. 저희 마음을 비추시는 주님의 빛을 피하며 어둠의 그림자들을 친구 삼아 죄의 소리에 귀를 기울이면서 살았기에 빛이신 주님을 만나기가 너무나도 두렵고 초조한 마음을 감출 길 없나이다. 영광이 빛이신 주님 앞에 떨리는 마음으로 죄 짐을 내어 놓사오니 긍휼을 베푸사 용서하여 주시옵소서.

간구   은혜로우신 주님!

앞으로는 좀 더 빛을 드러낼 수 있는 삶을 살 수 있도록 인도하여 주시옵고, 영광의 빛이신 주님을 나타낼 수 있는 축복의 삶이 되게 하시옵소서.

주님, 세상이 죄에 눌려 신음하고 있나이다.

탄식 소리가 점점 더 높아지고 있고 갈길 몰라 방황하고, 비틀거리는 영혼들이 곳곳마다 넘쳐나고 있나이다. 이런 때에 진정으로 영혼 때문에 몸부림치고 울 수 있는 교회가 되게 하시고, 죄악에 찢기운 상처를 싸메보려고 몸부림치는 영혼들을 주님의 따뜻한 사랑으로 감싸 안게 하시고, 치유할 수

> " 주께서 심지가 견고한 자를 평강하고 평강하도록 지키시리니 이는 그가 주를 신뢰함이니이다 너희는 여호와를 영원히 신뢰하라 주 여호와는 영원한 반석이심이로다" (이사야 26:3~4)

있는 교회가 되게 하시옵소서.

　이 자리에 주님의 도우심을 바라보며 떨리는 마음으로 머리 숙인 성도들을 위하여 기도합니다. 삶이 힘들고 어려울지라도 고난 속에서 주님의 뜻을 발견하게 하시고, 오직 주님만을 바라보며 참 빛이신 주님 앞으로 힘써서 나아갈 수 있는 종들이 되게 하시옵소서. 빛이신 주님만을 의지할 때 기쁨이 넘쳐 나게 하시고, 사랑이 넘쳐 나게 하시고, 용기와 소망이 넘쳐 나게 하시옵소서.

　오늘도 성경에 계시된 축복의 말씀을 전달하시는 목사님께 밝은 빛을 비추셔서 말씀을 듣는 저희들이 영원한 계시의 빛으로 밝히시는 주님의 은혜를 경험하게 하시옵소서. | 예수님 이름으로

　예배의 시종을 주님께 의탁하오며 예수그리스도의 이름으로 기도합니다. 아멘.

사순절에 맞춘 기도문

적용 : 주일 낮예배
성경 : 히 10:19~20, 22

찬양과 감사 | 자비로우신 주님!
지난 한 주간도 저희에게 향하신 대속의 은총을 감사합니다. 죄중에 출생하여 죄 가운데 방황하며 살다가 영원히 멸망 받을 수 밖에 없는 저희들이었는데 이 처럼 주님의 대속해 주신 사랑으로 거듭나게 하시고, 생명을 누리되 넘치도록 누리게 하여 주시니 그 은혜 감격하여 감사할 뿐이옵니다.

회개와 고백 | 저희들이 이렇게 주님의 놀라운 은혜를 입었지만 오늘도 주님을 부인하여 실망과 좌절의 삶으로 하루하루를 수 놓으며 살게 되니 저희의 모습이 한없이 부끄럽기만 합니다. 저희들이 연약하여 온전히 주님을 영접하지 않은 채 비굴한 믿음을 갖고 힘없이 사는 것을 용서하여 주시옵소서. 지극히 제한되고 미흡한 저희 육신과 의지를 돌아 보시옵고 자비와 사랑으로 안위하여 주시기를 원합니다. 굳건한 믿음으로 채워 주시사 주님의 길을 온전히 걸어갈 수 있도록 인도하여 주시옵소서.

간구 | 주님이 고난 당하신 아픔을 기념하여 그 고난에 동참하는 사순절 기간입니다. 주님의 피 묻은 십자가만이 저희를 얽어 맨 죄악과 슬픔의 사슬들을 끊어 버렸다는 것을 기억하여 마음을 다하여 주님 없이 살 수 없음을 고백하는 기간이 되게 하여 주시옵소서. 주님의 피 묻은 십자가가 저희 심령 가운데 우뚝 서 있으므로 그 십자가를 통하여 십자가의 정신으로 사는 실제적인 능력을 공급 받는 기간이 되게 하여 주시옵소서.
주님의 몸 된 교회가 한 종교의 차가운 상징으로 서 있지 말게 하시고, 교

📖
" 그러므로 형제들아 우리가 예수의 피를 힘입어 성소에 들어갈 담력을 얻었나니 그 길은 우리를 위하여 휘장 가운데로 열어 놓으신 새로운 살 길이요 휘장은 곧 그의 육체니라 " (히브리서 10:19~20)

회를 찾는 자들에게 십자가의 정신이 언제나 그 삶을 지배할 수 있도록 이 끄는 교회가 되게 하여 주시옵소서.

주님을 영접하지 아니하고 죄 많은 풍조를 따라 육체를 자랑하며 사는 이 세상 사람들을 불쌍히 여겨 주시기를 원합니다. 자신들이 추구하며 사는 것이 얼마나 헛된 것인지를 깨닫게 하시옵고, 정욕적이고 타락한 방식에서 벗어나 십자가의 도를 붙잡을 수 있는 저들이 되게 하여 주시옵소서.

십자가 앞에서 자신들이 욕심을 내며 자랑했던 것들이 얼마나 무가치하고 쓸모없는 것들이었는지를 발견하게 하시고, 오직 십자가를 통해 아직도 계속되고 있는 하나님의 구원의 능력을 체험하는 저들이 되게 하여 주시옵소서.

말씀을 들고 단위에 서시는 목사님을 주님의 피 묻은 십자가의 능력으로 붙들어 주시옵고, 그 말씀을 귀 기울여 듣는 저희 모두에게 십자가의 사랑이 가슴을 파고들게 하시옵소서. | **예**수님 이름으로

예배가 시작되었습니다. 찬양대위에도 함께 하시고, 구속의 주님이 되시는 예수 그리스도의 이름으로 기도합니다. 아멘.

* 사순절 : 예수 그리스도의 고난을 기억하는 절기, 사순절은 성회 수요일부터 부활절 전날까지 평일만 40일이다.

종려주일에 맞춘 기도문

적용 : 주일 낮예배
성경 : 슥 9:9

찬양과 감사 | 겸손과 섬기심으로 이 땅에 평화를 가져오신 사랑의 주님!
주님께서 온 인류에게 평화를 주시기 위하여 이천년 전 예루살렘 입성하시며 찬송과 영광을 받으시던 그 주님을 오늘 저희가 여기에서도 맞아들일 수 있게 하여 주시니 그 크신 은혜와 사랑을 감사합니다. 오늘 저희도 주의 이름으로 오시는 이여 가장 높은 곳에서 호산나!"하고 외치며 찬송할 수 있게 하시옵소서.

회개와 고백 | 주님이 나귀 새끼를 타고 예루살렘에 입성하신 것은 진정한 승리가 힘의 정복에 의한 것이 아니라 겸손과 봉사로 이 세상을 섬기는 것임을 알리시기 위함임을 믿습니다. 그런데 저희는 섬김을 받으려 하고 귀족같이 대접받으려고 하는데에만 힘썼던 것은 아니었는지 되돌아봅니다. 저희들도 주님처럼 저희들도 끊임없이 낮아지는 주님의 자녀가 될 수 있도록 은혜를 베풀어 주시옵소서.

간구 | 주님의 피로 사신 교회도 주님을 본받아 서로 섬기는 공동체가 되게 하시고, 진정으로 주님을 닮아가는 교회가 되게 하시옵소서. 또한 우리의 이웃에게 십자가의 사랑을 보여줌으로써 주님의 나라가 얼마나 아름다운지를 보여줄 수 있는 교회가 되게 하시옵소서.

또한 오늘 오후부터 주님께서 고난의 쓴 잔을 받으신 고난주간이 시작됩니다. 호산나, 호산나, 외치며 주님을 찬양하던 무리들이 결국 주님을 십자

> " 시온의 딸아 크게 기뻐할지어다 예루살렘의 딸아 즐거이 부를지어다 보라 네 왕이 네게 임하시나니 그는 공의로우시며 구원을 베푸시며 겸손하여서 나귀를 타시나니 나귀의 작은 것 곧 나귀 새끼니라 " (스가랴 9:9)

가에 못 박은 배반자들이 되었듯이 오늘 저희들도 주님을 찬양하고 경배하던 입술로 주님을 부인하고 십자가를 지신 주님을 외면하지는 않을까 두렵사오니 주님을 위해 아낌없이 향유를 부은 마리아처럼 온 마음으로 주님의 십자가를 사랑하게 하시옵고, 주님께서 받으셨던 고난의 쓴잔을 저희도 기쁨으로 기꺼이 받게 하시옵소서.

오늘도 생명의 귀한 말씀을 전하시는 목사님을 십자가의 능력으로 붙들어 주시고, 말씀을 들을 때에 왜 주님께서 고난의 종으로 예루살렘에 입성하시고 십자가의 고난을 받으셔야만 했는지 심령 깊숙이 깨닫는 시간이 되게 하시옵소서. | **예수님** 이름으로

주님의 교회를 사랑하며 몸을 드려 헌신하는 성도들에게도 주께서 주시는 기쁨이 충만하게 하시옵소서.

이 예배의 시종을 주님께 맡깁니다. 예배드리는 동안 성령께서 친히 저희 가운데 운행하심을 믿사옵고 평화의 왕으로 오셔서 십자가를 지심으로 섬김의 도리를 가르쳐 주시고 죄악에서 구원하여 주신 예수 그리스도의 이름으로 기도합니다. 아멘.

* 종려주일 : 수난주간의 첫날(주일)을 종려주일로 지키는데 예수 그리스도의 예루살렘 입성을 기념하는 것이다.

고난주간에 맞춘 기도문

적용 : 주일 낮예배
성경 : 계 5:12

찬양과 감사 | 사랑의 주님!
저희를 위해 고난 받으신 주님의 대속을 생각하며 주님 앞에 머리숙입니다.

회개와 고백 | 저 험한 십자가에 달렸어야 할 장본인은 주님이 아니라 죄인 된 저희들임을 깨닫습니다. 멸시와 욕 대신 정작 영광을 받으셔야 할 주님이 저희들 대신 치욕스러운 고난을 받으셨으니 저희들의 죄가 너무나 무겁고 더러운 것임을 깨닫습니다.

오 주님! 주님을 십자가 고통으로 밀어넣은 이 못된 죄인들을 용서하여 주시옵소서. 주님이 고난의 십자가를 지시고 골고다 언덕으로 오르실 때 슬피 울며 눈물로 따라간 여인들을 생각합니다. 다른 이들은 모두 십자가를 지신 주님을 보며, 피하거나 구경을 하였건만 가녀린 몸으로 어떤 오해를 받을지도 모를 주님의 십자가길을 통곡하며 따라간 것을 생각할 때 오늘 십자가에 나타난 사랑을 경험한 저희들은 주님을 따르는 삶의 방식이 너무도 형편없음을 깨닫습니다.

주님, 주님을 위해서 울 줄 아는 자만이 진정으로 주님을 사랑하며 주님의 십자가를 따를 수 있는 사람이라고 할 수 있을 것입니다.

간구 | 오, 주여! 다시 한번 참회 하오니 용서하여 주시옵소서. 이제는 저희를 살리시기 위하여 죽으신 주님의 고난을 기억하면서 지금도 계속되는 주님의 사랑을 따라, 죽어가시며 모든 것을 사랑 하셨던 모든 것을 사랑하게 하시

> " 큰 음성으로 이르되 죽임을 당하신 어린 양은 능력과 부와 지혜와 힘과 존귀와 영광과 찬송을 받으시기에 합당하도다 하더라 " (요한계시록 5:12)

고, 지금도 주님의 피로 값 주고 사신 교회 속에는 보이지 않는 골고다 언덕이 있음을 기억하게 하시옵소서.

주님, 저희들이 이 시간 주님의 고난을 깊이 생각하며 예배드립니다. 피 묻은 십자가에 붙잡혀서 예배 드리는 시간이 되게 하시옵고, 주님이 몸을 찢으셔서 보혈을 뿌리신 핏길을 저희들도 걸어야 한다는 다짐이 있게 하시옵소서. 오늘도 이 세상에는 죽은 자와 다름없이 살아가는 영혼들이 수없이 많이 있나이다. 저들의 소망 없는 얼굴이 떠올라 안타까운 마음으로 기도하오니 새 생명과 새 소망을 찾을 수 있도록 주님의 십자가 앞으로 이끌어 주시옵소서.

주님의 십자가의 고난을 가슴 저미도록 안타까워하시며 십자가의 사랑을 전하시기 위하여 단위에 서신 목사님을 기억하시고, 그 복되고 은혜로운 말씀을 전하실 때 주님의 십자가의 대속을 생각하며 결단이 있게 하여 주시옵소서.

예수님 이름으로

예배의 시종을 주님께 맡깁니다. 죄와 부패밖에 남은 것이 없는 저희들이 주님의 상하신 십자가 앞에서 새롭게 태어나기를 원하오며 구속의 주님이 되시는 예수그리스도의 이름으로 기도합니다. 아멘.

* 고난주간 : 수난주간이라고도 하며 사순절의 마지막 한 주간을 가리킨다. 예수님의 입성, 죽음, 장사되기까지의 사건들을 기념한다.

성금요일에 맞춘 기도문

적용 : 주일 낮예배
성경 : 골 1:13~14

찬양과 감사 거룩하신 주님!
　이 시간 주님의 피 묻은 십자가를 바라봅니다. 예수님의 고통과 절규가 얼룩진 십자가를 바라볼 때 죄와 정욕의 덩어리들로 뭉쳐진 저희들의 허물 때문인 것을 이제 깨닫고 감격과 찬양으로 십자가를 바라봅니다.

회개와 고백 고난의 십자가를 지신 주여!
　먹보다도 더 검은 저희들의 죄를 용서하여 주시옵소서.
　이 고난 주간에 주님을 철저히 배우기를 원합니다. 나귀를 타시고 예루살렘에 올라가신 주님의 겸손, 자기의 뜻보다 아버지의 뜻이 이루어 지기를 원하시고, 섬김을 받기보다 섬기며 사신 주님의 생애, 만민의 죄를 담당하고 희생의 제물이 되신 주님의 사랑을 상기하며 저희들 또한 그렇게 살기를 원하며 다짐하는 종들이 되게 하여 주시옵소서.

간구 사랑의 주님!
　저희를 위해 종으로 이 세상에 오시어 가장 낮은 자리까지 내려 가시고, 생명까지 주신 주님을 생명 바쳐 사랑할 수 있는 저희들 되게 하여 주시옵소서. 겟세마네 기도의 시간에 깨어있지 못하던 제자들의 모습이 저희들의 모습이 되지 않기를 소원합니다. 십자가의 험한 자리를 지키지 못했던 제자들이 냉담한 외면이 오늘 저희들이 모습이 아니기를 원합니다.
　오직 구속받은 은총에 힘입어 주님을 본받게 하시고, 이웃을 위하여 겸

📖
" 그가 우리를 흑암의 권세에서 건져내사 그의 사랑의 아들의 나라로 옮기셨으니 그 아들 안에서 우리가 속량 곧 죄 사함을 얻었도다 "(골로새서 1:13~14)

손한 사랑을 주며 주님의 피 묻은 복음을 힘껏 전하는 저희들 되게 하여 주시옵소서.

오늘도 저희에게 십자가의 찢기심과 피흘리심으로 말씀하고 계시는 주님을 발견합니다. 주님의 피 묻은 십자가를 생각하며 더 쓰라린 아픔을 경험하는 이 밤이 되게 하여 주시옵소서.

| 예수님
| 이름으로

주님이 저희들에게 구속의 은혜를 베푸시기 위하여 찢기신 그 상처를 어루만지며 메이는 마음으로 주님을 부르길 원하오며 예수 그리스도의 이름으로 기도합니다. 아멘.

＊ 성 금요일 : 예수 그리스도께서 십자가에 달리셔서 죽음을 맞으신 고난주간의 금요일을 성 금요일이라고 말한다. 일반적으로 금요일을 성 금요일이라고 말하기도 한다.

부활주일에 맞춘 기도문

적용 : 주일 낮예배

성경 : 막 16:4~6

찬양과 감사   할렐루야 전능하신 하나님!

　　죽음을 이기고 부활하신 주님을 구주로 믿는 저희들이 이 거룩한 성전에 모여 할렐루야 찬송하며 예배드리게 하심을 감사합니다. 이 자리에 모인 저희들 모두가 주님의 승리를 진정으로 기뻐합니다. 온 세계 만민들도 주님의 부활하심을 기뻐합니다. 죄와 죽음을 이기신 주님의 능력이 분명한 역사적 사건임을 믿나이다. .

회개와 고백   부활의 주님!

　　돌이켜 보건데 저희들은 너무 겁쟁이였습니다. 부활의 주님이 저희와 함께 하심에도 불구하고 죽음이 어떤 모양으로 저희에게 다가올 것인지를 생각하면 잠시도 평안함을 얻지 못하고 괴로움에 시달릴 때가 많았습니다. 주님이 영생의 소망을 저희에게 주셨는데도 이 두려움을 아직도 없애버리지 못한 채 괴로워하고 있는 연약한 존재들이 바로 저희들입니다. 믿음이 부족한 것을 불쌍히 여겨 주시옵소서. 부활의 확신으로 말미암아 이 모든 문제를 해결할 수 있게 하시옵소서.

간구   자비로우신 주님!

　　주님의 부활의 터 위에 세우신 교회도 부활하신 주님의 권능을 온 세상에 증거할 수 있게 하시옵소서. 죽음과 질병과 공포와 절망으로 살아가는 심령들을 부활의 주님을 모시고 찾아가서 위로해 주고, 악한 세력들을 깨뜨려 주는 교회가 되게 하시옵시고, 저들이 교회를 찾아왔을 때도 부활의 주님

" 눈을 들어본즉 벌써 돌이 굴려져 있는데 그 돌이 심히 크더라 무덤에 들어가서 흰 옷을 입은 한 청년이 우편에 앉은 것을 보고 놀라매 청년이 이르되 놀라지 말라 너희가 십자가에 못 박히신 나사렛 예수를 찾는구나 그가 살아나셨고 여기 계시지 아니하니라 보라 그를 두었던 곳이니라 "(마가복음 16:4~6)

을 뵈옵고 새로운 소망과 용기가 넘쳐 나게 하시옵소서.

이 민족 이 백성도 부활의 주님을 만나게 하시옵고, 부활의 주님을 바라볼 수 있는 눈을 열어 주시옵소서. 이 백성이 부활의 신앙으로 바로 설 때 하나가 될 수 있다는 것을 깨닫게 하시고, 신실한 일꾼들이 넘쳐 나고 정직이 강같이 흐르는 민족이 될 수 있다는 것을 깨닫게 하시옵소서. 이 땅에 백성들이 진정으로 주님을 의지함으로 주님의 복 받아 누리는 삶을 살게 하시옵소서. 교회에 세우신 각 기관과 모든 직분을 맡은 자들에게도 함께 하시기를 원합니다. 부활의 산 신앙을 갖고 능력 있게 맡은 역할을 잘 감당할 수 있게 하시며 맡은 자에게 구할 것은 오직 충성 밖에 없음을 기억하게 하시옵소서.

부활의 복된 소식을 대언하시기 위하여 단위에 세우신 목사님을 성령께서 친히 붙드시고, 권세 있는 말씀으로 저희 온 심령을 채울 수 있게 하시옵소서. 찬양으로 부활의 주님을 높이는 성가대와 예배를 위해 돕는 모든 분들을 주님의 크신 은혜와 복으로 채워 주시옵소서.

예배의 시종을 주님께 의탁하오며 부활하시어 저희들에게 산 소망이 되시는 예수그리스도의 이름으로 기도합니다. 아멘.

예수님 이름으로

* 부활주일 : 예수님의 부활하심을 기념하는 주일로 수난 후 첫 주일이 부활주일이다.

부활절에 맞춘 기도문

적용 : 주일 낮예배
성경 : 고전 15:20~21

찬양과 감사 할렐루야! 전능하신 하나님!

사망권세를 이기신 주님의 부활을 기뻐하며 찬송하는 삶을 살게 하여 주시니 감사합니다. 이 시간도 주님 앞에 나와 저희들 모두가 환희의 감격을 가지고 예배드릴 수 있도록 인도하여 주신 주님의 은혜를 감사합니다.

회개와 고백 돌이켜 보건데 저희 중심 속에는 아직도 죄의 쓴 뿌리들이 남아 있어서 부활의 주님을 믿으며 승리하는 생활을 한다고는 하나 비틀 거리는 연약한 모습들이 사라지지 않고 있나이다. 이처럼 죄를 이기지 못하는 저희들의 나약한 믿음을 불쌍히 여기시고 용서하여 주시기를 원합니다.

간구 생명이 되시는 주님!

부활의 주님을 저희 심령 속에 온전히 영접하게 하여 주셔서 부활절 기간 동안뿐 아니라 날마다 죄를 이기고 부활의 주님을 온전히 바라보는 삶을 살게 하시옵소서. 또한 부활의 주님을 증언하고, 증거하기에 몸을 드려 헌신할 수 있는 저희들 되게 하여 주시옵소서. 저희들의 가정과 생업도 부활의 기쁨이 넘쳐 나는 현장이 되기를 원합니다. 언제 어디서나 주님의 살아계심을 심령으로 느끼며 고백하는 은혜의 현장이 되게 하시옵소서.

주님의 교회도 부활의 주님이 늘 임재 하시는 교회가 되기를 원합니다. 부활의 주님을 만난 자들이 그 기쁨의 소식을 전하기에 주저하지 않았듯이, 이 교회도 주님의 몸 된 지체들이 주님을 증거하기에 주저하지 않는 교회가

" 그러나 이제 그리스도께서 죽은 자 가운데서 다시 살아나사 잠자는 자들의 첫 열매가 되셨도다 사망이 한 사람으로 말미암았으니 죽은 자의 부활도 한 사람으로 말미암는도다 " (고린도전서 15:20~21)

되게 하시옵고, 늘 깨어 기도함으로 성령의 기사와 이적이 주님의 이름으로 나타나는 교회가 되게 하시옵소서. 상하고 지치고 연약한 심령들도 소명을 얻고 새 삶을 얻는 은혜의 장소가 되게 하여 주시옵소서.

은혜와 자비의 주님!

이 나라를 불쌍히 여겨 주시기를 원합니다. 이 나라를 향하신 주님의 선하신 계획이 있을 것이라는 것을 저희들은 믿습니다. 이 나라가 온전한 통일이 이루어지는 그날까지 주님의 뜻을 바라보며 꾸준히 기도할 수 있는 저희들 되게 하여 주시옵소서.

오늘 저희들이 주님께 예배하기 위해 모였습니다. 건성으로 예배에 참여하는 불성실함이 없게 하시고 마음을 쏟고 영혼을 쏟는 예배를 드림으로 주님의 놀라우신 사랑을 강력하게 체험하는 시간이 되게 하시옵소서.

목사님을 통하여 선포되는 말씀을 성령께서 강력하게 붙드시옵고 말씀을 듣는 저희들 모두가 크고 놀라운 은혜를 받게 하시옵소서. | 예수님 이름으로

예배의 시종을 주님께 의탁하오며 찬양대의 찬양도 기쁘게 받아 주실 것을 믿사옵고 예수 그리스도의 이름으로 기도합니다. 아멘.

* 부활절 : 부활절은 부활의 주님 안에서 기쁨을 누리는 주일로 부활주일부터 6주간이다.

교회력에 맞춘 대표기도문

성령강림주일에 맞춘 기도문

적용 : 주일 낮예배

성경 : 눅 4:18~19

찬양과 감사 | 거룩하신 하나님!

성령을 통하여 교회 위에 역사하시고 섭리하신 은총을 감사합니다. 지금 이 시간에도 성령으로 역사 하시는 주님의 임재를 깨닫고 엎드려 간구합니다. 주의 영께서 저희를 떠나지 마시고 길이 길이 함께 하시옵소서.

회개와 고백 | 저희가 미혹의 영에 이끌어 탐욕스럽고 방자하기 그지 없을 때 고요히 찾아오신 성령의 도우심으로 멸망에서 벗어났음을 깨닫고 실패와 낙망으로 인하여 마음 둘 곳을 잃었을 때 위로의 영으로 오시사 새 힘을 주신 성령의 역사를 지금 확신하며 고백합니다. 그러니 저희의 죄와 허물도 먹구름의 사라짐같이 깨끗하게 사라질 수 있도록 성령의 불로 태워 주시옵소서.

간구 | 전능하신 주님!

성령의 밝은 빛으로 저희 심령을 채우사 주님의 뜻을 온전히 분별하여 세상의 악한 권세를 이기는 선한 싸움의 승리자로 삼아 주시기를 원합니다. 저희들의 일거수일투족을 눈동자와 같이 지키시는 성령께서 각 심령마다 충만하게 임하여 주시사 모든 고통에서 자유 함을 얻게 하시고, 기쁨으로 주님을 찬양할 수 있는 삶이 되게 하시옵소서.

일찍이 이곳에 주님의 몸 된 교회를 세워주시사 성령의 권능을 세상에 쏟아 놓는 능력의 제단이 되게 하여 주셨사오니 저희 교회가 더욱 성령 충만한 교회가 되게 하시옵고, 진리의 빛을 밝게 비출 수 있는 생명의 제단이 되게 하시옵소서.

"주의 성령이 내게 임하셨으니 이는 가난한 자에게 복음을 전하게 하시려고 내게 기름을 부으시고 나를 보내사 포로 된 자에게 자유를, 눈 먼 자에게 다시 보게 함을 전파하며 눌린 자를 자유롭게 하고 주의 은혜의 해를 전파하게 하려 하심이라 하였더라"(누가복음 4:18~19)

자비하신 주님!

이 민족이 아직도 분단의 아픔을 겪고 있습니다. 성령의 능력으로 이 민족을 하나로 엮어 주셔서 더 이상 분단으로 인한 아픔이 발생하지 않도록 은총을 베풀어 주시옵소서. 개인적으로나 국가적으로 여전히 불의와 온갖 죄악된 일들이 하늘을 뒤덮고 있사오니 속히 이 병든 사회를 성령의 권능으로 치료하여 주셔서 건전하고 바른 가치관이 정립될 수 있도록 은총을 허락하여 주시기를 원합니다.

성령강림 주일을 맞이하여 이 시간 말씀을 전하여 주실 목사님께 성령의 기름을 부어 주셔서 선포되는 말씀이 저희의 굳은 심령을 찔러 쪼개어, 치료와 위로와 변화가 임하는 놀라운 시간이 되게 하여 주시옵소서.

주님의 몸 된 교회를 위하여 여러 모양으로 몸을 드려 충성하는 귀한 일꾼들을 붙들어 주시고, 맡은바 직분을 즐거움으로 감당할 때 성령의 큰 은사와 능력을 체험하게 하시옵소서.

예배의 시종을 주님께 의탁합니다 성령께서 친히 운행하심을 믿사옵고 예수 그리스도의 이름으로 기도합니다. 아멘.

*성령강림절 : 부활주일 후 일곱 번째 주일로 성령의 강림하심을 기념하는 주일이다.

오순절에 맞춘 기도문

적용 : 주일 낮예배

성경 : 요 7:37~38

찬양과 감사 | 약속하신 성령을 보내주신 하나님!

감사와 영광을 돌립니다. 이 시간도 이 땅에 하나님의 교회가 세워질 때 내려주셨던 성령을 충만하게 부어 주시고 저희를 성결케 하사 주님 앞에 예배드리기에 합당한 심령이 되게 하여 주시옵소서.

간구 | 약속하신 성령을 보내주셔서 주님을 구주로 믿는 모든 자들에게 충만하게 부어주신 주여! 성령강림 후 그 역사를 기념하는 오순절 기간 동안 저희 모두가 성령 충만한 사람들이 되어 불신앙과 육신의 정욕들을 이겨내는 성령의 사람으로 살게 하시기를 원합니다. 세속에 찌든 심령도 성령의 능력으로 변화를 받아 성령의 열기로 뜨겁게 살아갈 수 있게 하시기를 원합니다.

주님의 거룩하신 뜻을 실현할 수 있는 복된 삶이 되기를 원합니다. 주님을 담대히 증거하고 그 어떤 위협 앞에서도 굴하지 않는 순교의 신앙이 되기를 원합니다. 저희들의 전 생활 영역이 성령의 역사와 인도하심을 따라 사는 권세 있는 삶이 되게 하여 주시옵소서.

저희 교회도 성령의 불이 계속 타오르는 능력의 제단이 되기를 원합니다. 아무리 강퍅한 심령도 이 교회에 발을 들여 놓는 순간 성령의 능력으로 꺼꾸러지는 역사가 있게 하시옵고, 죄의 자백이 일어나며 탄식하는 회개의 역사가 있게 하시옵소서. 삶에 지친 자들은 삶의 희망이 넘쳐 나게 하시고, 병든 심령은 치료의 역사가 있게 하시며 기도하는 자마다 주님의 사랑의 응답을 받을 수 있는 신령한 제단이 되게 하시옵소서.

" 명절 끝날 곧 큰 날에 예수께서 서서 외쳐 이르시되 누구든지 목마르거든 내게로 와서 마시라 나를 믿는 자는 성경에 이름과 같이 그 배에서 생수의 강이 흘러나오리라 하시니 " (요한복음 7:37~38)

    이 사회 속에서도 성령의 역사가 있기를 원합니다. 죄악의 물결이 넘실거리고 있습니다. 죄와 의에 대하여 책망하시고 심판 하시는 성령의 역사가 있게 하시옵소고, 깨끗한 사회, 진실이 통하는 사회가 되게 은총을 베풀어 주시옵소서.

    주님의 몸 된 교회를 위하여 몸을 깨뜨려 충성하는 일꾼들이 있나이다. 저들이 힘을 다하여 충성하고 봉사하여 헌신할 때마다 주님의 음성을 듣게 하시고, 주님이 책임져 주시는 강건한 삶이 넘쳐 나게 하시옵소서.

    이 시간 진리의 말씀을 대언할 목사님을 성령께서 친히 인도하여 주셔서 그 입술을 통해 나오는 말씀이 뜨거운 은혜의 말씀, 성령충만한 말씀이 되게 하시옵소서. 성령께서 친히 저희의 예배 가운데 임재하셔서 이 예배를 친히 인도하여 주시옵기를 간절히 바라오며 홀로 영광 받으시기에 합당하신 예수 그리스도의 이름으로 기도합니다. 아멘. | **예수님** 이름으로

---

* 오순절 : 오순절은 성령의 강림 후 그 역사를 기념하는 기간으로 성령 강림절 후 9월 마지막 주일까지이다.

삼위일체 주일에 맞춘 기도문

적용 : 주일 낮예배

성경 : 시 101:1~3

찬양과 감사

삼위일체 하나님께 찬양과 영광을 돌립니다.

창조와 구속과 계속적인 역사로 저희와 함께 하시는 주님!

이 예배가 향기 넘치는 산제사가 되어 하나님이 기뻐 받으시는 헌신이 되게 하시고, 예비하신 은혜를 넘치도록 받는 날이 되게 하여 주시옵소서. 주님의 이름으로 모인 이 신앙의 공동체에 크신 영광을 나타내시옵소서.

회개와 고백

생명의 주인이신 주님!

지난 한 주간을 돌이켜 볼 때 저희는 주님이 주신 생명의 감사함을 잊은 채 숨 쉬며 생각하고, 행동하였음을 고백하지 않을 수 없나이다. 저희 속에는 생명의 기쁨보다 죽음의 냄새가, 날로 새로워져야 할 영혼보다 시들고 죽어가고 있는 것들이 가득 차 있었습니다. 생명은 죄와 죽음과 함께할 수 없음을 깨닫사오니 긍휼을 베푸사 용서하여 주시옵소서.

간구

살아계신 주님!

삼위일체 하나님께서 저희의 마음과 가정, 교회, 삶의 현장, 분단된 조국, 상한 이 세상에 오시기를 바라오니 충만히 임하시기를 원합니다. 저희들의 가정 속에는 주님의 보호하심과 사랑이 넘쳐 나게 하시옵소서. 무거운 짐을 내려주시고 쉼을 허락하시는 주님의 자비로운 손길을 느끼게 하여 주시옵소서. 화목과 평안이 샘솟는 가정이 되게 하여 주시옵고, 교제의 즐거움속에 서로 위로하고 용납하는 형제의 우애가 더욱 넘치게 하여 주시옵소서.

주님의 교회는 삼위 하나님의 축복하심으로 말씀으로 강하고, 성령으

> " 내가 인자와 정의를 노래하겠나이다 여호와여 내가 주께 찬양하리이다 내가 완전한 길을 주목하오리니 주께서 어느 때나 내게 임하시겠나이까 내가 완전한 마음으로 내 집 안에서 행하리이다 " (시편 101:1~2)

로 뜨겁고, 은사로 충만한 교회가 되게 하여 주시옵소서. 무엇보다도 마귀의 권세 아래 놓여 있는 비참한 영혼들을 주님의 권세 아래로 옮겨 놓을 수 있는 능력의 교회가 되게 하시옵고, 구원의 복된 소식을 드러낼 수 있는 교회가 되게 하여 주시옵소서.

이 민족의 분단의 아픔이 오래오래 지속 되지 않도록 삼위 하나님께서 인도하시고, 철의 장막이 무너짐으로써 이 나라 삼천리 방방 곡곡에 주님이 주시는 진정한 자유와 평화와 안식이 넘쳐나게 하시옵소서.

주님의 몸 된 교회를 위하여 아낌없이 충성 봉사하는 일꾼들이 있습니다. 더욱 힘써서 봉사할 수 있도록 능력과 지혜를 부어 주시고, 섬김과 봉사의 햇수가 깊어 질 때 마다 기쁨이 더욱 샘솟는 마음들이 되게 하여 주시옵소서.

예배를 집례하시는 목사님을 기억하시고, 특별히 주님의 말씀을 선포하실 때 주님의 권세가 나타나는 능력의 말씀이 되게 하여 주시옵소서. 찬양으로 주님께 영광 돌리는 찬양대를 기억하시고, 정성껏 준비하여 주님께 올리는 찬양이 주님께 기쁨이 되게 하여 주시옵소서.

| 예수님 이름으로

지금도 저희들에게 섭리하시는 우리 주 예수 그리스도의 이름으로 기도합니다. 아멘.

왕국절에 맞춘 기도문

적용 : 주일 낮예배

성경 : 시 105:2~3

찬양과 감사 | 질그릇처럼 연약하고 값없는 인생들이 여기 나왔습니다. 죄악으로 인해 더러워지고, 세상의 바람 앞에 쉽게 넘어지고 깨어져 버릴 수 밖에 없는 저희들을 택하사 다시금 향기 나는 꽃으로 피어나게 하시고, 주님의 영광을 나타내는 도구로 사용하시오니 감사합니다. 이 시간 새로운 기쁨이 저희 심령에 가득하게 하시고 그 기쁨을 영원토록 간직하며 살게 하옵소서.

회개와 고백 | 자비로우신 주님!
심령이 가난한 자가 하나님을 볼 것이라 말씀하셨사오나 지금 저희들의 마음은 육신의 소욕과 헛된 욕망에 사로잡혀 있음을 봅니다. 주의 성령으로 저희 마음을 정결하게 씻어 주시고, 죄악을 소멸하여 깨끗하게 하여 주시옵소서. 저희의 심령이 언제나 주의 선하심과 의로움으로 가득하게 하시옵소서.

간구 | 복의 근원이 되시는 주님!
진주의 가치를 알지 못하는 미련한 짐승처럼 신령한 하늘의 복을 소홀히 하는 어리석은 자들이 되지 않게 하여 주시옵소서.
약하고 소외된 이들을 위해서 기도합니다. 이 사회의 약한 자들인 무의탁 노인과 소년 소녀가장들, 장애인들 그리고 어두움 속에서 외로워하는 그들에게 다가서는 이웃이 있게 하시옵소서. 이 사회에 지역 때문에, 계층 때문에, 수입이 적기 때문에 또 다른 이유로 차별 받는 이웃이 없게 하시고, 따뜻함이 넘치는 사회가 되게 하시옵소서. 실직 당하고 해직된 자들, 고향을 잃은 사람들, 그들의 고통과 아픔도 위로 받을 수 있는 사회가 되게 하

📖

" 그에게 노래하며 그를 찬양하며 그의 모든 기이한 일들을 말할지어다 그의 거룩한 이름을 자랑하라 여호와를 구하는 자들은 마음이 즐거울지로다 " (시 105:2~3)

시옵소서.

생명이 되시는 주님!

잘못된 문화, 잘못된 가치관들이 급속도로 번져나가고 있습니다. 오염된 문화 속으로 청소년들이 겁 없이 뛰어들고 있습니다. 가출 청소년들이 날로 증가하고 있고, 향락에 심취해가는 청소년들이 점차 증가하고 있습니다. 이 나라 이 사회의 미래가 회색 빛 처럼 흐려지고 있는 듯 합니다.

오 주님! 소망을 주시기를 원합니다. 이 사회가 건강한 사회가 될 수 있도록 도와 주시기를 원합니다. 세상의 잘못된 가치관들을 주의 말씀으로 고쳐 주시옵고, 이 사회의 잘못된 풍토가 아름답고 건전한 풍토가 될 수 있도록 치료하여 주시옵소서.

소망 없는 이 시대에 선지자적 소명을 가지고 말씀을 외치시는 목사님을 기억하시고 오늘도 말씀을 들고 단 위에 섰사오니 한 말씀, 한 말씀 외치고 증거 하실 때마다 이 자리에 모인 저희 모두가 성령의 강력한 역사를 체험케 하여 주시옵소서. | 예수님 이름으로

예배의 시종을 주님께 의탁 하옵고 예수 그리스도의 이름으로 기도합니다. 아멘.

* 왕국절 : 왕국절은 그리스도인들이 사회적 책임을 깨닫게 하는 절기로서 10월 첫 주부터 대강절 전까지이다.

대강절에 맞춘 기도문

적용 : 주일 낮예배

성경 : 사 60:1, 4

찬양과 감사   졸지도 아니하시고, 주무시지도 아니하시며, 불꽃같은 눈동자로 저희를 지켜 주시는 하나님의 은혜를 감사합니다. 또한 저희들의 심령을 강건하게 하시고, 육신을 평안하게 하시사 이렇게 주님의 전에서 예배하게 하심을 감사합니다.

회개와 고백   진리와 사랑의 하나님 아버지!

한 해가 다하는 마지막 달에 저희의 모습을 돌이켜 보며 심히 부족하고 잘못된 것이 많아 주님앞에 고개를 들 수가 없습니다. 주님의 크신 사랑과 용서와 자비로 저희를 붙드시고 대강절의 기간 동안 정결한 마음으로 새 날을 맞이하게 하시옵소서.

간구   저희를 붙드시고 함께 일하시는 하나님 아버지!

이제 한 해가 한 달밖에 남지 않았지만 저희들이 이 해에 맡겨진 소임을 끝까지 잘 감당할 수 있도록 도와주시기를 원합니다. 이제껏 한 해를 지나오면서 주님이 맡겨주신 귀한 청지기직을 힘써 감당해 보려고 했지만 오히려 주님의 안타까움을 자아내는 잘못된 일도 너무나 많았음을 고백합니다.

자신을 제사제물 위에 붓는 관제로 드려지기를 간절히 소원하며 주님의 심장을 가지고 죽도록 충성한 사도 바울과 같이 저희들은 진지하고 성실하지 못했음을 고백합니다. 믿음의 역사를 일으키는 복음전파 사역도 힘써서 감당하지 못했고, 사랑의 수고를 더하는데도 생활을 핑계 삼아 인색한 모습만 보였나이다. 또한 하나님의 부름의 상을 바라보면서 소망으로 인내하

> " 일어나라 빛을 발하라 이는 네 빛이 이르렀고 여호와의 영광이 네 위에 임하였음이니라, 네 눈을 들어 사방을 보라 무리가 다 모여 네게로 오느니라 네 아들들은 먼 곳에서 오겠고 네 딸들은 안기어 올 것이라 " (이사야 60:1, 4)

는 것도 부족했나이다. 이제 한 달 남짓 남은 이 해에 그 동안 성실하지 못했던 모습을 되돌아보며, 주님께 책망 받지 않는 한 해로 마무리 지을 수 있도록 이끌어 주시옵소서.

이번 달에는 누더기 같은 인간의 몸을 입으시고 죄악이 관영한 이 땅을 치료 하시고 건지시기 위하여 성육신 하신 성탄절이 있습니다. 죄악에 죽을 수밖에 없는 저희들을 찾아오신 하나님의 사랑, 십자가 위에서 희생 제물이 되어주신 주님의 그 은혜를 기억하면서 성탄절을 준비할 수 있게 하옵소서.

저희가 해를 거듭할수록 새로운 차원의 모습으로 달라지기를 원합니다. 나이만 먹어가는 교회가 되지 말게 하시옵고, 이 땅에 오셔서 불꽃이 되신 주님을 생각하며 늘 불꽃처럼 타오르는 교회가 되게 하시옵소서.

이 시간 주님의 그 넓으신 은혜와 사랑을 전하시기 위하여 단위에 서시는 목사님을 성령의 능력으로 붙들어 주시옵고, 권세 있는 말씀을 증거 하실 수 있도록 붙들어 주시옵소서. 찬양으로 영광 돌리는 성가대에도 함께 하시고 입술의 찬양이 아니라 마음의 찬양을 드릴 수 있도록 인도하시옵소서. 예수그리스도의 이름으로 기도합니다. 아멘.

| 예수님 이름으로

* 대강절 : 대강절(강림절)은 11월30일에 가장 가까운 주일에 시작하여 성탄절 전까지 4주간의 기간을 말하는데 그리스도의 재림을 소망하는 절기이다.

성탄절에 맞춘 기도문

적용 : 주일 낮예배

성경 : 눅 2:10~11,14

찬양과 감사 | 　하나님의 본체로서 인간에게 오신 우리 주 예수님께 찬양과 경배, 영광과 존귀를 돌려보냅니다. 멸망에서 영생으로 인도하시고, 고통과 어둠을 물리치신 주님을 맞이하는 이 거룩한 주일에 저희를 불러 주시오니 저희들은 다만 감격할 뿐이옵니다.

회개와 고백 | 　은혜의 주님!

　저희 같은 죄인을 위하여 친히 죄악에 오시다니 그 은혜에 감사할 따름이옵니다. 이 엄청난 사건 앞에 저희의 추하고 작은 욕망들이 모두 사라져 없어지기를 간구합니다. 저희에게 오신 주님, 영원히 함께 계셔서 떠나지 마시옵소서. 주님은 나의 힘, 나의 기쁨, 나의 생명이심을 고백합니다.

간구 | 　자비하신 주님!

　주님이 세상의 빛으로 오시고 생명으로 오셨으나 아직도 흑암이 휩싸여 깨닫지 못하고 있는 영혼들이 있나이다. 사망의 음침한 골짜기를 정처 없이 헤메이고 있는 영혼들이 불쌍히 여겨 주시옵고, 미련하고 둔하여 죄악의 길에서 방황하고 있는 영혼들에게 이 위대한 사실을 깨달을 수 있는 기회를 주시옵소서.

　주님의 몸 된 교회도 이 위대한 복음을 증거 할 수 있는 교회가 되게 하시고, 천사의 음성을 듣고 주님의 음성에 겸손히 무릎 꿇고 순종했던 마리아의 신앙처럼, 저희 교회도 주님의 말씀에 적극 순종하고 주님의 뜻을 신실하게 행할 수 있는 교회가 되게 하여 주시옵소서.

📖
" 천사가 이르되 무서워하지 말라 보라 내가 온 백성에게 미칠 큰 기쁨의 좋은 소식을 너희에게 전하노라 오늘 다윗의 동네에 너희를 위하여 구주가 나셨으니 곧 그리스도 주시니라 " (누가복음 2:10~11)

    이제 이 민족이 주님이 베풀어 주신 은혜를 기억하고 사신과 우상을 숭배하는 못된 버릇을 버리게 하시고, 만유의 주재이신 주님께 소망을 두게 하시옵소서. 또한 주님이 허락하신 진정한 번영과 부요를 누릴 수 있는 이 민족이 되게 하시고, 평화의 왕이신 주님만을 의지할 수 있게 하시옵소서. 주님이 오신 이 날, 구원의 날이요 생명의 날인 이날 이 기쁜 소식이 특별히 가난한 자와 병든 자 그리고 믿지 아니하는 수많은 이웃들에게 전파되게 하시고, 저들에게 구원의 소식, 영원한 소망의 소식이 되게 하시옵소서.

    이 시간 아기 예수님의 탄생을 축하하기 위하여 저희들이 한자리에 모였나이다. 황금과 유향과 몰약처럼 진실하고 값진 정성으로 예배드리기를 원합니다. 주님께서 받아 주시고 주님이 주시는 기쁨과 평화가 충만하여 감사가 강물같이 흘러넘치는 예배가 되게 하시옵소서. 오늘 생명의 말씀을 전하여 주실 목사님께 주의 은혜를 충만히 내려 주시옵고 찬양으로 영광 돌리는 찬양대 위에도 동일한 은혜를 부어 주시옵소서. 허다한 천군 천사의 찬양과 같이 주님께 영광돌리는 찬양이 되게 하시옵소서.

    예배의 시종을 주님께 의탁하오며 임마누엘이신 예수 그리스도의 이름으로 기도합니다. 아멘. | **예**수님 이름으로

* 성탄절 : 성탄절은 12월25일이다. 예수 그리스도의 탄생과 성육신을 축하하는 절기이다.

성탄절 기간에 맞춘 기도문

적용 : 주일 낮예배
성경 : 이사야 7:14

찬양과 감사 | 은혜의 주님!

어둠의 이 땅에 주님이 친히 오심을 감사합니다. 성탄절 기간에 주님이 지극한 사랑이 온 땅에 알려지는 기간이 되게 하시고, 특별히 주님의 오심이 병든 자에게나 외롭고 쓸쓸한 자들에게 기쁨의 소식이 되게 하시며 새 소망 가운데 살아가는 계기가 되게 하시옵소서.

회개와 고백 | 용서의 하나님!

저희의 마음속에 소용돌이 치는 죄악을 고백합니다. 여러 가지 죄악을 끊어버리기 위하여 힘쓰고, 애쓰며 살려고 했었지만 저희들의 연약함으로 인하여 다시금 주님 앞에 범죄 한 몸이 되고 말았습니다. 이 시간 고백하는 심령이 죄악들을 용서해 주시기를 원합니다. 사랑이 풍성하신 손길로 저희를 붙들어 주시사 연약함이 강건함으로 바꾸어지게 하시옵소서.

간구 | 사랑의 주님,

성탄절 기간동안 주님이 왜 이 땅에 오셔야만 했는지 그 의미와 본질을 충분히 깨닫는 기간이 되게 하시옵고, 주님이 성육신 하신 것과 같이 저희도 낮아짐과 겸손과 섬김의 도를 실천할 수 있는 기간이 되게 하시옵소서.

또한 주님의 오심을 증거하고 말씀을 확신 있게 전파하는 성탄절 기간이 되게 하시옵소서. 그리하여 온 땅에 주님의 구원하심이 충만해 질 수 있게 하시옵소서.

" 그러므로 주께서 친히 징조를 너희에게 주실 것이라 보라 처녀가 잉태하여 아들을 낳을 것이요 그의 이름을 임마누엘이라 하리라 " (이사야 7:14)

새로운 한 해를 시작합니다. 아무 의미 없이 건성으로 출발하는 한 해가 되지 말게 하시고, 저희들 자신을 진지하게 돌아 보면서 희망찬 새해를 출발할 수 있는 저희들 되게 하여 주시옵소서.

오늘도 생명의 말씀을 선포하시기 위하여 단위에 서신 목사님을 주의 성령께서 붙들어 주시고, 삶에 기적을 일으키는 말씀을 전하실 수 있도록 함께 하시옵소서. <small>예수님 이름으로</small>

찬양을 준비한 찬양대를 기억하시고, 입술의 찬양이 아닌 중심의 찬양이 드려질 수 있도록 축복 하시옵소서.

예배를 위하여 돕는 손길들을 기억하시고, 저들이 수고가 더해질 때마다 하늘의 위로가 있게 하시고, 하늘의 상급이 넘치게 하시옵소서.

예배의 시종을 주님께 의탁하옵고 생명의 주가 되시는 예수 그리스도의 이름으로 기도합니다. 아멘.

* 성탄절 : 성탄절기간은 12월 25일부터 1월 5일까지이고 예수그리스도의 성육신하심을 축하하는 절기이다.

어려운 환경에서 기도하고 싶은 마음마저 없다면
우리는 짐승만도 못한 사람들이 아닐 수 없다.

- 칼빈 -

기도는 영혼의 피이다.

- 죠지 허비트 -

3. 절기와 공공 기념일 때의 대표 기도문

신년감사주일에 맞춘 기도문
설날에 맞춘 기도문
삼일절기념 주일에 맞춘 기도문
어린이 주일에 맞춘 기도문
어버이 주일에 맞춘 기도문
현충일에 맞춘 기도문
6.25 상기 주일에 맞춘 기도문
맥추 감사 주일에 맞춘 기도문
광복절 기념 주일에 맞춘 기도문
추석 명절에 맞춘 기도문
종교 개혁 주일에 맞춘 기도문
추수 감사 주일에 맞춘 기도문
성서 주일에 맞춘 기도문
송구영신 예배에 맞춘 기도문

신년 감사주일에 맞춘 기도문

적용 : 주일 낮예배

성경 : 시 104:30 사 43:19

찬양과 감사

저희의 소망이 되시고, 빛이 되신 하나님 아버지!

새해의 첫 주일을 맞이하게 하시니 감사합니다. "여호와께서 집을 세우지 아니하시면 세우는 자의 수고가 헛되며 여호와께서 성을 지키지 아니하시면 파수꾼의 깨어 있음이 헛되도다"(시 127:1)고 시편 기자를 통하여 교훈하신 말씀을 믿습니다. 복된 새해를 저희들에게 허락하셨사오나 주님께서 지켜 주시지 아니하시면 저희들의 1년 수고가 헛 된 줄 아오니 시간 시간마다 저희들의 생각과 발걸음을 지켜 주시기를 원합니다.

회개와 고백

사랑의 주님!

새해 첫 주일을 맞아 벅찬 감격을 가지고 주님 앞에 나왔지만 여전히 저희 심령이 성결치 못함을 깨닫습니다. 이제껏 성결 한 삶을 살기에 게을렀던 저희들을 긍휼히 여겨 주시옵고, 깨끗한 심령으로 주님의 영광을 대할 수 있도록 정결한 마음을 주시옵소서.

간구

자비하신 주님!

하나님의 축복으로 받은 새해를 어떻게 사용해야 하는지를 가르쳐 주시옵소서. 시간을 잘 선용할 수 있는 지혜를 주시옵고, 올해는 늘 새로움으로 거듭나는 한 해가 되기를 원합니다. 육신의 일에만 얽매여 썩어질 것을 좇아가는 저희들 되지 말게 하시옵고, 주님의 나라와 의를 구하는 한 해가 되게 하셔서 주님의 뜻을 이루어 드리고 성령의 열매를 거두는 복된 한 해가 되게 하여 주시옵소서.

> " 보라 내가 새 일을 행하리니 이제 나타낼 것이라 너희가 그것을 알지 못하겠느냐 반드시 내가 광야에 길을 사막에 강을 내리니 " (이사야 43:19)

교회의 머리가 되신 주님!

새해에는 그리스도의 몸인 교회의 지체임을 기쁘게 생각하고 사도바울이 주님의 남은 고난을 주님의 몸 된 교회를 위하여 육체에 채우며 살았듯이, 저희들도 주님의 몸 된 교회를 위하여 이러한 삶을 살 수 있도록 도와주시옵소서. 새해를 맞이하여 교회의 새로운 일꾼도 뽑혔사오니 주님의 일을 위하여 거룩한 직분을 임명받은 성도들이 맡은 직분과 소임에 충성을 다하게 하시고, 한 순간도 교만과 게으름과 나태함으로 주님의 영광을 가리는 일이 없도록 인도하여 주시옵소서.

금년에 교회가 세운 목표나 개인이 소원하는 모든 것이 주님의 뜻 안에서 이루어지는 한 해가 되도록 축복하여 주셔서 한 해를 마무리 지을 때 풍성한 열매를 주님께 드릴 수 있게 하시옵소서.

특별히 주님의 몸 된 교회를 위하여 애쓰시는 목사님과 모든 교역자분들을 성령의 능력으로 붙들어 주셔서 올 한 해도 양 무리들을 영적으로 양육하고 보살피기에 조금도 부족함이 없도록 인도 하시옵소서.

| **예**수님 이름으로

예배를 돕는 손길들이 있습니다. 주님을 섬기듯 즐거운 마음으로 순종하게 하시고 몸을 드린 것만큼 영적인 기쁨도 충만하게 하시옵소서.

예배의 시종을 주님께 의탁하오며 예수그리스도의 이름으로 기도합니다. 아멘.

설날에 맞춘 기도문

적용 : 주일 낮 예배, 주일 오후예배

성경 : 출 20:4~6, 살후 1:3

찬양과 감사   저희들을 흑암의 권세에서 건져 내사 빛의 나라, 생명의 나라로 옮기신 주님! 지난 한 주간 동안도 저희들을 주님의 사랑과 은혜와 보호 속에서 살게 하시고, 다시금 이 시간 주님의 거룩하신 임재 앞에 예배하게 하시니 그 은혜와 사랑에 무한한 감사와 영광을 드립니다.

회개와 고백   그러나 한 주간도 주님의 은혜를 외면한 채 저희들의 인생이 온통 자기 자신의 것처럼 생각하며 마음대로 즐기고 함부로 생활을 해 왔습니다. 인생을 만드신 주님께서 이러한 저희들의 모습을 보시고 가증히 여겨 책망할까 두렵사오니 불쌍히 여기시고 용서하여 주시기를 원합니다.

간구   사랑이 많으신 주님!

저희가 세상에 살면서 걱정과 두려움이 많이 있습니다. 육신의 피로도 감당키 어려울 때가 있습니다. 때론 괴로움 속에서 주님을 원망할 때도 있습니다. 이웃 사랑에 짜증스러울 때도 있습니다. 경건 생활이 아니라 나태하고 게으를 때가 너무도 많습니다. 주여, 주님의 크신 사랑으로 저희의 영혼을 격려해 주시고 새로운 힘으로 삶의 멍에를 기꺼이 짊어지게 하여 주시옵소서. 진실한 믿음으로 강한 믿음으로 살아가게 하여 주시옵소서.

은혜의 주님!

이번 주에는 저희 민족 대대로 지켜오는 명절인 설날이 있습니다. 설날이 되면 제각기 흩어졌던 가족들이 고향을 찾고 반가운 모습으로 만나서 혈육의 정을 확인하게 됩니다. 이와 같은 명절은 저희의 선조들이 후대에 물려준

" 형제들아 우리가 너희를 위하여 항상 하나님께 감사할지니 이것이 당연함은 너희의 믿음이 더욱 자라고 너희가 다 각기 서로 사랑함이 풍성함이니 "
(데살로니가후서 1:3)

아름다운 관습이기는 하오나 우상이나 귀신에게 절하거나 제사하는 일이 행해지고 있사오니 하나님의 백성들은 우상에게 절을 하거나 동조하는 일이 없도록 믿음을 굳게 하여 주시고, 주님의 계명을 철저히 지킴으로 창조주이신 주님께 영광 돌릴 수 있는 명절이 되게 하여 주시옵소서.

특별히 온 가족이 모든 대화에 말없이 듣고 계시는 주님을 생각하며 정겨운 대화를 나눌 수 있게 하시고, 거친 대화나 다툼이 오가지 않도록 함께 하여 주시옵소서. 설날을 맞이하여 찬송과 기도와 말씀으로 하나님께 감사드리면서 하나님의 은혜를 정말 감사하고, 자식들을 위해 희생하고 고생하신 부모님을 생각하면서 형제간에 서로 의지하고 도우면서 사는 우애 넘치는 자손들이 되자고 다짐하는 명절이 되게 하여 주시옵소서.

이 시간 주님의 말씀을 전하시기 위하여 단 위에 서신 목사님을 붙들어 주시옵고, 생명의 말씀을 전하시기에 조금도 부족함이 없도록 채워 주시옵소서.

예배를 위하여 헌신하는 손길들에게도 함께 하셔서 주님의 몸 된 교회를 위하여 몸을 드려 헌신 할 때 하늘의 신령한 은혜가 저들의 마음에 넘쳐나게 하시옵소서.

예배의 시종을 주님께 의탁하오며 예수그리스도의 이름으로 기도합니다. 아멘.

예수님 이름으로

삼일절 기념주일에 맞춘 기도문

적용 : 주일 낮예배

성경 : 출 15:2, 시 44:5~6

찬양과 감사

천지의 주재이신 하나님 아버지!

이 땅의 구속 사역을 완성하시기 위해 이 땅에 오심을 감사합니다. 십자가를 바라볼 때마다 새로운 감동이 솟아오르고, 그 기쁨으로 인하여 변화되어 가는 것을 깨닫사오니 진심으로 감사드립니다. 영원토록 주님 안에 거하는 저희들 되게 하여 주시옵소서.

회개와 고백

하나님 아버지!

주님안에 거하며 주님과 함께 일한다 하면서도 스스로의 생각을 앞세웠으며 주님의 뜻을 멀리하는 시간들이 많았나이다. 저희를 긍휼히 여기시는 주님, 저희들의 부족함을 용서하여 주시옵소서. 참으로 부끄러움을 무릎쓰고 주님 앞에 내여놓는 잘못들을 십자가의 보혈로 씻어 주시고 소멸해 주시옵소서. 주님의 크신 은혜로 저희를 새롭게 하여 주시옵소서.

간구

역사의 주인이시며, 역사를 주관하시는 하나님 아버지!

오늘은 특별히 36년간 일제의 침략으로 자유를 잃고 인권을 유린 당하면서 고통의 삶을 이어왔던 지난날의 쓰라린 아픔을 거울삼아 잃은 것이 얼마나 서글프고 쓰라린 것인지를 다시한번 되새기며, 삼일절 기념주일 예배로 주님 앞에 드립니다. 무력하고 나약하였기에 이방 민족에게 주권을 빼앗기는 설움을 당했으나 하나님께서 이 민족을 사랑하여 주시사 다시금 주권을 되찾게 하여 주시고, 자유와 평화를 맛볼 수 있도록 간섭하심을 감사드리지 않을 수 없나이다. 그러나 일제의 압제 하에서도 절대 굴하지 아니하고

> " 여호와는 나의 힘이요 노래시며 나의 구원이시로다 그는 나의 하나님이시니 내가 그를 찬송할 것이요 내 아버지의 하나님이시니 내가 그를 높이리로다 "
> (출애굽기 15:2)

자유의 깃발을 높이 쳐들고 총칼의 위협 앞에 항거하며 분연히 일어섰던 저희 선배들의 용기도 있사오니 이 민족의 주권을 위하여 투쟁하다 쓰러져간 순교자들을 기억하시기를 원합니다. 저들이 흘린 피가 결코 헛되지 않게 하시고, 이 민족의 자유와 평화의 혈관으로 남게 하시옵소서.

하나님 아버지!

이 나라가 아직도 여전히 남과 북으로 갈라져 있습니다. 주님의 모든 백성들이 이 뼈아픈 조국의 현실을 보며 더욱 기도하게 하시고 주님의 뜻을 바라볼 수 있도록 이끌어 주시옵소서. 대통령을 비롯한 위정자들도 하나님 두려운 줄 깨닫게 하셔서 주님을 진실되게 섬기고, 주님의 말씀에 귀를 기울일 수 있게 하여 주시옵소서.

이 시간도 귀한 말씀을 성령의 역사하심에 따라 준비하시고 단 위에 서신 목사님을 능력과 권능의 오른팔로 붙들어 주셔서 힘있게 증거 하시는 그 말씀이 광야에서 외치는 자의 소리가 되게 하옵시며, 강퍅한 저희의 심령을 쇳물처럼 녹이는 능력의 말씀이 되게 하여 주시옵소서.

성가대의 찬양도 받아 주시기를 원합니다. 입술의 찬양이 아닌 마음의 찬양이 되게 하셔서 천사도 흠모하는 찬양이 되게 하시옵소서.

지금도 이 민족과 동행 하시고, 이 민족을 이끌어 주시는 우리 주 예수그리스도의 이름으로 기도합니다. 아멘.

| 예수님 이름으로

어린이 주일에 맞춘 기도문

적용 : 주일 낮예배

성경 : 막 10:14~16

찬양과 감사 | 사랑의 주님!

주님이 세우신 귀한 가정마다 어린 생명들이 태어나게 하시고, 건강하게 자랄 수 있도록 인도하여 주시니 감사합니다. 오늘은 특별히 어린아이들을 지극히 사랑하신 주님을 본받아 티 없이 맑고 깨끗한 어린 생명들을 생각하며 어린이 주일로 지키게 하여 주시니 감사합니다.

회개와 고백 | 은혜의 주님!

어린아이들과 같이 되지 아니하면 천국에 들어가지 못할 것이라고 말씀하신 주님의 말씀을 심령에 새겨 봅니다. 천국 백성의 모습과 사뭇 멀어진 저희들이었습니다. 저희의 마음은 온갖 사욕으로 가득 차 있어 순진하고 깨끗한 어린아이 마음같이 되지를 못했습니다. 말과 행동도 거칠고 자유분방했고, 모든 것이 어린아이 같은 마음과 반대되는 것들뿐이었습니다. 저희들의 이 못난 모습을 불쌍히 여기시고 긍휼을 베푸사 용서하여 주시옵소서.

간구 | 어린이를 사랑하여 주신 주님!

이 땅에 사는 모든 어린이들을 축복하여 주시옵소서. 어린 마음속에 믿음을 간직하고 하나님을 경외하는 법을 배우며 자라게 하시며, 세상에 잘못 돋아난 독버섯 같은 존재들이 되지 않도록 진리의 말씀으로 강하게 붙잡아 주시기를 원합니다. 모든 어린이들이 주님의 날개 아래서 세상을 밝게 비추는 등불이 되게 하시고 그 어떤 불의와도 타협하지 아니하고, 정직한 사람으로 성장하기에 부족함이 없도록 이끌어 주시기를 원합니다. 특별히 부모

> " 내가 진실로 너희에게 이르노니 누구든지 하나님의 나라를 어린 아이와 같이 받들지 않는 자는 결단코 그 곳에 들어가지 못하리라 하시고 그 어린 아이들을 안고 그들 위에 안수하시고 축복하시니라" (마가복음 10:15~16)

가 없거나 부모의 사랑을 받지 못하고 있는 어린 아이들을 위로하여 주시고, 병들고, 장애가 있고, 정신이 박약한 어린이들에게도 치유와 용기의 은총을 주시옵소서.

자비로우신 주님!

특별히 간구 하옵기는 주님의 교회에서 어린이들의 신앙 교육을 전담하고 있는 주일학교가 있습니다. 신앙교육을 담당하고 있는 모든 교사들에게 함께하셔서 백지와 같은 어린 심령 속에 주님의 형상을 닮아가는 신앙 교육을 잘 시킬 수 있도록 지혜를 주시고, 어린 심령들에게 믿음을 심어 주는 것이 무엇보다도 주님이 주신 막중한 사명인 것을 깨달아 충성을 다할 수 있는 교사들이 되게 하여 주시옵소서.

오늘 어린이 주일을 맞이하여 주님의 귀한 말씀을 증거하시는 목사님을 성령의 능력으로 붙드시고, 말씀을 듣는 저희 모두가 어린 아이들에게 어떻게 행할 것인가를 깊이 깨닫는 시간이 되게 하여 주시옵소서.

| 예수님 이름으로

찬양으로 주님께 영광 돌리는 찬양대를 기억하시고, 입술의 찬양이 아닌 마음의 찬양이 되게 하셔서 주님께 온전한 영광이 되게 하여 주시옵소서.

예배를 돕는 손길들도 기억하시고, 저들의 수고가 더해질 때마다 주님이 채우시는 신령한 은혜가 저들 가운데 있게 하시고 샘솟는 기쁨이 있게 하여 주시옵소서. 예배의 시종을 주님께 의탁하오며 예수 그리스도의 이름으로 기도합니다. 아멘.

어버이 주일에 맞춘 기도문

적용 : 주일 낮예배
성경 : 신 5:16

찬양과 감사 | 사랑이 많으신 하나님 아버지!

　하늘에는 영혼의 아버지가 계시고, 땅에서는 저희의 어버이들이 계시사 오늘의 저희들이 있음을 감사합니다. 이 시간 저희들이 어버이의 크신 사랑을 깊이 깨달으며 예배드리기 원하오니 이 예배를 받아 주시옵소서.

회개와 고백 | 은혜의 주님!

　자나깨나 저희들을 믿음과 사랑으로 돌보신 어버이가 계셔서 저희들이 이렇게 신앙을 유지하며 살 수 있게 되었으니 얼마나 감사한 일이옵니까? 하지만 저희들은 부모님의 마음을 헤아리며 공경하고 순종하기 보다는 자신의 정당성만을 주장하며 부모님의 마음을 아프게 해 드린 적이 너무나 많았습니다. 또한 주님의 자녀로서 절대적인 보호 가운데 살면서도 죄의 길을 벗어나지 못하고 주님을 근심시켜드린 적이 너무도 많았습니다. 이제껏 주님의 마음을 근심시켜 드리고 부모님의 마음을 안타깝게 해드렸던 모든 잘못됨을 고백하고 회개하오니 용서하여 주시옵소서.

간구 | 긍휼이 풍성하신 하나님!

　이제껏 저희들을 위해 모든 것을 희생한 어버이들에게 평강을 주시옵고 늙음에서 오는 외로움, 서러움, 쓸쓸함, 섭섭함 등 이 모든 것들을 사라지게 하시옵소서. 외로운 분들과, 허약한 분들과, 가난한 분들을 위로하여 주시고 힘을 더하여 주시며, 이 땅에 계시는 동안 끝까지 훌륭한 믿음의 어버이로서 모범을 보여줄 수 있게 하시옵소서. 저희들 모두 주님을 본받아 정성

> "너는 네 하나님 여호와께서 명령한 대로 네 부모를 공경하라 그리하면 네 하나님 여호와가 네게 준 땅에서 네 생명이 길고 복을 누리리라" (신명기 5:16)

스런 효행으로 어버이를 섬기는 가정생활을 할 수 있게 하시옵고, 낳아주시고, 길러주신 그 크신 은혜를 잊지 않도록 도와주시옵소서. 주님을 섬기는 마음으로 육신의 부모님께 효도하기를 힘쓰는 저희들 되게 하시옵고, 특별히 자녀 없이 사시는 분들까지도 공경할 수 있는 넓은 효성을 주시기를 원합니다.

세상의 빛과 소금이 되라고 하신 주님의 명령에 따라 이 분들을 돌보아 줌으로서 세상 사람들에게도 덕을 끼치게 하시옵소서. 사랑의 하나님! 세상이 얼마나 험악한지 부모를 업신여기고 능멸하는 패륜적인 행위가 서슴없이 자행되고 있사오니 탕자보다 더한 불효를 일삼고 이 땅의 자녀들이 더 이상 부모의 마음을 아프게 하고 괴롭히는 불효막심한 자들이 되지 않도록 그 마음들을 복되게 하여 주시옵소서.

오늘도 주님의 복된 말씀을 증거하시기 위하여 단위에 세우신 목사님을 더 크신 능력으로 붙드시고 그 말씀을 듣는 저희들 모두가 항상 마음속에 되새기며 생활의 동력과 효의 동력으로 삼을 수 있는 축복의 말씀이 되게 하여 주시옵소서. | 예수님 이름으로

오늘도 이 교회와 믿음의 권속들을 위하여 몸을 드려 섬김의 본분을 다하는 손길들과 찬양으로 영광돌리는 찬양대를 기억하시고 예배 가운데 영적 기쁨이 충만한 시간이 되게 하여 주실 것을 믿사옵고, 예배의 시종을 주님께 의탁하오며 예수 그리스도의 이름으로 기도합니다. 아멘.

현충일에 맞춘 기도문

적용 : 주일 낮예배

성경 : 수 1:8

찬양과 감사

거룩하신 주님!

산천이 푸르름을 더해가는 축복의 계절 6월에 주님의 사랑과 축복을 온 몸에 담고 주님 앞에 예배드리게 하여 주심을 감사합니다. 이른 봄에 심은 씨앗들이 어느덧 제 모습을 갖추며 성장을 더해 가는데 저희들의 신앙도 거듭할 수 있도록 축복하여 주시옵소서.

회개와 고백

용서의 주님!

오늘 저희들이 주님의 십자가 공로를 힘입어 이 전에 나왔지만 저희들의 모습은 심히 아름답지 못한 것들로 가득 차 있음을 고백하지 않을 수 없나이다. 늘 마음에 욕심만 담고 제 주장만 앞세워서 삶을 꾸려 나가는 저희들입니다. 다시금 저희들을 성령의 능력으로 강력하게 붙들어 주셔서 주님께서 원하시는 길을 기쁨 가운데 걷게 하시옵고, 주님이 미워하시고 노를 격발하시는 세속적인 욕심과 정욕을 버리고 생명을 위하여 자신을 내어 주신 주님의 십자가 희생의 사랑을 본받아 주님의 영광을 드러내고 주님의 뜻을 좇아갈 수 있는 저희들 되게 하여 주시옵소서.

간구

위로의 주님!

이번 주간에는 지난날 조국이 풍전등화의 위기에 놓였을 때 몸을 아끼지 않고 앞장서서 나라의 평화와 자신의 목숨을 맞바꾼 순국한 선열들이 고귀한 희생을 생각하는 현충일이 있습니다. 아직까지도 전쟁의 아픔과 사랑하는 아들을 잃은 그때의 아픔을 잊지 못하여 깊은 시름에 잠겨있는 유족들

" 이 율법책을 네 입에서 떠나지 말게 하며 주야로 그것을 묵상하여 그 안에 기록된 대로 다 지켜 행하라 그리하면 네 길이 평탄하게 될 것이며 네가 형통하리라"
(여호수아 1:8)

을 위로하여 주시옵고, 조국이 발전되고 평화의 나라로 정착되는 것을 보고, 전쟁 중에 나라를 위해 목숨을 바친 자녀의 고귀한 희생이 결코 헛되지 않았음을 알게 하시옵소서. 이제는 이 땅에 다시금 젊은이들이 전쟁으로 인하여 피를 흘리는 일이 없도록 하나님께서 막아 주시옵고 이 강토에 더 이상 간악한 무리들이 득세하지 않도록 그 세력을 멸하여 주시옵소서.

아직도 이 민족은 전쟁과 이념으로 인하여 남과 북으로 분단된 채 화합하지 못하고 반목하고 대립하고 있습니다. 주님, 오늘도 이 땅에서 이 민족이 화합을 위해서 기도하는 주의 백성들의 기도를 들으시사 이 민족을 보호하여 주시고 인도하여 주셔서 어서 속히 평화 가운데 하나가 되는 귀한 역사를 베풀어 주시옵소서. 주님의 은혜와 사랑으로 하나가 되는 그 날까지 눈물 뿌려 기도할 수 있는 교회와 주의 백성들이 되게 하여 주시옵소서.

주님의 말씀을 전하시는 목사님을 성령의 능력으로 인도하시기를 원합니다. 더욱이 상처 받고 고통 받는 영혼들이 많은 이때에 그들이 헤진 마음들을 치유하고 싸맬 수 있는 말씀이 될 수 있도록 갑절의 능력을 부어 주시옵소서. 예배의 시종을 주님께 의탁합니다.

| 예수님 이름으로

예배를 돕는 모든 손길들에게 주님이 채우시는 위로와 기쁨이 넘치게 하여 주실 것을 믿사옵고 거룩하신 예수 그리스도의 이름으로 기도합니다. 아멘.

6.25 상기 주일에 맞춘 기도문

적용 : 주일 낮예배
성경 : 신 4:34, 33:29 사 41:10

찬양과 감사 | 은혜로우신 주님!

저희의 삶에 풍성한 은혜로 함께하여 주시는 것을 감사합니다. 6월의 마지막 주일을 보내며 주님 앞에 기도합니다. 늘 게으르지 않고 열심을 품어 주님을 섬기는 후회 없는 삶을 살게 하여 주시옵소서. 오늘도 저희들의 마음속에 변함없는 주님의 사랑을 경험하게 하시며, 이 감격을 가지고 신령과 진정으로 예배드릴 수 있는 저희들 되게 하시옵소서.

회개와 고백 | 위로의 주님!

이 시간 주님 앞에 고백합니다. 주님께서 저희들을 사랑하여 주심같이 저희들은 주님을 사랑하지 못하였고 이웃과 민족을 사랑하지도 못했습니다. 크고 작은 다툼에 앞장섰으며 미움과 비방으로 일관해 왔습니다. 오 주님! 긍휼을 베푸시사 용서하여 주시옵고 온전히 새로운 사람이 되게 하여 주시옵소서. 믿음이 작은 저희들에게 참 믿음을 주시기를 원합니다.

간구 | 자비로우신 주님!

생명이 있는 것마다 푸르름을 한껏 뽐내고 성장을 더해가는 6월 이지만 저희들은 지난 이 민족의 아픔을 결코 잊을 수 없나이다. 다시는 이 땅에서 6.25와 같은 비극적인 전쟁이 되풀이 되지 않게 하시고, 남과 북으로 갈라진 이 민족이 하루 빨리 통일되게 하시옵소서.

지금도 이 나라 백성들의 마음속에 깊게 뿌리 박혀 있는 적대 감정을 녹여 주시옵고 특별히 뜻하지 않은 전쟁으로 인하여 아직까지도 그 날의 아픔

📖
" 두려워하지 말라 내가 너와 함께 함이라 놀라지 말라 나는 네 하나님이 됨이라 내가 너를 굳세게 하리라 참으로 너를 도와 주리라 참으로 나의 의로운 오른손으로 너를 붙들리라 " (이사야 41:10)

을 당하고 있는 조국에 바쳐진 자녀들을 가슴에 묻고 사는 부모님들을 기억하셔서 주님께서 위로하시고 평안과 안식을 허락하여 주시기를 원합니다.

이산가족이 아픔도 기억하시기를 원합니다. 이산가족 상봉이 단계적으로 이루어지고 있다고는 하지만 아직도 부모 형제의 생사를 확인하지 못한 이산가족들이 너무도 많습니다. 어서 속히 남과 북이 하나로 통일되어서 생이별의 아픔이 다시는 일어나지 않도록 축복하여 주시옵고 어서 속히 북녘 땅에도 다시 교회가 재건되고 찬송과 말씀이 울려 퍼지게 하옵소서.

주님의 몸 된 교회도 아직도 이 민족의 하나되지 못한 것을 진정으로 가슴 아파하며 통일이 되고 북한 땅 곳곳에 주님의 교회가 세워지기까지 절박한 심정을 가지고 부르짖는 교회들이 되게 하시옵고 복음의 빚진 자로서 사명을 게을리 하지 않는 주의 백성들이 되게 하시며 이 나라 삼천리 방방곡곡에 복음의 물결이 흘러넘치기까지 증인으로서의 사명을 잘 감당할 수 있는 저희들이 되게 하시옵소서.

말씀을 전하시는 목사님을 주의 성령으로 강하게 붙들어 주셔서 저희들의 심령골수를 쪼개는 말씀이 되게 하시옵소서.

| 예수님 이름으로

예배의 시종을 주님께 의탁하오며 소망의 주가 되시는 예수 그리스도의 이름으로 기도합니다. 아멘.

맥추 감사주일에 맞춘 기도문

적용 : 주일 낮예배

성경 : 신 16:10 행 2:1 갈3:28

찬양과 감사 | 구원의 하나님!
　때를 따라 은혜의 단비를 내려 주시고 보살펴 주시는 주님의 은혜와 사랑을 찬양하며 감사드립니다. 특별히 오늘은 저희들에게 맥추감사주일로 지킬 수 있도록 은총을 베푸시니 감사합니다.

회개와 고백 | 　주님은 해마다 풍성한 열매로 저희들을 채우셔서 저희로 궁핍한데 처하지 않도록 늘 보살펴 주셨지만 저희들은 욕심에 눈이 어두워 제멋대로 식물을 구하고 먹을 것, 입을 것을 위해 전전긍긍 하면서 주님의 영광을 나타내지 못하고 형편없이 살아왔나이다. 주님 보시기에 저희들에게 과연 겨자씨만한 믿음이라도 있는지 심히 부끄럽습니다.

간구 | 　이 시간은 맥추감사주일로 지키면서 형식적으로 물질만 드리는 것이 아니라 저희의 온 맘을 다 바쳐 주님을 기쁘시게 하는 은혜의 시간이 되게 하여 주시옵소서. 또한 주님의 자녀로서 손색이 없도록 주님을 따르며 주님을 위해서만 살겠노라고 결단하는 귀한 시간이 되게 하여 주시옵소서. 정성을 모아 주님께 감사예물을 드립니다. 기쁘게 받아 주시옵고 주님께 드리는 손길마다 축복하여 주시며 그 바치는 심령에 은혜의 단비를 내려 주시옵소서.
　이 시간 주님께 물질로 감사를 표현하고 싶어도 경제적인 어려움으로 빈손 들고 주님 앞에 나온 성도들을 긍휼히 여기시고, 중심을 보시는 우리 주님께서 저들의 심령을 어루만져 주시사 그 마음에 주님의 위로가 넘치게 하

" 네 하나님 여호와 앞에 칠칠절을 지키되 네 하나님 여호와께서 네게 복을 주신 대로 네 힘을 헤아려 자원하는 예물을 드리고 " (신명기 16:10)

시고 샘솟는 기쁨이 충만하게 하여 주시옵소서.

이 시간 특별히 간구하옵기는 저희 교회가 복음을 파종하는 일에도 힘쓰며 기도와 구제에도 힘을 써서 머리되시는 주님의 명령에 순종하는 귀한 교회가 될 수 있기를 원합니다. 오직 주님의 영광만을 위하여 주님의 형체를 드러내기에 부족함이 없는 교회가 되게 하시옵고, 날마다 믿음의 역사가 나타나고 증거되는 복된 교회가 되게 하시며, 생명을 건지는 일에 최선을 다하는 복된 교회가 되게 하시옵소서.

능력의 주님!

이 시간 주님의 말씀을 선포하시는 목사님을 기억하시고 성령의 능력으로 붙들어 주셔서 힘 있고 권세 있는 말씀만 증거하게 하시고 목마른 영혼마다 생수가 되는 은혜의 말씀이 되게 하여 주시옵소서.

찬양으로 영광 돌리는 찬양대를 기억하시기를 원합니다. 입술의 찬양이 아닌 중심의 찬양이 될 수 있도록 성령께서 찬양대원 모두에게 내주 하셔서 저들의 연약함과 부족함을 도와주시옵소서.

예배의 시종을 주님께 의탁합니다. 주님이 베풀어주신 은혜에 비하면 이 시간 저희들이 드리는 감사가 지극히 미비할지라도 주님의 그 크신 사랑으로 받아주시기를 원합니다.

언제나 함께 하시고 이끌어 주시는 예수그리스도의 이름으로 기도합니다. 아멘.

| 예수님 이름으로

광복절 기념주일에 맞춘 기도문

적용 : 주일 낮예배

성경 : 사 40:1~2

찬양과 감사 억압과 질고로부터 해방을 주신 하나님 아버지!

이스라엘에게 소망을 주시며 내 백성이 될 것이라고 약속의 인을 쳐주신 거룩하신 하나님! 우리 민족의 눈물을 씻겨주시고, 묶여진 쇠사슬을 풀어 주시고 전쟁의 폐허 위에 오늘의 현실을 이룩하여 주셨음을 감사합니다.

회개와 고백 하지만 아직도 여전히 이 민족은 주님의 한없는 자비와 사랑을 외면한 채 우상을 숭배하며 인간의 힘만을 의지하고 세상 쾌락 사랑하기를 주님 사랑하기 보다도 더하고 있사오니 이제라도 이 민족이 죄를 뉘우치고 통회 자복하는 마음으로 주님께 돌아오는 놀라운 역사가 일어날 수 있도록 이 백성의 마음에 은총을 내려 주시기를 원합니다.

간구 광복절을 맞이하여 곳곳에서 일제 치하로부터 해방을 기념하는 행사가 벌어지고 있지만 우리 민족을 해방시키신 주님을 중심에 모시지 않고 기념하는 행사들이 무슨 의미가 있겠습니까? 주님이 친히 그 가운데 역사하셔서 아직도 이 민족을 붙들고 계시는 분은 우리 주님이신 것을 깨닫게 하시고, 모든 주권이 주님께 있음을 알게 하시옵소서. 무엇보다 이 백성들이 과거의 서러움과 그 고난의 역사를 잊지 말게 하시기를 원합니다.

전능하신 하나님 아버지! 이 나라의 독립과 해방을 위하여 목숨 다 바쳐 투쟁하고 숨져간 많은 영혼들을 기억하시고, 저들의 나라사랑 정신이 현재와 미래에도 계속 이어져서 아직도 분단된 아픔을 안고 비극의 역사를 되

> " 너희의 하나님이 이르시되 너희는 위로하라 내 백성을 위로하라 너희는 예루살렘의 마음에 닿도록 말하며 그것에게 외치라 그 노역의 때가 끝났고 그 죄악이 사함을 받았느니라 그의 모든 죄로 말미암아 여호와의 손에서 벌을 배나 받았느니라 할지니라 하시니라 " (이사야 40:1~2)

풀이 하고 있는데 이 나라가 속히 통일을 이루는 역사가 일어날 수 있도록 함께 하시옵소서.

이 땅의 지도자들을 기억하시기를 원합니다.

아직까지도 국민의 아픔을 뒤로한 채 당을 위해 당리 당략만을 생각하고 있사오니 이권을 확보하는데만 지혜를 모으는 지도자들이 되지 말게 하시옵고, 목숨을 초개같이 버리며 나라와 민족을 사랑했던 선조들처럼 민족에 대한 사랑과 책임의식을 가지고 공무에 충실히 임할 수 있는 지도자들이 되게 하여 주시옵소서.

오늘의 교회도 세속과 타협하지 아니하고 오직 십자가만을 붙들고 순교의 자리까지 기쁨으로 나아갔던 선조들의 믿음을 계승할 수 있도록 은혜를 부어 주시옵고, 복음을 약화시키는 것들을 교회 안에서 철저히 배격하고 오직 복음의 순수성을 지켜갈 수 있는 성도들이 되게 하여 주시옵소서.

오늘도 단위에 서신 목사님을 기억하시고, 말씀을 전하실 때에 입술의 권세를 더하여 주시어서 죄악을 태우고 사르는 치료의 말씀, 자유케하는 진리의 말씀이 되게 하여 주시옵소서. 주님의 몸된 교회를 위하여 한결같은 믿음으로 헌신과 충성을 아끼지 않는 성도들을 기억하시고, 저들이 주님의 몸된 교회를 위하여 땀과 눈물을 쏟는 만큼 교회가 든든히 서가게 하시고, 하늘의 보화도 넘쳐나게 하시옵소서. 예배의 시종을 주님께 의탁하오며 죄에서 해방을 주신 예수 그리스도의 이름으로 기도합니다. 아멘.

| 예수님 이름으로

추석 명절에 맞춘 기도문

적용 : 주일 낮예배

성경 : 시 100:3~4

찬양과 감사 | 좋은 계절과 맑은 기후를 저희들에게 주시어서 풍성한 결실이 있게 하시는 하나님 아버지!

주님의 그 크신 은혜와 사랑을 감사하면서 감격의 예배를 합니다. 지난날을 돌이켜 보건데 어려운 시험도 많았사오나 그때마다 극복할 수 있는 지혜와 용기를 얻게 되었음은 오로지 주님의 도우심이었음을 깨닫습니다. 오래 참으시는 하나님 아버지!

회개와 고백 | 저희들의 믿음 없음을 용서하여 주시옵소서. 가장 귀한 것을 분토처럼 던져버리고 허탄한 것을 보물처럼 살아온 지난날이었습니다. 피폐된 저희의 영혼은 채워짐이 없이 누림이 없음을 사라의 태가 끊긴 것 같은 절망적인 자신의 모습을 보면서 슬퍼하며 통곡하나이다. 눈을 들어 주님을 바라보게 하시옵소서.

간구 | 인도하시는 주님!

이번 주에는 이 민족의 고유 명절인 추석이 있습니다. 많은 사람들이 고향을 찾아 떠납니다. 이처럼 자기가 태어나 자란 곳을 잊지 못하고 다시 찾는 귀소 본능을 보며 저희는 결코 하나님을 떠나서는 살 수 없는 피조물이라는 것을 다시 한번 깨닫게 됩니다. 주님의 품이 저희들의 고향이요, 저희들이 머물러 있어야 할 영원한 안식처임을 깨닫습니다.

특별히 귀성길에 오르는 당신의 사랑하는 종들을 기억하시기를 원합니

" 여호와가 우리 하나님이신 줄 너희는 알지어다 그는 우리를 지으신 이요 우리는 그의 것이니 그의 백성이요 그의 기르시는 양이로다 감사함으로 그의 문에 들어가며 찬송함으로 그의 궁정에 들어가서 그에게 감사하며 그의 이름을 송축할지어다 "
(시편 100:3~4)

다. 오고 가는 길을 주님의 불꽃같은 눈동자로 지켜주시고 주님의 인도함을 받는 귀성길이 될 수 있도록 함께하여 주시옵소서. 마음이 들떠 있으면 마음을 다시리기가 참으로 어려운줄 압니다. 작고 큰 것을 떠나서 주님의 계명을 거스리는 일들을 절대로 하지 않게 하시고, 조상에게 절하거나 귀신을 공경하는 일이 없도록 성령께서 마음을 다스려 주시옵소서.

주님을 믿지 않는 형제와 자리를 같이 할 때 주님의 자녀임을 망각하지 않게 하여 주시어서 신앙의 본분이 무엇인지를 잘 보여줄 수 있는 하나님의 종들이 되게 하여 주시옵소서. 세상의 법과 주님의 법이 틀리기 때문에 마찰이 발생할 수 있는 성도의 가정도 있는 줄 압니다. 주님께서 지혜를 더하여 주셔서 어려운 자리를 슬기롭게 극복할 수 있도록 도와주시고, 마찰이 발생하지 않도록 그 마음들을 녹여 주시옵소서.

오늘도 주님의 복된 말씀을 듣고 단위에 서신 목사님을 성령의 능력으로 붙들어주시고 주님의 음성을 담아내기에 부족함이 없도록 생각과 마음을 지켜 주시옵소서.

| 예수님 이름으로

오늘 이 시간 명절의 들뜬 분위기에 휩싸이지 아니하고 마음을 정하여 주님을 가까이한 저희들에게 주님의 크신 위로와 은혜를 쏟아 부어 주실 것을 믿사옵고 예배의 시종을 주님께 의탁하오며 예수그리스도의 이름으로 기도합니다. 아멘.

종교개혁 주일에 맞춘 기도문

적용 : 주일 낮예배
성경 : 요 8:31~32

찬양과 감사 | 거룩하신 하나님 아버지!

주님에 대한 사랑 때문에 주님을 섬기며, 그 사랑 때문에 주님께 예배를 드리며, 그 사랑 때문에 말씀에 순종하기를 원합니다. 그리스도의 생명으로 저희 속에 채워 주시기를 원하여 저희의 마음을 빈 그릇으로 드립니다.

회개와 고백 | 자비하신 주님!

알고도 행하지 못하고 감격하면서도 은혜대로 살지 못한 저희들입니다. 보이는 세상의 것들이 저희의 마음에 위로와 평안을 주는 것이 아님을 알면서도 주님을 기쁘시게 해드리기 보다는 세상에 종 노릇하며 사단을 도왔던 삶이었음을 고백합니다. 저희의 완악한 심령을 불쌍히 여기시고 저희의 죄과를 도말하여 주시기를 원합니다.

간구 | 공의로우신 하나님 아버지!

특별히 오늘은 종교개혁주일을 지킵니다. 주님의 교회가 썩어져 가는 것을 그냥 버려두실 수가 없으셔서 몸의 일부를 도려내는 수술을 친히 주관하신 주님의 놀라운 은혜를 묵상하면서 종교개혁 주일로 지키게 됨을 감사드립니다.

"오직 은총, 오직 믿음, 오직 성령으로"라는 진리의 가치를 높이 들었던 개혁자들의 신앙을 되새기며 저희들의 변화 되지 못하고 형식화된 신앙을 과감히 척결하는 시간이 되게 하시옵고, 새사람, 새 신앙으로 새롭게 다짐하는 시간이 되게 하여 주시옵소서.

" 그러므로 예수께서 자기를 믿은 유대인들에게 이르시되 너희가 내 말에 거하면 참으로 내 제자가 되고 진리를 알지니 진리가 너희를 자유롭게 하리라 "
(요한복음 8:31~32)

　오늘의 교회도 주님의 진리의 깃발을 높이 쳐들고 행진하기 보다는 인본주의 기복주의 신앙으로 오염되어 있나이다. 부패되고, 타락하여 잘못된 신앙으로 얼룩진 교회를 성령의 능력으로 새롭게 변화시켜 주시옵시고, 인간의 수단이 아니라 하나님의 주권적인 통치가 역사하는 교회가 되게 하여 주시옵소서. 또한, 주님이 이 땅에 오셔서 사랑으로 사시며, 죽기까지 자신을 희생하신 그 모습을 본받을 수 있는 교회가 되게 하시고, 가난하고, 헐벗고, 굶주린 자의 친구가 되어주신 주님의 사랑을 본받아 소외되고 외로운 자들을 대접하고 섬기는 교회들이 되게 하여 주시옵소서. 오늘을 기점으로 말씀에 대한 감격이 없고 죽어있는 저희들의 마음에 감격과 찬양과 감사가 살아있는 믿음을 소유하게 하시고, 새롭게 변화되는 믿음을 주시옵소서.

　주님의 교회를 온전히 세우기 위하여 맡은바 사명을 잘 감당할 수 있도록 세워 주신 기관들에게도 함께 하셔서 주님의 뜻을 높이고 주님의 몸된 교회를 세워 가는데 부족함이 없도록 축복 하시옵소서.

　오늘도 단위에 서신 목사님을 성령의 능력으로 붙들어 주셔서, 말씀을 선포하실 때 그 말씀이 능력의 말씀이 되게 하시고, 미지근했던 저희들의 신앙에 개혁이 일어나는 놀라운 말씀이 되게 하여 주시옵소서. 예배를 돕는 모든 손길들을 기억하시고, 주님이 채우시는 위로가 넘쳐 나게 하시옵소서. 예배의 시종을 주님께 의탁하오며, 예수그리스도의 이름으로 기도합니다. 아멘.

| 예수님 이름으로

추수감사 주일에 맞춘 기도문

적용 : 주일 낮예배
성경 : 시편 116:12~17

찬양과 감사 저희의 인생을 풍성한 것으로 먹이시는 하나님 아버지!

오늘은 험난하고 복잡한 이 세상의 삶 가운데서도 그동안 입을 것, 먹을 것을 주시고, 베풀고 나눌 수 있도록 은혜주신 것을 감사하여, 또한 이토록 풍성한 결실을 얻을 수 있도록 축복하신 것을 감사하여 주님께 추수감사 주일 예배로 영광 돌리옵니다.

회개와 고백 사랑의 하나님 아버지!

지난날을 돌이켜 보건데 저희들은 하늘의 신령한 은혜와 양식을 쌓는 일보다 세상의 썩어질 양식을 얻는 일에 더 분주하고, 주님의 나라와 의를 구하는 일에 너무도 게을렀음을 고백하지 않을 수 없나이다. 주님이 주신 귀한 은사와 복을 주님의 몸된 교회를 섬기고, 이웃과 나누고 베푸는데 쓰기 보다는 저희의 자신의 만족과 쾌락만을 위해 더 많이 썼음을 고백합니다. 주여! 이 시간 주님의 보혈로 저희의 심령을 정케 하여 주시고 주님께서 저희를 위해 이루신 일들과 은혜를 깨닫게 하여 주시옵소서.

간구 자비하신 하나님 아버지!

오늘 저희들이 주님께 드리는 감사의 예물을 기뻐 받으시기를 원합니다. 이 예물 속에 깊은 감사와 전체를 바치는 거룩한 결의가 들어 있사오니 기쁘게 열납하여 주시옵소서. 그리고 오늘 감사의 예물을 드린 모든 손길들 위에 주님의 크신 은혜로 채워 주시고, 더욱 감사의 조건이 늘어가는 귀한 믿음들로 이끌어 주시옵소서. 그리하여 삶 속에서 늘 풍성한 결실을 맺어서

📖

" 내게 주신 모든 은혜를 내가 여호와께 무엇으로 보답할까 내가 구원의 잔을 들고 여호와의 이름을 부르며 여호와의 모든 백성 앞에서 나는 나의 서원을 여호와께 갚으리로다 " (시편 116:12~14)

소중한 열매를 더욱 더 많이 주님 앞에 드리게 하시옵소서.

   추수감사 주일을 맞이하여 저희들의 영혼의 추수를 되돌아봅니다. 저희의 주변에 추수할 영혼들이 많이 있는데 그 동안 영혼의 추수에 대하여 너무나 태만했던 저희들 이었습니다. 저희의 주변에 천국 백성이 될 수 있음에도 불구하고 지옥을 가게 되면 그것은 전적으로 주님께서 저희들에게 맡겨 주신 귀한 사명을 저희들이 제대로 감당하지 못한 까닭인줄 압니다.

   지금 부터라도 영혼의 추수에 태만했던 저희 자신들을 되돌아보며 참회하는 심정으로 영혼의 추수에 마음을 쏟을 수 있는 저희들 되게 하여 주시옵소서. 한 영혼이라도 더 주님께로 돌아올 수 있도록 하기 위하여 영혼의 추수를 힘써 할 수 있는 저희들 되게 하여 주시옵소서.

   오늘도 추수감사 주일을 맞이하여 축복의 말씀을 듣고 단위에 서시는 목사님을 붙들어 주셔서 이 시간 말씀을 듣는 저희들 모두가 남은 삶이 항상 감사가 넘치는 축복의 삶이 될 수 있도록 이끌어 주시옵소서. 오늘도 감사하는 마음으로 이 추수감사 주일에 예배를 돕는 손길들을 기억 하시고, 늘 주님의 은혜를 기억하여 사랑의 욕구를 충족시키며 살아가는 삶이 되게 하여 주시옵소서.

> 예수님 이름으로

   예배의 시종을 주님께 의탁하오며 예수그리스도의 이름으로 기도합니다. 아멘.

성서주일에 맞춘 기도문

적용 : 주일 낮예배
성경 : 잠 4:10~11

찬양과 감사 | 주님의 계시된 말씀인 성경 가운데 계시며, 구원의 은총과 생명의 양식으로 저희들을 먹이시는 하나님 아버지!

오늘은 특별히 저희들에게 성서 주일을 허락하시어서 말씀의 가치와 중요성을 다시 한번 깨달을 수 있게 하시니 감사합니다.

회개와 고백 | 긍휼의 하나님 아버지!

저희의 지난날을 돌이켜 보면 주님의 말씀을 사모하여, 주님의 말씀대로 살기에 힘쓰기보다는 세상의 지식과 지혜를 위해서 지나칠 정도로 힘을 쏟았음을 고백하지 않을 수 없나이다. 주님의 음성을 듣기를 즐겨하지 아니하고, 세상적인 지식을 더 의존하려 했던 저희들을 불쌍히 여기시고 용서하여 주시옵소서.

간구 | 사랑의 하나님!

저희들에게 진리의 말씀을 허락하여 주셨사오니 이 말씀으로 사단의 유혹을 물리치게 하시옵고, 이 말씀으로 모든 죄의 권세를 이겨갈 수 있는 저희들 되게 하여 주시옵소서. 또한 이 험한 세상을 주님의 말씀을 힘입어 잘 헤쳐 나가는 저희들 되게 하시옵고, 말씀이 가는 곳에 저희들이 가고, 말씀이 사는 곳에 저희들이 서는 말씀중심의 신앙이 되게 하여 주시옵소서.

주님의 말씀을 많이 아는 것으로만 그치지 않게 하시고, 한 말씀이라도 그 말씀에 순종함으로 말씀의 능력을 보여줄 수 있는 저희들 되게 하여 주시옵소서.

📖

" 내 아들아 들으라 내 말을 받으라 그리하면 네 생명의 해가 길리라 내가 지혜로운 길을 네게 가르쳤으며 정직한 길로 너를 인도하였은즉 " (잠언 4:10~11)

공의로우신 하나님!

주님의 몸 된 교회도 말씀이 늘 살아 움직이며 말씀 위에서 든든히 서가는 교회가 되기를 원합니다. 교회에 말씀의 능력이 사라질 때에 세속적인 것들로 그 자리가 대치되어 갈까 두렵사오니 주님의 말씀이 놀랍게 역사하는 능력 있는 교회가 되게 하여 주시옵소서. 교회에서 말씀이 무너지면 교회도 무너지게 된다는 사실을 깨달아 말씀의 빛을 강하게 비출 수 있는 교회가 되게 하여 주시옵소서.

주님의 귀한 말씀을 이 강토 구석구석은 물론 북녘 땅 구석구석까지도 더 나아가 미전도 종족에게 까지도 전하여지는 귀한 역사가 있게 하여 주시옵소서. 그리하여 이 지구가 말씀으로 하나 되고 성령으로 하나 되는 역사가 이루어져 이 땅에 주님의 나라가 이루어지는 역사가 있게 하여 주시옵소서.

이 시간 강단에 세우신 목사님을 말씀의 전신갑주를 입혀 주셔서 저희들에게 주님의 말씀의 비밀을 전하실 때에 그 모든 비밀을 잘 해석 할 수 있게 하시며, 저희들에게 필요한 영의 양식이 은혜롭게 선포 하실 수 있게 하시옵소서.

| 예수님 이름으로

찬양으로 영광 돌리는 찬양대와 예배를 돕는 예배 위원들에게도 성령께서 그 마음들을 친히 주관하여 주시사 복되게 하여 주시옵소서. 예수 그리스도의 이름으로 기도합니다. 아멘.

송구영신 예배에 맞춘 기도문

적용 : 주일 낮예배

성경 : 고후 5:17

찬양과 감사 저희들을 지켜 주시고 보호하여 주시는 하나님 아버지!
이 시간까지 믿음 가운데 인도하여 주신 그 은혜를 감사드립니다. 한 해가 저물어 새해의 아침 해가 서서히 저희의 마음과 온 누리를 비추는 이 엄숙한 순간에 주님께 찬송과 영광을 돌립니다.

회개와 고백 하지만 한 해를 보내고 새해를 맞이하는 자리에 서서 주님께 고백할 것은 오직 부족한 것 뿐이옵나이다. 주님의 영광을 빛내며 살겠노라 다짐 했었던 지난 한해였지만 주님의 영광을 진토에 떨어뜨리게 한 일들이 얼마나 많았었는지 모르옵니다. 주님의 시간을 좀먹고, 도적질한 부끄러운 죄인들 이옵니다. 주여, 용서하여 주시옵고 새해에는 이런 허물을 드러내지 않도록 도와 주시옵소서.

간구 자비하신 주님!
새해에는 이전보다 더욱 주님께 나아가는 한 해가 되게 하여 주시옵소서. 기도에 힘쓰고 말씀을 부지런히 마음 판에 새기며 주님의 말씀에 철저히 순종하는 저희들이 되게 하여 주시옵소서. 마음을 새롭게 함으로 변화를 받아 주님의 선하시고 온전하시고, 기뻐하시는 뜻이 무엇인지를 분별하며, 주님의 빛 된 자녀로서 거룩한 삶을 살게 하여 주시옵소서.

지난 해는 알게 모르게 수많은 위기가 있었나이다. 그러나 주님이 불꽃 같은 눈동자로 지켜 주시고, 강하신 팔로 붙들어 주셔서 모든 것을 이겨낼 수 있도록 이끌어 주심을 감사드립니다. 새해에도 낙심하거나 실족하는 일

> " 그런즉 누구든지 그리스도 안에 있으면 새로운 피조물이라 이전 것은 지나갔으니 보라 새 것이 되었도다 " (고린도후서 5:17)

들이 발생하지 않도록 저희들을 언제나 붙들어 주시옵고, 어렵고 힘든 일들이 엄습하여도 능히 이기고 나갈 수 있도록 도와주시옵소서. 금년에도 저희 교회가 열심히 복음을 전하기를 원합니다. 주님의 분부하신 명령을 힘써서 준행하는 복된 교회가 되게 하시고, 영혼을 추수하는 교회, 이웃을 부요케 하는 교회, 구제와 선교에 힘쓰는 교회가 되게 하여 주시옵소서.

성도들의 가정마다 주님의 그 크신 은혜로 함께하시기를 원합니다. 경제적인 문제로 어려움 당하는 가정이 없게 하시고, 부부간에도 심적인 갈등이 일어나지 않게 하시며, 자녀들도 주님을 앙망하는 마음들이 더욱 넘쳐 나게 하시며, 질병이나 불미스러운 일들이 발생하지 않도록 주님의 능력으로 강하게 붙들어 주시옵소서. 또한 새해를 맞이하면서 이 시간 다짐하고 서원하는 모든 일들이 주님 안에서 일년내내 불변하게 하시옵고, 주님이 허락하시는 축복의 열매들을 많이 맺을 수 있게 하시옵소서.

거룩하신 주님!

이 송구영신 예배에 성령님이 친히 운행하시고 이 예배를 통하여 영광 받아 주시옵소서. 말씀을 증거 하시는 목사님께 성령으로 충만하게 하셔서 한 해를 정리하고 새해를 출발하는 저희들에게 주님이 주시는 지혜와 소망을 얻는 축복의 말씀이 되게 하여 주시옵소서. 이 송구영신 예배의 시종을 주님께 의탁하오며 소망이 되시는 예수 그리스도의 이름으로 기도합니다. 아멘.

> 예수님 이름으로

늙어 갈수록 기도를 더 많이 하라.
그리해야 신령한 일에 냉랭해 지지 않는다.

- 죠지 물러 -

기도는 아침의 열쇠요 저녁의 자물쇠이다.

- 그레이엄 -

4. 헌신 예배에 맞춘 대표 기도문

제직회 헌신 예배에 맞춘 기도문
남전도회 헌신예배에 맞춘 기도문
여전도회 헌신예배에 맞춘 기도문
선교 헌신예배에 맞춘 기도문
청년회 헌신예배에 맞춘 기도문
중고등부 헌신예배에 맞춘 기도문
교사헌신예배에 맞춘 기도문
찬양대 헌신예배에 맞춘 기도문
구역(속회) 헌신예배에 맞춘 기도문

제직회 헌신예배에 맞춘 기도문

적용 : 주일 오후예배
성경 : 고전 4:12

찬양과 감사   자비로우시고, 은혜로우신 하나님 아버지!
    새해 첫 주일을 맞아 첫 찬양예배 시간인 이 저녁에 저희 제직들이 헌신예배를 드릴 수 있도록 불러 모아 주신 은혜를 감사합니다.

회개와 고백   지난해에도 게으름과 사업핑계와 가정에 대한 핑계로 주님 앞에 충성을 다하지 못하고 주의 일을 성실히 하지 못한 저희들을 책망하지 아니하시고 금년에 또 다시 주님의 몸된 교회를 위하여 죽도록 충성 하라고 제직의 직분을 선물로 주시니 그 크신 주님의 사랑과 긍휼하심에 감격할 뿐이옵나이다. 이제껏 게을렀던 저희들을 용서하여 주시옵고 금년에는 주님이 주신 귀한 직분을 잘 감당할 수 있는 저희들 되게 하여 주시옵소서.

간구   사랑의 주님!
    믿음이 약해질 때 더욱 엎드려 기도하는 제직들이 되게 하시고, 주님이 맡겨주신 귀한 직분을 억지로 감당하거나 말과 지식이 앞서는 직분 감당이 되지 않게 하시고, 수단과 방법을 앞세우는 것이 아니라 주님의 희생하심과 섬김의 사역을 본받아 진정한 봉사를 실천할 수 있는 저희들 되게 하여 주시옵소서.

    섬김의 주님! 교회뿐만 아니라 이 지역을 위해서도 구제와 봉사하는 일에 힘쓰기를 원합니다. 교회 안에서 만이 제직이 아니라 교회 밖에서 주님의 일꾼 된 모습을 잘 보여줄 수 있는 제직들이 되게 하셔서 믿지 않는 자들

> " 또 수고하여 친히 손으로 일을 하며 모욕을 당한즉 축복하고 박해를 받은즉 참고"(고린도전서 4:12)

로 하여금 그들도 하나님 앞에 영광 돌릴 수 있는 자리로 이끌 수 있는 신실한 종들이 되게 하여 주시옵소서.

은혜의 주님! 교회의 비전과 목사님의 목회 방침에 발맞추어 가는 제직들이 되기를 원합니다. 교회의 일을 긍정적으로 보고, 말하고, 듣고, 행동하는 제직들이 되게 하시고, 평신도들에게도 모든 일에 모범이 되고 기준이 되는 제직들이 되게 하시고, 그들을 잘 받들고 수종들고 섬길 수 있는 제직들이 되게 하여 주시옵소서.

제직들이 가정과 경영하는 사업장 마다 축복의 은사를 더하여 주시어서 물질로 주님의 교회를 섬기고, 이웃을 돌아보는데 부족함이 없게 하여 주시옵소서. 교회 모임에도 항상 모범이 되는 제직들이 되기를 원합니다. 기도생활이나 전도생활에도 적극 동참하고 힘쓸 수 있는 제직들이 되게 하여 주시옵소서. 무엇보다 새벽제단을 잘 쌓는 제직들이 되어서 주님의 일은 실력으로 하는 것이 아니라 무릎으로 하는 것임을 깨닫게 하시옵소서.

오늘도 강단에 세워주신 목사님을 성령의 능력으로 붙들어 주셔서 주님의 귀한 말씀을 듣는 저희들이 주님의 음성을 듣는 시간이 되게 하여 주시고, 말씀 앞에 도전받아 다시 한번 결단할 수 있게 하여 주시옵소서. 저희들에게 새로운 한 해를 출발할 수 있도록 은총을 부어 주시고, 새해 첫 주일 제직회 헌신 예배를 드릴 수 있도록 인도하여 주신 주님께 다시한번 감사와 영광을 돌리오며 예수그리스도의 이름으로 기도합니다. 아멘.

| 예수님 이름으로

남전도회 헌신예배에 맞춘 기도문

적용 : 주일 오후예배

성경 : 행 8:11

찬양과 감사 | 은혜로운 하나님 아버지!

저희들과 함께하신 하나님의 은혜를 감사 드립니다. 저희들은 약하나 하나님께서 강하게 하여 주셨고, 저희들은 미련하되 성령님이 지혜롭게 해 주셔서 이 자리까지 인도하여 주셨음을 감사합니다.

간구 | 화목을 원하는 주님!

교제가 거의 없는 오늘의 시대를 봅니다. 주님을 섬기는 자들도 교제의 가뭄 속에서 살아가고 있습니다. 저희가 서로 교제해야 피차간 유익됨을 깨닫게 하시고, 주님과의 교제도 게을리 하지 않음으로 저희의 영혼과 육체가 바르게 살 수 있도록 하시옵소서. 성도의 교제도 활발히 이루어져 주님의 뜻을 높이고 이 땅에 하나님나라를 이루는 저희들 되게 하여 주시옵소서.

오늘 이 시간 특별히 남 전도회 헌신예배로 드리게 하심을 감사드립니다. 이웃과 직장, 사업현장에서 그리스도를 증거하고 빛을 발하는 회원들이 되게 하시고, 주님의 몸 된 교회를 위해서도 선한 청지기의 삶을 살 수 있도록 인도하여 주시옵소서. 교우를 섬기고, 교우를 위로하는 봉사와 헌신에 몸을 드릴 수 있는 회원들이 되게 하시고, 가정에서도 가장으로서 화평과 평안이 넘치는 가정으로 이끌기에 부족함이 없도록 은총을 허락하여 주시옵소서.

한 여자의 남편으로서 존경받는 남편이 되기를 원합니다. 자녀들의 아버지로서 존경받고, 삶의 기준을 제시하여 자랑할 수 있는 아버지가 되기를 원합니다. 믿음을 더하여 주시옵소서.

" 낮은 사람부터 높은 사람까지 다 따르며 이르되 이 사람은 크다 일컫는 하나님의 능력이라 하더라 " (사도행전 8:11)

능력의 주님!

남 전도회를 이끌어가는 회장님 이하 임직원들에게도 축복하셔서 맡은 바 본분을 잘 감당하게 하시고, 부흥하고 성장하는 남전도회가 될 수 있도록 이끌어 주시옵소서. 남 전도회 뿐만 아니라 이 교회에 모인 모든 성도들도 한 마음 한 뜻으로 주님의 뜻을 높이는 삶을 사는데 부족함이 없게 하시고, 주님의 지상 명령을 받들어 전도에 힘쓰고, 모이기에 힘쓰고, 기도에 힘쓰고 봉사에 힘쓰는 성도들이 되게 하여 주시옵소서.

선한 사업에 부흥하는 남선교회가 되기 위하여 올해에 세운 사업계획이 있습니다. 형식적으로 끝나는 사업 계획이 되지 말게 하시고, 선한 열매를 풍성하게 맺을 수 있는 사업 계획이 될 수 있도록 은총을 허락하여 주시옵소서.

이 시간 능력의 말씀, 축복이 말씀을 증거하실 목사님을 성령의 능력으로 붙들어 주시고, 남 전도회 회원은 물론 이 자리에 참석한 성도들 모두가 주님의 말씀으로 새롭게 거듭나는 축복의 시간이 되게 하여 주시옵소서. 남전도회 회원들이 특송을 준비했습니다. 정성을 다하여 준비 했사오니 기쁘게 받아 주시기를 원합니다. 예배의 시종을 주님께 의탁하옵고, 예배 순서를 맡은 자마다 성령께서 실수하지 않도록 잘 이끌어 주실 것을 믿사옵고 예배의 주인이 되시는 예수 그리스도의 이름으로 기도합니다. 아멘.

| 예수님 이름으로

여전도회 헌신예배에 맞춘 기도문

적용 : 주일 오후예배

성경 : 롬 10:15

찬양과 감사 | 거룩하신 하나님!
저희를 택하여 구원받게 하시고 영생의 축복을 누리며 거룩한 주님의 자녀로 살게 하심을 감사합니다. 이 시간 저희들이 주님의 거룩한 성전에 모여 신령과 진정으로 예배드리고자 하오니 주님의 의가 충만히 나타나는 시간이 되게 하시옵소서.

간구 | 특별히 오늘은 저희 교회 여전도회 회원들이 주님 앞에 헌신을 드리고 다짐하기 위하여 마음과 정성을 한데 모아 헌신예배로 드립니다. 주님의 기도를 본받아 언제나 기도하는 기도의 여인들이 되기를 원합니다. 주님의 섬김을 본받아 언제나 다른 사람을 섬기며 사랑으로 감싸주는 믿음의 여인이 되기를 원합니다. 민족을 구원한 에스더와 같은 믿음이 있기를 원합니다. 가문을 구한 아비가일과 같은 강한 의지가 있기를 원합니다.

가정에서도 충성되며 신실한 여성이 되게 하셔서 남편으로부터 사랑받는 아내가 되게 하시고, 자녀들에게는 존경받는 인자한 어머니가 되며, 이웃들에게도 삶에 기준이 되며 본받을만한 여성이 될 수 있도록 말씀과 찬송이 끊임없이 울려 퍼지는 믿음의 가정을 만드는데 헌신할 수 있는 여전도회 회원들이 되게 하시고, 무엇보다도 주님의 몸된 교회를 받들어 섬기는데 게으르지 않게 하시고, 교회가 든든히 서가는 곳마다 여성도들의 헌신적인 봉사가 있었듯이, 오늘의 저희 교회도 여전도회의 몸과 마음과 시간을 바친 수고로 날마다 풍성한 믿음의 열매를 수확하는 교회가 되게 하시옵소서.

" 보내심을 받지 아니하였으면 어찌 전파하리요 기록된 바 아름답도다 좋은 소식을 전하는 자들의 발이여 함과 같으니라 " (로마서 10:15)

믿지 않는 식구들 때문에 마음 아파하는 회원들도 있습니다. 낙심하거나 좌절 하거나 포기하지 않도록 은총을 더하여 주시고, 합력하여 선을 이루시는 하나님을 의지함으로 믿지 않는 가족들을 위하여 끝까지 기도할 수 있도록 이끌어 주시옵소서.

경제가 어려운 가정이 있습니까? 물질의 은사를 더하여 주시어서 시절을 좇아 과실을 맺는 복된 가정이 되게 하시고, 주님을 위해서도 물질을 드려 마음껏 충성할 수 있도록 도와주시옵소서.

여전도회에서 선한 사업을 위하여 계획한 일들이 있습니다. 모든 일들이 주님의 뜻대로 잘 진행 될 수 있도록 도와주시고, 임원들도 서로가 하나 되어서 주님께 영광 돌리는 임원들이 되게 하여 주시옵소서.

오늘 이 저녁에 주님의 말씀을 대언하시는 강사목사님을 기억하시고, 헌신을 다짐하는 여전도회 및 모든 성도들에게 달고 오묘한 축복의 말씀이 되게 하여 주시옵소서.

| 예수님 이름으로

여전도회 회원들이 정성껏 찬양을 준비했습니다. 주님이 기뻐 받으시는 찬양이 되게 하시고, 듣는 성도들도 마음으로 동참하게 하시옵소서.

예배의 시종을 주님께 의탁합니다. 예배의 순서를 맡은 회원들에게 성령께서 붙들어 주실 것을 믿사옵고 예수 그리스도의 이름으로 기도합니다. 아멘.

선교 헌신예배에 맞춘 기도문

적용 : 주일 오후예배

성경 : 마 28:19~20 행 1:8

찬양과 감사 | 땅 끝까지 이르러 내 증인이 되라고 명령하신 주님!
이 시간 선교 헌신예배를 맞이하여 주님이 저희들에게 분부하신 명령을 다시 한번 묵상하여 예배드릴 수 있게 하시니 감사와 영광을 돌립니다. 황무지 같은 이 땅위에 복음의 씨앗을 뿌려 주시고, 구원의 방주 역할을 하는 교회를 세우사 구원의 역사를 이루어 가시는 주님, 이제 한국 교회가 21세기를 맞이하여 복음을 수출하는 국가로 열매 맺게 하시니 감사와 찬송을 올리지 않을 수 없사옵니다.

회개와 고백 | 그러나 지나온 날을 돌이켜 보면 저희들은 자기 믿음도 굳건히 세우지 못하여 전전긍긍 하였으며, 믿지 않는 영혼들을 주님 앞으로 인도하지 못한 죄 또한 회개하오니 크고 넓으신 주님의 사랑으로 용서하여 주시옵고, 이제는 흐트러진 믿음을 바로 세우고 담대히 주님의 말씀을 들고 세상을 향해 달려 나갈 수 있는 능력과 용기를 주시옵소서.

간구 | 아직도 이 땅에는 주님을 알지못하고 죄악의 그늘 속에서 허덕이며 살아가는 영혼들이 있사오니, 저희들에게 영혼을 사랑하고 불쌍히 여기는 마음을 주셔서 빛 되신 주님을 증거하게 하시고, 참 생명되신 주님을 그들 심령 속에 심게 하셔서 구원의 기쁨을 함께 나누며, 주님의 크신 사랑을 서로 나눌 수 있게 하시기를 원합니다. 그리하여 이 지역이 복음화 되고 이 나라, 이 민족도 주의 복음으로 통일되게 하셔서 교회와 당신의 종들이 선교의 역사를 이루어 갈 수 있도록 인도하시옵소서.

> " 오직 성령이 너희에게 임하시면 너희가 권능을 받고 예루살렘과 온 유대와 사마리아와 땅 끝까지 이르러 내 증인이 되리라 하시니라"(사도행전 1 : 8)

주님, 이 시간에도 주님의 사명을 감당하기 위해 세계 곳곳에서 흩어져서 기후도, 민족도 언어도, 문화도 생활 습관도 전혀 다른 사람들 사이에서 맡은 바 직무에 충성을 다하고 있는 선교사님들을 기억하시고, 영육간에 강건케 하셔서 영적 전쟁에서 승리하며 영혼 구원에 집중된 선교 전략을 잘 수행 하실 수 있도록 도와 주시옵소서. 또한 복음의 씨가 뿌려진 곳마다 놀라운 영적 부흥이 있게 하시고, 자생력 있는 교회가 세워질 수 있도록 도와 주시옵소서.

한국의 농어촌 교회들과 섬 교회 산간 벽촌오지에 있는 교회들도 물질 때문에 어려움을 겪고 있는 교회들이 많은 줄 압니다. 그 곳에서 섬기는 교역자 분들께도 크신 은총을 더하여 주시어서 외로움과 고독함 속에서도 사도 바울과 같이 사명을 충실히 감당하기에 부족함이 없도록 인도하시옵소서. 오늘 저희들이 일일이 선교 현장에는 동참하지 못한다 할지라도 눈물의 기도와 물질로 관심과 열정이 식어지지 않게 하시옵소서.

오늘도 선교를 주제로 주님의 말씀을 선포하시는 강사 목사님을 성령의 능력으로 붙드시고 저희들이 주님의 말씀 앞에 새롭게 다짐하는 시간이 되게 하여 주시옵소서.

| 예수님 이름으로

예배의 순서를 맡은 임원들을 성령께서 붙들어 주셔서 실수함 없이 진행 할 수 있도록 도와주실 것을 믿사옵고, 선교의 주관자가 되시는 예수 그리스도의 이름으로 기도합니다. 아멘.

청년회 헌신예배에 맞춘 기도문

적용 : 주일 오후예배

성경 : 사 40:31

찬양과 감사 | 주님을 앙망하고 의지하는 자에게 새 힘을 주시는 능력의 하나님!

지난 한주간도 저희들을 주님의 은혜로 지켜 보호하여 주시고 오늘 이렇게 주의 백성들이 함께 모여 주님 앞에 찬양 드리며 예배할 수 있도록 이끌어 주신 은혜를 감사합니다. 특별히 자신의 주장과 패기만을 앞세우며 살기 쉬운 청년시절부터 주님을 경외하고 의지하는 지혜를 주셔서 하나님의 일꾼으로 쓰임 받으며 주님의 오묘한 진리를 깨닫게 하시니 감사합니다.

회개와 고백 | 사랑의 주님!

하지만 젊다는 이유로 지나친 자만심에 사로잡혀 살아온 청년도 있을 줄 압니다. 젊음과 패기만 있으면 무슨 일이든지 해낼 수 있을 것이라는 교만한 마음을 버리지 못한 청년들도 있을 줄 압니다. 이 시간 젊음이 영원한 것이 아님을 깨닫게 하시사 모든 죄와 허물을 회개하게 하시고, 인생의 주인이 되신 주님께 겸손히 자기를 내어 맡길 수 있는 청년들이 되게 하여 주시옵소서.

간구 | 은혜의 주님!

청년들 중에 아직도 주님을 온전히 영접하지 못하고 기분에 이끌려 교회의 문턱을 밟는 청년들도 있을 줄 압니다. 우리 주님이 그 심령 속에 찾아 가셔서 저들의 영안을 밝혀 주시사 인생의 참된 주인이 되시는 주님을 온전히 영접하게 하여 주시옵고 주님께 더욱 귀하게 쓰임 받을 수 있는 일꾼들이 되게 하여 주시옵소서.

📖

" 오직 여호와를 앙망하는 자는 새 힘을 얻으리니 독수리가 날개치며 올라감 같을 것이요 달음박질하여도 곤비하지 아니하겠고 걸어가도 피곤하지 아니하리로다 "
(이사야 40:31)

주님을 위해서 자신을 드리는 청년들도 있습니다. 그러나 자칫 주님을 위한 열심과 열정이 교만함으로 나타나지 않게 하시고, 주님의 뜻을 앞서가는 지나침이 되지 않게 하여 주시옵소서.

오늘 이 교회를 통하여 불러주신 주의 청년들이 주님의 교회를 든든히 세우는데 한결같이 귀중한 일꾼으로 쓰임 받기를 원합니다. 청년들의 헌신을 통해서 더욱 건강한 교회, 젊은 교회가 되게 하시고, 독수리 날개짓 함같이 강한 믿음으로 비상하는 힘있는 교회가 되게 하여 주시옵소서.

오늘 이 시간 헌신의 삶을 살고자 헌신을 다짐하면서 주님께 드리는 청년들의 헌신 예배를 향기로운 제물로 받아 주시옵고, 이 청년들을 통해서 주님의 역사를 이끌어 가는 도구로 삼아 주시옵소서.

특별히 이 시간 청년들에게 생명의 말씀을 증거 하시기 위하여 단위에 세우신 목사님을 기억하시고, 선포하시는 말씀마다 권세를 더하여 주셔서 이 자리에 참석한 청년들과 모든 성도들이 심령의 뜨거움을 경험하게 하시고, 새 힘을 얻어 승리의 삶을 살아가기를 다짐하는 복된 시간이 되게 하여 주시옵소서.

예배의 시종을 주님께 의탁하오며 죄인은 아무 공로 없사오나 거룩하신 예수그리스도의 이름으로 기도합니다. 아멘.

예수님 이름으로

중 고등부 헌신예배에 맞춘 기도문

적용 : 주일 오후예배
성경 : 눅 16:10 딤전 6:11~12

| 찬양과 감사 | 저희의 창조주가 되시고, 구속주가 되시고, 섭리하시는 하나님 아버지! 오늘도 저희를 향하여 은혜와 평강으로 비추어 주심을 감사합니다. 이 복된 주일 이 저녁에 특별히 저희 학생들이 주님 앞에 나와서 헌신 예배를 드릴 수 있도록 인도하여 주시니 감사드립니다.

| 회개와 고백 | 어릴 때부터 주님을 섬기고, 주님의 말씀을 가까이 하며, 주님을 본받아 살기를 원하는 귀한 학생들을 축복 하시고 붙들어 주셔서 늘 주님의 은혜를 체험하고 만나는 삶이 되게 하여 주시옵소서. 다윗과 같이 주님만을 섬기고, 주님만을 의지하며, 주님만을 따라가는 복된 삶이 되게 하여 주시고, 솔로몬과 같이 지혜롭게 하시어 늘 진리 안에 거할 수 있도록 이끌어 주시기를 원합니다.

인격 또한 주님의 성품을 닮아가는 훌륭한 인격으로 성장되게 하여 주시기를 원합니다. 주님을 본받아 겸손과 섬김의 도를 실천할 수 있는 학생들이 되게 하시고, 주님과 이웃을 위해서 봉사의 삶을 살 수 있는 학생들이 되게 하여 주시옵소서.

| 간구 | 사랑의 하나님!
요즈음 학생들이 학생으로서의 본분을 망각하고 탈선하는 학생들이 급증하고 있습니다. 자라나는 학생들을 바로 지도하지 못한 기성 세대의 책임도 매우 큰 줄 압니다. 바라옵기는 이 땅이 학생들이 충동에 의해서 자신들이 가야 할 인생의 노선을 결정하지 말게 하시옵고, 미래를 내다볼 줄 아는

" 지극히 작은 것에 충성된 자는 큰 것에도 충성되고 지극히 작은 것에 불의한 자는 큰 것에도 불의하니라 " (누가복음 16:10)

학생들이 되게 하여 주셔서 바른길을 갈 수 있도록 도와주시옵소서.

학업을 연마하는 가운데 있습니다. 선생님으로부터 가르침을 잘 받게 하시고, 배운 만큼 이 민족과 이 사회의 공익을 위하여 지식의 힘을 사용할 수 있는 학생들이 되게 하여 주시옵소서. 그 무엇보다 하나님의 말씀에 잘 순종하고 하나님을 기쁘시게 하는데 자신의 모든 것을 깨뜨릴 수 있는 학생들이 되게 하여 주시옵소서.

학생들을 신앙으로 지도하고 양육하고 있는 교역자님 이하 선생님들에게도 은총을 더하여 주셔서 신앙의 인격을 고루 갖춘 사람으로 바로 지도하는데 부족함이 없게 하여 주시옵소서. 학생회 임역원들도 붙들어 주셔서 주님의 말씀과 사랑으로 뭉친 학생회를 운영해 나갈 수 있도록 도와주시옵소서.

오늘 중고등부 헌신예배로 드리는 이 예배가 하나님께서 기뻐 받으시는 예배가 되게 하시고 말씀을 전하시는 목사님도 주님이 함께 하셔서 학생들에게 꼭 필요한 영생의 말씀이 되게 하여 주시옵소서.

> 예수님 이름으로

학생들이 정성껏 찬양을 준비했습니다. 저들의 입술을 통해서 주님을 위한 찬양이 울려 퍼질 때 계신 곳 하늘에서 홀로 영광 받아주시기를 원합니다. 예배의 시종을 주님께 의탁하오며 예수그리스도의 이름으로 기도합니다. 아멘.

교사 헌신예배에 맞춘 기도문

적용 : 주일 오후예배
성경 : 엡 4:11~12

찬양과 감사 | 사랑의 하나님!
저희들을 수많은 사람들 가운데 구별하여 불러 주시고 귀한 직분을 맡겨 주셔서 어린 생명들을 주님의 귀한 말씀으로 양육할 수 있도록 은총을 허락하여 주시니 그 크신 사랑에 감격할 뿐이옵니다. 저희 교사들이 한자리에 모여 더욱 큰 헌신을 다짐하는 헌신 예배로 드리오니 주님 홀로 영광과 찬송을 받으시옵소서.

회개와 고백 | 긍휼이 풍성하신 하나님!
지난날을 돌이켜 보면 저희들은 세상과 육신에 관계된 일로 말미암아 여러 가지 이유와 핑계를 대면서 주님이 맡겨주신 귀한 직분과 사명을 충실히 감당하지 못하고 충성하지 못했던 게으르고 무익한 교사들이었음을 고백하지 않을 수 없나이다. 어떤 때는 이 귀한 사명을 대수롭지 않게 여길 때도 있었습니다. 이 시간 새로운 다짐을 갖고 충성할 수 있기를 소원 하오니 연약한 저희들을 도와 주시옵소서.

간구 | 자비하신 하나님!
저희들에게 맡겨주신 어린양떼들을 자원하는 마음으로 보살피게 하옵시며, 어린 생명들이 주님께로 가는 길을 막고 있는 저희들이 되지 않도록 믿음을 더하여 주시고, 어린 심령들에게 언제나 신앙의 모범을 보일 수 있는 교사들이 될 수 있도록 성령께서 이끌어주시옵소서. 미처 생각치 못했던 저희들의 잘못된 모습으로 말미암아 어린 생명들이 상처 받고 낙심할 수도

> " 그가 어떤 사람은 사도로, 어떤 사람은 선지자로, 어떤 사람은 복음 전하는 자로, 어떤 사람은 목사와 교사로 삼으셨으니 이는 성도를 온전하게 하여 봉사의 일을 하게 하며 그리스도의 몸을 세우려 하심이라 " (에베소서 4:11~12)

있사오니 언제나 주님 앞에서 산다는 저희들의 신앙 의식이 흐트러지지 않게 도와 주시옵시고, 먼저 우리 자신을 주의 말씀으로 잘 갈고 닦을 수 있도록 이끌어 주시옵소서.

특별히 간구하옵기는 열악한 환경 속에서도 교사의 직분을 감당하고자 힘쓰고 애쓰는 교사들이 있나이다. 성령께서 위로하여 주시고, 은혜를 더하여 주셔서 항상 기쁨이 넘쳐 나는 삶이 되게 하시고 착하고 충성된 종이라고 인정하시는 주님의 축복이 있기를 원합니다.

또한 지도 전도사님을 비롯하여 지도부장, 지도교사들이 한마음 한 뜻이 되어 주님이 맡기신 어린 생명들을 잘 양육할 수 있게 하시고, 부흥하는 주일학교가 될 수 있도록 이끌어 주시옵소서. 이 자리에 함께 머리 숙인 모든 성도들도 영적인 교육의 중요성을 깨닫기를 원합니다. 온 성도들이 혼연일치가 되어서 자녀들의 신앙교육에 전념할 수 있도록 축복해 주시옵소서.

오늘 말씀을 들고 단위에 서시는 강사 목사님을 성령의 능력으로 붙들어 주셔서 목사님의 선포하시는 말씀을 통해 모든 교사들이 영적으로 충전하고 더욱 사명에 충실한 교사들로 결단하는 시간이 되게 하여 주시옵소서. 예배의 순서를 맡은 분들에게도 함께 하셔서 성령의 인도함을 받게 하시옵소서. 예배의 시종을 주님께 의탁 하오며 어린 생명들을 천국의 주인공으로 보신 예수그리스도의 이름으로 기도합니다. 아멘.

| 예수님 이름으로

찬양대 헌신예배에 맞춘 기도문

적용 : 주일 오후예배

성경 : 사 43:21 엡 5:19~20

찬양과 감사 홀로 찬양과 영광을 받으시기에 합당하신 하나님 아버지!

미천한 저희를 불러 주셔서 주님의 자녀로 삼아 주시고, 이 전에 세상과 마귀를 찬양하던 입술을 정케하사 주님을 찬양하는 새 노래, 구원의 노래를 부르게 하여 주신 은혜를 감사합니다. 이 시간, 주님을 힘껏 찬양할 수 있는 찬양대원으로 세워 주신 것이 너무나 감격스럽고 놀라워 헌신을 결단하는 마음으로 모든 찬양대원들이 뜻을 같이 하여 주님께 헌신과 충성을 다 짐하는 이 예배를 받아 주시옵소서. 헌신 예배를 드리면서 주님이 저희에게 맡기신 사명이 얼마나 중요하고 귀중한 것인지를 다시 한번 깨닫게 하시고, 찬양의 도구로 새롭게 거듭나는 시간이 되게 하여 주시옵소서.

간구 구원의 노래가 되시는 하나님 아버지!

저희 찬양대가 부르는 찬양이 구속 받은 은총의 감격과 특별한 은사를 받은데 대한 기쁨을 가지고 찬양하게 하시옵소서. 찬양할 때에 저희의 모든 것이 다 주님께 드려지게 하시옵고, 형식적이거나 가식적인 찬양이 되지 않게 하여 주시옵소서. 항상 향기로운 제물을 주님께 드린다는 정성된 마음으로 찬양하게 하시고 자랑이나 명예를 위해서가 아니라 오직 하나님을 사랑하고 감사하는 마음으로 주님을 찬양하며 영광 돌리는 찬양대원이 되게 하여 주시옵소서.

듣는 이들의 영혼도 감동시킬 수 있는 찬양이 되기를 원합니다. 찬양을 듣는 주의 백성들 심령 가운데도 주님을 찬양해야 한다는 마음을 더욱 사

> " 이 백성은 내가 나를 위하여 지었나니 나를 찬송하게 하려 함이니라"
> (이사야 43:21)

모하고 사무치게 만드는데 동력이 될 수 있는 찬양대가 되게 하여 주시옵소서. 그러기 위해서는 찬양을 연습하는 것 뿐아니라 믿음과 신앙의 훈련에도 더욱 충실해야 될 줄로 압니다. 항상 경건에 이르는 연습을 게을리 하지 않는 찬양대원들이 되게 하시옵고, 예배 생활도 흐트러짐이 없는 찬양대원들이 되게 하여 주시옵소서.

아직 부족한 것이 많고 주님을 찬양하기에는 부끄러운 것도 많사오나 찬양을 힘써서 준비하고 주님 앞에 드리는 가운데 저희들의 신앙 인격도 격상되게 하시고, 가정에서도 학교에서도 직장에서도 찬송이 끊이지 아니하는 저희들 되게 하여 주시옵소서.

찬양대 대장님과 지휘자 반주자에게 더 뛰어난 재능과 지혜와 건강을 주셔서 귀한 직분을 감당하는데 어려움이 없게 하시고, 모든 대원들에게도 크신 은총을 내려 주셔서 찬양의 일로 주님께 봉사하여 헌신하는데 부족함이 없게 하여 주시옵소서.

이 시간 주님의 말씀을 듣고 단위에 서시는 귀한 강사 목사님을 성령의 능력으로 붙들어 주셔서 온 성도들의 심령에 주님의 은혜로 가득 채워지는 시간이 되게 하여 주시옵소서. 예배 순서를 맡은 성가대 임원들에게도 함께 하셔서 실수하지 않도록 도와주시옵소서. 저희들과 언제나 함께 하시고 동행하여 주시는 예수그리스도의 이름으로 기도합니다. 아멘.

| 예수님 이름으로

구역(속회) 헌신예배에 맞춘 기도문

적용 : 주일 오후예배

성경 : 마 13:33 행 2:26

찬양과 감사 | 고마우신 주님!

약하고 부족한 저희들을 부르셔서 세상의 어떤 강한 것, 지혜 있는 것 보다 더욱 복되게 하신 은혜에 감사와 영광을 돌립니다. 이 시간 진정 사모하는 마음으로 주님의 이름을 높이 부릅니다. 주님께서 피로 값 주고 사신 권속들이 한 자리에 모여 예배하오니 계신 곳 하늘에서 홀로 영광 받아 주시옵소서.

회개와 고백 | 지난 한 주간을 돌이켜 보면 주님의 뜻대로 살겠노라 하면서도 숨가쁜 생활이 진행되다 보니 죄가 영혼 깊숙이 스며드는 것도 잊고 있었습니다. 죄가 우리 속에서 왕노릇 하기 전 주님의 용서를 구하고 은총을 구하오니 불쌍히 여겨 주시사 더 이상 죄의 시녀가 되어 성령을 거역하는 삶이 되지 되지 않도록 말씀으로 사로잡아 주시옵소서.

간구 | 은혜의 주님!

이 시간에 특별히 구역 연합 헌신예배로 드릴 수 있도록 은혜 베풀어 주심을 감사 드립니다. 저희를 구원하여 주시고, 천국 백성으로 삼아주신 것도 감격할 따름이온데 교회의 혈관과 같은 구역을 돌볼 수 있도록 사명을 주시니 그 크신 은혜에 저희들은 말문이 막힐 뿐이옵니다.

저희들에게 귀한 직분을 맡겨 주셨사오니 죽도록 충성할 수 있는 구역장들이 될 수 있도록 이끌어 주시옵소서. 혹 저희들의 부족함과 연약함 때문에 상처 받는 구역 식구들이 없도록 헌신할 수 있는 저희들 되게 하시옵고,

📖

"또 비유로 말씀하시되 천국은 마치 여자가 가루 서 말 속에 갖다 넣어 전부 부풀게 한 누룩과 같으니라." (마태복음 13:33)

맡겨진 구역 식구들을 열과 성의를 다하여 잘 살필 수 있는 저희들 되게 하여 주시옵소서. 언제나 십자가의 정신을 잃지 않는 구역장들이 되게 하시고, 혹 환난을 당한 구역 식구나 있을 때 멍에를 메는 마음으로 아픔을 같이 할 수 있는 구역장들이 될 수 있도록 이끌어 주시옵소서.

주님께서 '나는 마음이 온유하고 겸손하니 나의 멍에를 메고 내게 배우라' 말씀 하셨사오니 구역 안에서 그 어떤 일이 발생한다 할지라도 주님이 말씀하신 이 귀한 말씀을 잊지 않도록 도와주시옵소서. 또한 구역을 든든히 세우는데 혼신의 힘을 쏟는 구역장들이 됨으로 가정마다 가정천국이 이루어지는 축복이 있게 하시고, 구역을 통해서 전도의 문이 열려짐으로 교회가 부흥 성장하는데 앞장서는 구역이 되게 하시옵소서.

권위를 앞세우기 보다는 겸손을 앞세우는 구역장들이 되게 하시고, 대접 받기보다는 힘써서 대접하는데 마음을 쏟을 수 있는 구역장들이 되게 하시고 오른손이 하는 것을 왼손이 모르게 구역원들을 언제나 헤아릴 수 있는 구역장들이 되게 하여 주시옵소서.

이 시간 생명의 말씀을 전하실 강사 목사님을 성령의 능력으로 함께 하셔서 말씀을 듣는 저희들 모두가 다시한번 새롭게 결단하는 시간이 되게 하여 주시옵소서. 예배순서를 맡은 종들에게도 크신 은혜를 내려 주셔서 실수함이 없도록 인도하실 것을 믿사옵고 저희들을 죄악에서 구원하여 주신 예수 그리스도의 이름으로 기도합니다. 아멘.

| **예**수님 이름으로

믿음과 기도로 늘어진 손을 올리고 떨리는 무릎을 세우라.
당신은 어느날 금식하며 기도해본 적이 있는가?
은혜의 보좌를 흔들며 인내로 기다리라. 자비가 주어질 것이다.

- 요한 웨슬레 -

가장 위대한 유산은 기도를 물려주는 것이다.

- 이블린 크리스텐슨 -

5. 행사에 맞춘 대표 기도문

예배당 정초(상량)에 맞춘 기도문
예배당 입당 예배에 맞춘 기도문
예배당 헌당식에 맞춘 기도문
야외 예배에 맞춘 기도문
체육대회에 맞춘 기도문
수련회에 맞춘 기도문
부흥회(사경회)에 맞춘 기도문
총동원 전도 주일에 맞춘 기도문
특별 새벽기도회에 맞춘 기도문
설립 기념 주일에 맞춘 기도문
여름 성경학교에 맞춘 기도문
수료(졸업)예배에 맞춘 기도문

예배당 정초(상량)에 맞춘 기도문

성경 : 삼하 7:8~17

거룩하신 아버지여!

○○교회 성도들로 하여금 오랫동안 눈물로 호소하게 하시더니, 오늘 이 터전에 웅장한 주의 전을 건축하게 하시오니 감사하나이다. 간절히 바라고 소원하나이다.

하나님이 사람 다윗이 하나님의 전을 건축하리라고 그 뜻을 정하기만 하였는데도 하나님이 기뻐하사 "네가 가는 모든 곳에서 내가 너와 함께 있어 네 모든 원수를 네 앞에서 멸하였은즉 땅에서 위대한 자들의 이름 같이 네 이름을 위대하게 만들어 주리라 내가 또 내 백성 이스라엘을 위하여 한 곳을 정하여 그를 심고 그를 거주하게 하고 다시 옮기지 못하게 하며 악한 종류로 전과 같이 그들을 해하지 못하게 하여 전에 내가 사사에게 명령하여 내 백성 이스라엘을 다스리던 때와 같지 아니하게 하고 너를 모든 원수에게서 벗어나 편히 쉬게 하리라"(삼하7:9-11)고 축복해 주신 일을 우리가 아나이다.

다윗은 뜻을 정하였을 뿐이었는데도 이 같은 복이 임하였거늘, 하물며 신령한 사역을 착수하고 이미 그 기초를 놓는(이미 그 들보를 올리는)자리에 이르렀사오니 어찌 더욱 큰 축복이 없사오리까? 이미 놀라운 은혜가 임하였으며, 사랑이 임하였으며, 아름다운 복락이 임하였으며, 오늘도 내일도 끊임없이 계속되어 풍성하게 하실 줄 믿어 감사와 찬송을 드리나이다.

" 그는 내 이름을 위하여 집을 건축할 것이요 나는 그의 나라 왕위를 영원히 견고하게 하리라 나는 그에게 아버지가 되고 그는 내게 아들이 되리니 그가 만일 죄를 범하면 내가 사람의 매와 인생의 채찍으로 징계하려니와 " (사무엘하 7:13~14)

다윗의 정한 뜻이 반드시 이 땅 위에 그 성취를 보았던 것처럼 우리도 그 성취를 보리라고 믿나이다.

이를 인하여 하나님이 다윗에게 풍성한 물질을 주실 뿐 아니라, 거룩한 역사를 대신할 존귀한 아들 솔로몬을 허락하셨으며, 또한 수많은 일꾼들을 보내어 주실 뿐 아니라, 특별히 두로 왕 히람의 마음을 움직여 레바논의 향기로운 백향목을 무궁무진 하도록 찍어 쓸 수 있게 하셨던 것처럼, 앞으로 이 전을 건축하는 과정에 있어서도 이와같이 축복해 주실 것을 우리가 다 확신하나이다.

감격스러운 헌당의 날을 어서 속히 앞당길 수 있게 하여 주시옵소서. 지금 사정이 원활하게 하옵시며, 인력 동원에 차질이 없게 하옵시며, 무엇보다도 산발랏과 도비야와 같은 무리가 일어나 신령한 일을 훼상치 못하게 하시옵소서.

이 예식을 통하여 영광을 거두시오며, 이 예식을 통하여 오늘 우리에게 놀라운 은총을 힘입을 수 있게 하여 주시옵소서.

주 예수 그리스도의 이름으로 기도하옵나이다. 아멘.

예배당 입당 예배에 맞춘 기도문

성경 : 스 3:10~13

주님께서 피로 값 주고 사신 교회를 이곳에 세우시고, 저희들의 정성어린 힘과 땀과 헌금으로 아름다운 교회를 건축할 수 있도록 축복하신 은혜를 감사드립니다.

또한 새 성전에 입당하고 감격의 예배를 드릴 수 있도록 섭리하심을 진심으로 감사합니다.

이제 저희들에게 새로운 성전을 허락하여 주셨사오니 주님의 몸 된 교회를 위하여 뜻을 다하고, 힘을 다하고, 성품을 다하여 더욱 봉사할 수 있는 저희들 되게 하여 주시옵소서.

또한 주의 사랑하는 백성들이 이 자리에 나올 때마다 고민과 질병과 삶에 대한 궁핍함이 해결되고 새로운 평안과 기쁨과 소망으로 넘쳐 나게 하시옵소서.

주님의 몸 된 교회를 저희들을 통하여 이곳에 더욱 크게 세울 수 있도록 하심은 이 지역 사회를 위한 사명도 더욱 크게 감당하라는 주님의 뜻이 계신 줄 압니다.

주님의 뜻을 받들어 이 지역 사회를 잘 섬길 수 있는 저희들이 되게 하시고, 이 시대를 향하여 감당하여야 할 선지자적인 사명도 부족함 없이 감당

> " 찬양으로 화답하며 여호와께 감사하여 이르되 주는 지극히 선하시므로 그의 인자하심이 이스라엘에게 영원하시도다 하니 모든 백성이 여호와의 성전 기초가 놓임을 보고 여호와를 찬송하며 큰 소리로 즐거이 부르며 " (에스라 3:11)

할 수 있는 저희들 되게 하여 주시옵소서.

또한 이 교회가 불쌍한 영혼들에게 생명을 나누어 주고, 소망을 나누어 주고, 광명을 나누어 주고, 평강을 나누어 주는 교회의 사명을 잘 감당할 수 있도록 권고하여 주시기를 원합니다.

사랑의 하나님!

이 새로운 성전에서 주님의 사역을 맡아 저희의 심령을 인도하는 목사님을 축복하시고 저희 모든 양떼들을 푸른 초장과 잔잔한 시냇가로 인도하여 먹이시는데 조금도 부족함이 없는 능력의 종이 되게 하시고, 주님의 선한 뜻을 전하시기에 조금도 피곤치 않게 건강으로 지켜 주시옵소서.

저희들을 사랑하사 이곳에 새로운 성전을 짓도록 은혜를 베풀어 주신 예수그리스도의 이름으로 기도합니다. 아멘.

예배당 헌당식에 맞춘 기도문

성경 : 출 25:8~22

지극히 높으시고 영화로우신 주여!

우리가 무엇이든지 주께 드리기를 감당치 못하오나 주께 구하옵나니 주의 자비하심으로 우리가 지금 드리는 이 집을 받으사 정성된 마음으로 주를 섬기게 하옵시며, 이후에 주의 종들이 이곳에서 주의 이름으로 기도할 때에 기쁘게 들으시옵고 큰 은혜를 베푸사 저들을 감화하옵소서.

또한 저들로 하나님의 큰 엄위하심을 밝히 깨닫게 하사, 자기들이 비천함을 알아 겸손하고 공경하는 마음으로 주의 앞에서 그 기뻐하시는 일을 행하여 주를 섬기게 하옵소서.

또 간구하옵나니 우리들의 기도를 들으사 이 예배당에서 거룩한 세례로 주께 바치는 사람으로 영원히 주의 진실한 자녀 가운데 있게 하옵소서.

또 구하옵나니 주께서 은혜를 베푸사 이 예배당에서 성찬을 받는 사람들이 믿고 사랑하며 참 회개하는 마음으로 받게 하옵시고, 예수의 죽으심으로 모든 은혜를 풍성히 얻게 하옵소서.

또 구하옵나니 이 예배당에서 거룩한 결혼식을 하는 사람들도 영원히 주의 은혜 가운데서 진실한 자녀들이 되게 하여 주시옵소서.

또 구하옵나니 무릇 이 예배당에서 성경과 전도함을 듣는 사람으로 마

📖

" 거기서 내가 너와 만나고 속죄소 위 곧 증거궤 위에 있는 두 그룹 사이에서 내가 이스라엘 자손을 위하여 네게 명령할 모든 일을 네게 이르리라 " (출애굽기 25:22)

음속에 성신의 감동함을 입어 자기의 행할 바를 깨닫고 온전케 할 권능을 주옵소서.

전능하신 하나님이시여,

이 성전에 임하사 주야로 계시오며, 주의 종들이 언제든지 이 성전에 와서 간구하는 기도를 들으시고 저들의 죄를 사유하여 주옵시며, 주의 사역자들이 하나님의 의로우심을 입게 하시고, 모든 성도들이 구원을 받음으로 기뻐하게 하옵소서.

또 구하옵나니 우리와 주의 모든 성도들이 다 주의 성전이 되게 하옵시고, 나중에 하늘에 있는 주의 성전까지 이르게 하옵소서.

모든 것을 주 예수그리스도의 이름으로 기도합니다. 아멘.

야외예배에 맞춘 기도문

성경 : 사 40:26~28

할렐루야!

주님의 크신 은혜와 사랑을 감사드립니다. 화창한 날씨와 좋은 장소를 허락하시어서 온 교우들이 한자리에 모여 주님이 선물로 주신 대자연속에서 예배드리게 하시고, 성도의 교제를 뜨겁게 나누게 하심을 감사합니다.

야외로 나와 주님이 창조하신 아름다운 대자연을 마주 대하니 저희들을 향하신 주님의 사랑이 얼마나 놀랍고, 깊고, 큰지를 다시한번 피부로 느끼지 않을 수 없나이다.

이 시간 야외예배로 한자리에 모여 친밀한 교제를 나누는 데만 마음을 쏟을 것이 아니라 주님이 창조하신 이 아름다운 자연을 보며 저희에게 쏟고 계시는 주님의 사랑과 정성이 얼마나 놀라운 것인지를 마음 깊숙이 새겨보는 시간이 되게 하여 주시옵소서.

또한 언제나 주님의 성호를 찬양할 수 있는 입술이 되게 하여 주시옵소서. 이 복되고 아름다운 자리에 함께하지 못한 성도들이 있습니다. 그들의 안타까운 마음을 헤아려 주시기를 원합니다.

지금 어디에서 무엇을 하던지 주님께서 함께 하시는 복된 자리가 되게 하시고, 그들의 행위 가운데 주님께서 기뻐하시는 모습들이 넘쳐나게 하시옵소서.

📖

" 너희는 눈을 높이 들어 누가 이 모든 것을 창조하였나 보라 주께서는 수효대로 만상을 이끌어 내시고 그들의 모든 이름을 부르시나니 그의 권세가 크고 그의 능력이 강하므로 하나도 빠짐이 없느니라 " (이사야 40:26)

특별히 이번 야외 예배를 준비하기 위하여 마음을 쏟은 손길들이 있습니다. 주님께서 더 큰 복으로 함께 하시고 위로하여 주시기를 원합니다.

말씀을 전하여주실 목사님도 성령의 능력으로 붙들어 주셔서 주님께서 창조하신 자연과 더불어 전해지는 말씀이, 꿀송이 보다 더 단 말씀이 되게 하여 주시옵소서.

진행을맡아 수고하는 교우에게도 함께 하시고 은혜를 더하셔서 마치는 시간까지 유종의 미를 잘 거둘 수 있도록 도와 주시옵소서.

오늘이 순서를 다 마치고 돌아가는 교통편 까지도 함께하여 주시기를 원하오며 예수그리스도의 이름으로 기도합니다. 아멘.

# 체육대회에 맞춘 기도문

성경 : 히 12:1

만복의 근원이 되시는 우리 주 하나님!

좋은 환경과 맑은 날씨를 허락하시어서 온 성도들이 한자리에 모여 체육대회를 개최할 수 있도록 이끄신 주님의 크신 은혜와 사랑을 감사합니다.

오늘 어린아이로부터 장년에 이르기까지 사랑하는 제단에 속해 있는 온 교우들이 한자리에 모였습니다. 믿음의 식구들이 뜻을 같이 했습니다.

우리 주님께서 이 시간을 통하여 홀로 영광 받으시고 주님이 채워주시는 큰 은혜가 더욱 넘치는 귀한 시간이 되게 하여 주시옵소서.

사랑의 주님!

오늘 이 자리에 선수로 뛰는 교우와 응원하는 모든 성도님들 위에 축복하여 주시고, 이 체육대회가 단순한 체육 대회가 아닌 마귀와의 영적 전투를 어떻게 해야 하는지를 배우는 자리가 되게 하시고, 영적으로 승리하는 삶을 살기 위하여 어떤 자세로 살아야 할 것인지를 깨닫는 시간이 되게 하여 주시옵소서.

특별히 원하옵는 것은 오늘 경기에 선수로 출전하는 교우들의 마음을 주장하여 주셔서 지나친 승부욕에 집착하지 않게 하시고, 서로 용납하는 마음으로 멋진 경기를 만들어 나갈 수 있도록 이끌어 주시옵소서.

📖

" 이러므로 우리에게 구름 같이 둘러싼 허다한 증인들이 있으니 모든 무거운 것과 얽매이기 쉬운 죄를 벗어 버리고 인내로써 우리 앞에 당한 경주를 하며"
(히브리서 12:1)

규칙을 어기거나 다투는 일 또한 발생하지 않게 하시고, 몸을 다치는 일이 없도록 성령께서 보호하여 주시옵소서.

오늘, 이 복되고 즐거운 자리가 있기까지 마음을 쏟으며 준비한 손길들이 있습니다. 저들의 수고에 주님의 위로가 있게 하시고, 기쁨이 넘치게 하시옵소서. 이 대회를 운영하는 성도들에게도 함께하셔서 하루의 수고가 헛되지 않도록 이끌어 주시옵소서.

경기에 임하기 전 목사님을 통하여 주님의 귀한 말씀을 듣습니다. 듣는 저희들의 귀가 더욱 복 있게 하시고, 말씀을 전하시는 목사님도 성령의 능력으로 붙들어 주시옵소서.

오늘 하루의 모든 일들을 주님께서 주관하시고, 인도하시고, 함께하여 주실 것을 믿사옵고 예수 그리스도의 이름으로 기도합니다. 아멘.

수련회에 맞춘 기도문

성경 : 레 19:2, 20:7~8, 21:6　마 13:31~32

사랑의 주님!

저희 교회를 사랑하셔서 하나님의 아름다운 자연 속에서 새롭게 신앙을 무장하고 심신을 단련시킬 수 있는 수련회를 갖게 하심을 감사합니다.

금번 수련회 기간을 통하여 저희들의 신앙을 다시 한번 점검할 수 있는 계기로 삼게 하시고, 느슨했던 신앙을 돌아보며 영적인 각성이 있게 하시고, 심령을 내어 쏟는 회개와 더불어 심령의 불을 붙일 수 있는 더욱 큰 은혜를 사모하는 시간이 되게 하시옵소서.

0박 0일의 짧은 기간이지만 저희들이 새롭게 변화 받고 성령의 큰 능력을 체험하는 데는 결코 짧은 기간이 되지 않게 하시고, 저희들에게 향하신 주님의 그 놀라운 사랑과 은혜를 그 어느 때보다도 가슴 절절히 느끼는 축복의 시간이 되게 하시옵소서.

특별히 이번 수련회를 위하여 오래 전부터 땀과 기도로 준비한 기관이 있습니다. 복된 수련회가 되기 위하여 수고하신 손길마다 갑절의 은혜를 내려 주시고, 그 수고가 결코 헛되지 않았음을 귀로 듣고, 눈으로 보는 축복의 시간이 되게 하시옵소서.

여러 가지 프로그램을 준비한 진행 위원에게도 함께하셔서 준비한 모든

📖

" 너는 이스라엘 자손의 온 회중에게 말하여 이르라 너희는 거룩하라 이는 나 여호와 너희 하나님이 거룩함이니라"(레위기 19:2)

것들이 저희 모두에게 큰 유익이 되게 하시고, 시간 시간마다 큰 비전을 제시할 수 있는 귀한 시간들이 되게 하시옵소서.

이 수련회를 돕기 위하여 함께 오신 목사님, 전도사님, 집사님들께도 은혜가 넘치게 하시고, 장소를 제공한 손길 위에도 그 심령이 더욱 복되게 하여 주시옵소서.

수련회 기간동안 날씨도 주관하여 주셔서 준비한 모든 프로그램들이 주님의 은혜 가운데 잘 진행되게 하시고, 그 어떤 미미한 불미스러움도 발생하지 않도록 성령의 검으로 막아주시옵소서.

성삼위 하나님께서 홀로 영광 받으실 것을 믿사옵고 예수 그리스도의 이름으로 기도합니다. 아멘.

부흥회(사경회)에 맞춘 기도문

성경 : 골 3:2~3

어제나 오늘이나 영원토록 살아계신 전능하신 하나님 아버지!

영적 기근의 시대를 살아가는 저희들에게 구별된 삶을 살고자 하는 열망을 갖게 하시고, 소망을 하나님께 두며 이 세대를 본받지 않게 하시니 감사합니다. 허물과 죄로 죽었던 저희를 그리스도 예수 안에서 살리셨사오니 모세와 함께 하셨던 것처럼, 여호수아를 도우셨던 것처럼, 바울과 동행하셨던 것처럼, 지금 저희들과 함께 하시옵소서.

은혜의 주님!

식어진 저희의 심령에 성령의 충만을 허락하시기 위하여 심령 부흥회를 갖게 하시고, 성령 충만한 강사 목사님도 보내주심을 진심으로 감사드립니다. 오늘부터 시작되는 이 부흥집회에 성령님이 바람같이, 불같이, 생수같이 임하셔서 상하고, 애통하고, 갈급한 심령들이 소생하며, 육신의 문제와 질병으로 고통 받는 자들의 문제가 해결되며, 치료의 광선이 비치고, 가정과 사업과 생활에 뒤엉켜있는 모든 문제들이 근본적으로 해결되는 축복이 시간이 되게 하시옵소서.

또한 성령의 권능을 힘입어 초대 교회 성도들과 같이 복음을 증거하는 일꾼이 되기를 원합니다. 이 시간 소낙비와 같이 성령의 능력을 부어 주셔서 식어져 있던 심령에 불을 당기게 하시고, 우리의 가족과 친척과 이웃에게 복음을 전하고 성령의 불을 붙일 수 있는 능력의 종들이 되게 하여 주시옵소

📖

" 위의 것을 생각하고 땅의 것을 생각하지 말라 이는 너희가 죽었고 너희 생명이 그리스도와 함께 하나님 안에 감추어졌음이라 " (골로새서 3:2~3)

서. 또한 기도의 영에 사로잡히게 하셔서 가정과 교회와 나라와 민족을 위하여 마음을, 혼을 내어 쏟을 수 있는 기도를 하게 하시옵소서.

이 시간 일신상의 문제로 인하여 주님이 베풀어 주신 은혜의 자리에 참석하지 못한 성도들도 있습니다. 육신적인 문제에 얽매여 영적인 일을 등진 성도들을 불쌍히 여겨 주시옵고, 하나님을 재물과 겸하여 섬길 수 없음을 깨달아 하나님께 영광돌리며 살 수 있는 복된 삶으로 이끌어 주시기를 원합니다. 또한 이 복되고 은혜로운 자리에 참석하고 싶어도 부득불 참석하지 못한 성도들도 있습니다. 어디에서 무엇을 하든지 이 곳에서 역사하시는 주의 성령께서 저들 심령속에도 역사하여 주셔서 동일한 은혜를 받게 하시고 위로하여 주시옵소서.

이 시간 단위에 세우신 강사 목사님을 주님의 강하신 오른팔로 붙드시사 심령을 쪼개는 말씀을 전하게 하시고, 은혜를 사모하는 저희 모두가 주님의 임재하심을 체험하는 놀라운 시간이 되게 하여 주시옵소서.

이 시간부터 복되고 은혜로운 성회를 마치는 날까지 악한 사탄 마귀 일절 틈타지 못하도록 성령의 검으로 막아 주실 것을 믿사옵고 지금도 초대교회 때와 같이 동일안 은혜를 쏟아 부어 주시기를 원하시는 주 예수 그리스도이 이름으로 기도합니다. 아멘.

초청잔치 전도주일에 맞춘 기도문

성경 : 삼하 7:8~17

인생의 모든 것들을 능히 이루실 권세를 가지신 하나님 아버지!
저희들이 그 능력의 은혜를 입어 지금까지 살아왔음을 고백하오며 감사드리옵니다. 하나님께 감사드리는 때가 너무 적고 시간조차 짧지만, 나무라지 않으시고 기쁘게 받아 주시기에 오늘도 미약한 정성을 부끄러워하며 주님 앞에 꿇어 엎드립니다. 한 없이 부족한 저희들이오나 은혜를 더하시고, 온 세상에 복음을 널리 전파하는 일에 사용하시옵소서.

모든 권세와 힘의 주관자가 되시는 하나님 아버지!
특별히 오늘을 은혜로우신 주님 앞에 몸과 마음과 저희들의 모든 것이 초청잔치 전도 주일로 지키게 하시니 감사합니다. 주님이 분부하신 복음 전도의 사명을 제대로 감당하지 못하는 저희들이오나 주님 앞에 늘 부끄러운 마음 감출 길 없어 한 영혼만이라도 생명의 길로 인도해 보려고 초청잔치 전도 주일로 지키게 되었습니다.

행사에 그치는 전도 주일이 되지 않기 위하여 짧은 기간이었지만 기도하며 영혼구원 사역에 총력을 기울였나이다. 영혼 구원의 열매를 맺은 성도들에게는 주님의 칭찬과 상급이 있게 하시고, 몸과 마음과 시간을 바쳐 한 생명이라도 주님께 인도해보려고 힘썼지만 열매 없이 무겁고 안타까운 마음으로 이 자리에 참석한 성도들에게는 낙심과 실망에 사로잡히지 않도록 주님의 위로와 은혜를 더하여 주시옵소서.

> " 그러므로 이제 내 종 다윗에게 이와 같이 말하라 만군의 여호와께서 이와 같이 말씀하시기를 내가 너를 목장 곧 양을 따르는 데에서 데려다가 내 백성 이스라엘의 주권자로 삼고 " (사무엘하 7:8)

    좀 더 최선을 다했으면 하는 아쉬움이 남습니다. 그러나 영혼구원의 사역은 오늘로서 그치는 것이 아니라 주님이 부르시는 그 날까지 계속되어져야 할 저희들의 사명이기에 새로운 용기를 주시고 능력을 부어 주시옵소서.

    오늘 주님의 교회에 처음 참석하게 된 분들도 있습니다. 아직은 교회나 예배순서에 대하여 낯설고 어색하겠지만 오늘 한번의 참석으로 끝나지 않게 하시고 계속적으로 참석할 수 있도록 성령께서 도우셔서 주님을 영접하고 믿음이 자라갈 수 있도록 도와주시옵소서.

    초청잔치 전도주일을 위하여 여러모로 준비한 손길들과 목사님을 기억하셔서 하나님의 위로와 은혜가 더욱 넘쳐 나게 하시옵소서.

    특별히 생명의 말씀을 선포하시는 목사님을 능력의 오른손으로 붙들어 주시사 이 자리에 처음 참석한 자나 저희 모두가 하늘의 신령한 은혜를 맛보는 시간이 되게 하시옵소서.

    예배가 이미 시작되었습니다. 예배의 시종을 주님께 의탁하옵고 생명의 길이 되신 예수 그리스도의 이름으로 기도합니다. 아멘.

특별 새벽기도회에 맞춘 기도문

성경 : 호 6:3

은혜가 풍성하신 하나님 아버지!

지난 밤 동안에도 저희들을 주님의 품안에 지키시며, 편히 쉬게 하여 주시고 새 힘과 소망을 가지고 하루를 맞이하게 하여 주시니 감사합니다. 또 저희들을 재촉하셔서 이 새벽에 주님의 거룩한 집에 나와서 기도하게 하시니 감사합니다.

자비로우신 하나님 아버지!

오늘부터 특별 새벽기도가 시작됩니다. 그 동안 세상의 안일만을 추구하고 주님께 엎드려 기도하는데 게을렀던 저희들입니다. 영적인 일에 너무나 나태했던 저희들입니다. 세상의 쾌락을 위해서는 한없는 애착을 가졌던 저희들입니다. 용서를 구하오니 긍휼히 여겨 주시옵소서.

이 새벽에 변화받기를 원합니다. 성령의 단비를 내려 주셔서 빈들의 마른 풀이 단비를 맞아 소생하듯이 저희들의 영육이 새롭게 변화되어 소생케 되는 역사가 있게 하여 주시옵소서. 특별히 이번 특별 새벽기도를 통하여 새벽기도가 훈련되게 하시고, 새벽잠을 희생하고서라도 기도해야 한다는 영적인 부담이 심령을 파고들므로 계속적으로 주님 앞에 새벽기도를 드릴 수 있는 저희들이 되게 하여 주시옵소서.

하나님께서 이스라엘 백성들을 광야 40일동안 새벽에 일어나도록 훈련시키신 것을 저희가 압니다. 이번 특별 새벽기도가 하나님께서 저희에게 그

> " 그러므로 우리가 여호와를 알자 힘써 여호와를 알자 그의 나타나심은 새벽 빛 같이 어김없나니 비와 같이, 땅을 적시는 늦은 비와 같이 우리에게 임하시리라 하니라 "
> (호세아 6:3)

와 같은 훈련을 시키시기 위해서 준비하신 줄 믿습니다. 이번 기회에 확실한 새벽 사람으로 거듭나는 역사가 있게 하여 주시옵소서. 또한 하나님께서 새벽에 이적을 행하심으로 새벽을 깨우는 종들로 하여금 하나님의 능력과 성호를 찬양하게 하셨듯이 저희들에게도 동일한 축복이 있게 하여 주시옵소서. 아울러 그 옛날 한국 강산의 영적 대각성 운동이 새벽기도를 통하여 불씨를 당겼듯이 이번 특별새벽기도회가 제2의 영적 대각성 운동을 일으키는 불씨가 되게 하여 주시옵소서.

그리하여 저희 개인은 물론 교회도, 이지역과 사회도, 더 나아가 전 세계에까지도 성령의 불길로 활활 타오르게 하여 주시옵소서. 이번 특별 새벽기도회에 참석치 못하는 성도들이 없게 하시고, 전교인이 한 사람도 빠짐없이 모두 참석할 수 있도록 은혜를 베푸시옵소서.

말씀을 전하시는 목사님을 능력의 오른손으로 강하게 붙들어 주시기를 원합니다. 언제나 능력의 말씀을 전하시기에 조금도 피곤함이 없게 하시고 말씀을 듣는 자의 심령마다 성령의 불을 체험케 되는 역사가 있게 하여 주시옵소서.

예배의 시종을 주님께 의탁합니다. 시간 시간마다 풍성한 은혜를 태려주실 것을 믿사옵고 예수 그리스도의 이름으로 기도합니다. 아멘.

설립 기념주일에 맞춘 기도문

적용 : 주일 낮예배
성경 : 엡 2:20~22

찬양과 감사

전지전능하시고 거룩하신 하나님 아버지!
　주님의 크신 뜻이 계셔서 이곳에 주님의 몸 된 교회를 세워주시고 구원의 역사를 감당하게 하시며, 복음의 빛과 진리의 등불을 밝히게 하시니 감사합니다. 오늘 뜻 깊은 설립 기념 주일을 맞이하여 온 교우들이 한마음 한뜻이 되어 기념 예배를 드리며 주님께 영광돌릴 수 있는 기회를 주시니 참으로 감격스럽고 감사할 뿐이옵니다.

회개와 고백

하나님 아버지!
　지난날을 회고해 보면 저희는 주님이 이곳에 교회를 세우신 그 크고 놀라우신 뜻을 까마득히 잊어버리고, 육신적인 일에만 우선권을 두고 그것에 전전 긍긍하며 살아왔나이다. 주님의 몸 된 교회를 위하여 맡은바 사명을 잘 감당하지 못하고 온전한 헌신을 드리지 못한 저희를 긍휼히 여기사 용서하여 주시옵고, 참회하는 심령에 성령으로 충만하게 하여 주시기를 원합니다. 주님이 저희를 사랑하셔서 이 귀한 교회를 섬기게 하셨사오니 그 사랑 더욱 깨달아 이 생명 다하기까지 죽도록 충성할 수 있는 저희들 되게 하여 주시옵소서.

간구

저희들의 온전한 헌신이 없었음에도 불구하고 이 교회와 저희를 사랑하셔서 일취월장 성장하게 하셨사오니, 이 같은 주님의 은혜를 더욱 깊숙이 깨달아 교회성장을 위하여 더욱 힘쓰는 저희들 되게 하시고, 생산적인 교회로, 복음을 전파하는 교회로, 이 시대를 구원하는 교회로 더욱 든든히 서

> "너희는 사도들과 선지자들의 터 위에 세우심을 입은 자라 그리스도 예수께서 친히 모퉁잇돌이 되셨느니라 그의 안에서 건물마다 서로 연결하여 주 안에서 성전이 되어 가고 너희도 성령 안에서 하나님이 거하실 처소가 되기 위하여 그리스도 예수 안에서 함께 지어져 가느니라." (에베소서 2:20~22)

갈 수 있도록 축복하여 주시옵소서.

지금까지 이 교회를 위하여 눈물과 기도로 밤을 지새며 주님의 뜻을 이루고자 온갖 고통을 무릅쓰고 애쓰신 목사님을 기억하시기를 원합니다. 그 힘쓰고 애씀이 결코 헛되지 아니하고 하늘의 영원한 상급을 누릴 수 있도록 주님이 위로하여 주시옵고, 앞으로도 이 교회와 이 교회에 속한 믿음의 권속들을 위하여 힘쓰고 애쓰실 때 더욱 더 큰 능력으로 함께 하셔서 조금도 부족함이 없도록 이끌어 주시옵소서.

당회원과 모든 제직들에게도 함께 하시기를 원합니다. 그동안 여러모로 주님의 몸 된 교회를 위하여 고생하고 수고한 것을 주님이 갚아 주시고 더욱 힘써서 충성 할 수 있는 능력의 종들이 되게 하시옵소서. 내조 하시는 사모님에게도 지혜와 명철을 더하여 주셔서 목사님의 목양 사역이 더욱 빛을 발하게 하여 주시옵소서.

예배의 시종을 주님께 맡깁니다. 이 영광스럽고 복된 날 아직도 미참한 발걸음이 있습니다. 그들의 발걸음을 재촉하여 주셔서 함께 예배할 수 있는 심령들이 되게 하시옵소서.

| 예수님 이름으로

모퉁이의 머릿돌이 되셔서 친히 교회를 세우신 주 예수 그리스도의 이름으로 기도합니다. 아멘.

여름성경학교에 맞춘 기도문

성경 : 잠 22:6

찬양과 감사 | 하늘과 땅과 그 가운데 모든 것을 지으시고 다스리시는 주님!

저희들에게 생명과 호흡을 주심을 감사하오며 이 시간 찬송과 영광을 돌리옵니다. 메마른 땅에 단비를 주시사 만물이 신선하게 자라게 하시며, 젖은 땅에 햇빛을 비춰사 오곡백과가 성숙케 하시며, 온 천지가 주의 은혜와 축복 속에 자라고, 또 자라게 하여 주심을 감사합니다.

회개와 고백 | 긍휼이 풍성하신 주님!

이 시간 한 주간 동안의 삶을 더듬어 보면서 주님 앞에 회개하기를 원합니다. 죄악 된 세상을 살면서 경건된 삶을 살지 못하고 저희 몸을 의의 병기가 아닌 불의의 병기로 사용했던 것을 용서하여 주시옵소서. 이 세상에서 주님의 참 자녀로 빛과 소금의 역할을 잘 감당할 수 있는 주님의 신실한 종들이 되게 하시옵소서.

간구 | 사랑의 주님!

오늘부터 어린 심령들에게 심령부흥을 일으키기 위하여 여름 성경학교를 시작합니다. 그 동안 교사들이 이런 여름성경학교를 위하여 피곤을 무릎쓰고 정성껏 준비했습니다. 우리 주님이 그 수고한 것이 헛되지 않도록 능력으로 이끌어 주시옵고, 그 어느 해 보다도 알차고 은혜로운 여름 성경학교가 될 수 있도록 도와 주시옵소서.

무더운 여름날에 실시하는 행사이니 만큼 무엇보다도 더위로 인한 안전

📖
" 마땅히 행할 길을 아이에게 가르치라 그리하면 늙어도 그것을 떠나지 아니하리라"(잠언 22:6)

사고가 발생될까 심히 염려스럽습니다. 광야를 행진하던 이스라엘 백성들을 구름과 불기둥으로 보호하여 주신 주님께서 특별히 이번 여름성경학교 기간 동안에도 동일한 은혜로 함께하여 주시옵소서.

교회의 모든 성도들도 어린 심령들을 사랑하는 마음으로 여름 성경학교를 위하여 물심양면으로 협력하게 하시고, 무엇보다도 뜨거운 기도로 뒷받침해 줄 수있는 성도들이 되게 하여 주시옵소서. 또한 소문만 무성한 여름 성경학교가 되지 않기를 원합니다.

열매를 많이 맺어 주님께 큰 영광 돌리는 복된 여름 성경학교가 되게 하시옵고, 이번 기회에 어린 심령들은 물론 기도하는 교사들도 놀라운 성령의 체험하는 역사가 있게 하시옵소서.

여름 성경학교 행사가 진행되는 동안 불꽃같은 눈동자로 보호하여 주시고 인도하여 주실 것을 믿사옵고 예수 그리스도의 이름으로 기도합니다. 아멘. | 예수님 이름으로

수료(졸업)예배에 맞춘 기도문

적용 : 주일 낮예배

성경 : 시 25:4~5

사랑의 하나님!

여호와를 경외하는 것이 지식의 근본임을 깨닫게 하심을 감사합니다. 이 시간도 경배와 찬양을 주님께 돌립니다. 받아주시옵소서.

오늘은 특별히 각급학교의 졸업 시즌을 맞아 저희 교회에서도 졸업(수료)예배를 드리게 되었습니다. 초등, 중등, 고등, 대학과정을 졸업하는 주님의 자녀들이 있사오니 저들에게 더욱 큰 은혜를 내려 주시옵소서.

주님께서 주신 인생의 귀중한 기회를 잘 활용할 수 있는 저들이 되게 하시고, 주님께서 주신 인생의 귀중한 기회를 잘 활용할 수 있는 저들이 되게 하시고, 성실하게 배움에 임할 수 있는 학생들이 되게 하여 주시옵소서.

특별히 학문을 연구 할수록 성령께서 저들의 길을 열어 주시사 세상 사람들에게 뒤처지지 않게 하시고, 오히려 그들을 이끌어 갈 수 있는 하나님의 신실한 종들이 되게 하시옵소서.

원하옵는 것은 저들이 세상 학문에 얽매어 주의 사명을 잘 감당치 못할까 염려스럽습니다. 언젠가는 주님 앞에서 결산하게 될 것임을 생각할 때, 세상 학문을 탐구하는데만 온 정신을 쏟지 않게 하시고, 주님의 심오한 진리의 말씀을 알아 가는데 마음을 쏟을 수 있는 저들이 되게 하여 주시옵소서.

" 여호와여 주의 도를 내게 보이시고 주의 길을 내게 가르치소서 주의 진리로 나를 지도하시고 교훈하소서 주는 내 구원의 하나님이시니 내가 종일 주를 기다리나이다"
(시편 25:4~5)

성경기자가 "주의 말씀은 내 발에 등이요 내 길에 빛이니이다." (시 119:105)라고 고백한 것을 생각합니다.

인생의 빛이 주님의 말씀을 아는 것에 달려 있음을 깨달아 알게 하사 주님의 말씀을 주야로 묵상하는 저들이 되게 하시고, 한시도 주님의 말씀을 멀리하는 죄를 범치 않는 저들이 되게 하여 주시옵소서.

주님의 말씀으로 다져진 인생이 되어서 창조주 하나님을 기억하는 삶이 되게 하시고, 세상을 압도해 갈 수 있는 걸출한 인물들이 되게 하시옵소서.

복된 말씀을 전하시는 목사님을 성령의 능력으로 붙들어 주실 것을 믿사옵고 예수 그리스도의 이름으로 기도합니다. 아멘.

요구하며 몸부림치는 기도는 사막을
걷는 것처럼 답답한 기도이지만,
감사의 기도는 솔개가 공중을 나는
것처럼 경쾌한 기도다.

- 휴겔 -

적은 기도가 큰 시험을 이긴다.

- 마틴 루터 -

6. 일반 주제에 맞춘 대표 기도문

성전 신앙에 맞춘 기도문
가정의 달에 맞춘 기도문
복음 전도에 맞춘 기도문
온전한 봉사에 맞춘 기도문
조국의 통일과 안녕에 맞춘 기도문
하나님 나라 확장에 맞춘 기도문
예배의 회복에 맞춘 기도문
교인의 의무에 맞춘 기도문
사순절 기간에 맞춘 기도문
신앙의 승리에 맞춘 기도문
직분 임명에 맞춘 기도문
성례식에 맞춘 기도문
성찬식에 맞춘 기도문
여름 행사에 맞춘 기도문
수재민에게 맞춘 기도문
노회 주간에 맞춘 기도문
기관 총회에 맞춘 기도문
입시생에게 맞춘 기도문

성전 신앙에 맞춘 기도문

적용 : 주일 오후예배, 수요기도회

성경 : 시 23:1~6

찬양과 감사 | 거룩하신 하나님 아버지!

오늘도 황량한 사막과 같은 세상에 버려두지 아니하시고, 주님의 푸른 초장으로 인도하셔서 주님의 신령한 말씀의 꼴을 먹게 하심을 감사합니다.

회개와 고백 | 불의하고 속된 세상에서 믿음을 지키려고 힘쓰기는 했지만 죄 가운데서 거룩한 생활을 등질 수밖에 없었던 일들이 너무 많았음을 고백하지 않을 수가 없나이다. 성령이 계신 마음을 어둡게 하고, 세상 풍조에 휩쓸린 저희의 모든 행위들을 용서하여 주시옵소서.

간구 | 능력이 많으신 은혜로우신 하나님!

이 시간 저희들의 의지와 인간의 노력으로도 바꿀 수 없는 잘못된 것들이 다시 한번 변화되기를 원하오며 삶의 혁명을 기다립니다. 새롭게하여 주시옵소서. 신앙인으로서 잃었던 모든 것을 다시 찾는 은총의 시간이 되게 하여 주시옵소서.

오늘도 믿음의 형제들이 다 함께 참석하지 못하여 빈자리가 너무 많음을 안타까워하지 않을 수가 없나이다. 주님께 드리는 예배가 이렇게 힘을 잃고, 약해져가고 있다고 생각하니 몹시도 안타까운 마음이 앞서지 않을 수가 없나이다. 가면 갈수록, 예배의 참여도가 줄어드는 현실의 신앙 흐름을 생각할 때 영적 각성 운동과 신앙 운동이 절실히 요구되는 줄 압니다.

주님! 저희들의 심령뿐만 아니라 이 강산 모든 그리스도인들에게 성령을

📖
" 여호와는 나의 목자시니 내게 부족함이 없으리로다 그가 나를 푸른 풀밭에 누이시며 쉴 만한 물 가로 인도하시는도다 내 영혼을 소생시키시고 자기 이름을 위하여 의의 길로 인도하시는도다 " (시편 23:1~3)

쏟아 부어 주셔서 심령의 굳은 살을 벗겨내고 새로운 신앙의 전기를 마련할 수 있도록 도와 주시옵소서. 영적 부흥이 일어날 수 있도록 이끌어 주시옵소서. 이 시간 예배의 자리가 심히 초라하여 주님께 얼굴을 들 수 없을 정도로 심히 부끄럽지만 "두 세사람이 내 이름으로 모인 곳에는 내가 그들과 함께 하겠다"고 말씀하셨사오니 이 말씀이 힘입어 주님께 예배 드리는 저희의 심령을 받아주시옵소서. 이 시간도 찬송 부를 때 심령 깊은 곳에서 우러나오는 가락이 되기를 원합니다.

기도할 때에 흐려진 예배관을 가슴 아파하며 영적인 부담을 안고 드리는 기도가 되기를 원합니다. 말씀을 들을 때 저희들의 심령을 영적으로 끝없이 새롭게 하시는 주님의 손길을 느끼기를 원합니다. 역사하여 주시옵소서.

오늘도 주님의 말씀을 듣고 단위에 서신 목사님을 성령의 능력으로 붙드│**예**수님
시기를 원합니다. 무슨 말씀을 전하시든지 권세 있는 말씀이 되게 하여 주│이름으로
시고, 듣는 저희들의 귀가 복되게 하여 주시옵소서. 오늘 예배에 참석하지 못한 믿음의 형제들이 어디서 무엇을 하든지 사단 마귀에게 마음을 빼앗기는 자리가 되지 말게 하시옵소서. 시험에 드는 자리가 되지 않게 하여 주시옵소서.

예배의 시종을 주님께 의탁하옵고 저희를 죄악에서 구원하여 주신 예수 그리스도의 이름으로 기도합니다. 아멘.

가정의 달에 맞춘 기도문

적용 : 주일 오후예배, 수요기도회

성경 : 수 24:14

찬양과 감사 | 언제 어디서나 늘 저희와 함께 계시는 주님!

슬플 때나, 기쁠 때나, 일할 때나, 쉴 때에도 함께 하시고 주님의 선하신 뜻대로 이끌어 주심을 감사드립니다. 온 세상이 주님 주신 은총으로 생명 있는 것마다 왕성하게 움직이고 활동하는 아름다운 계절입니다. 이 아름다운 계절에 가정에 소중함을 깊이 인식시켜 주시기 위해서 5월 한 달을 가정을 세심하게 돌아볼 수 있는 기회로 이끌어 주심을 감사합니다. 주님께서 세워주신 저희가정, 주님께서 저희가정의 호주가 되셔서 축복된 가정으로 이끌어 주시고 보호하여 주시기를 원합니다.

간구 | 사랑의 주님!

주님 자녀의 가정 가정마다 사랑을 쏟아 부어 주시는 주님의 은혜를 더욱 깊이 깨닫고 느낄 수 있도록 하시고, 안정되며 화평한 가정이 될 수 있도록 이끌어 주시기를 원합니다. 가족 중 어느 누구 하나라도 질병으로 고생하지 않게 하시고, 다툼이 일어나지 않게 하시며, 반목으로 고통스러움이 발생하지 않도록 늘 지켜 주시기를 원합니다. 계획하는 일마다 평안한 가운데서 이루어지게 하시고, 사랑이 넘치는 교제가 활발히 이루어지는 가정들이 되게 하여 주시옵소서.

부모로서 책임을 다하지 못하는 가정들이 점차 늘어만 가고 있습니다. 자녀들에게 밝은 미래를 유산으로 물려줄 수 있는 부모들이 되게 하시고, 또한 우리의 부모님들에게도 살아계실 때 잘 섬기게 하여 주시옵고, 효성 다하

" 그러므로 이제는 여호와를 경외하며 온전함과 진실함으로 그를 섬기라 너희의 조상들이 강 저쪽과 애굽에서 섬기던 신들을 치워 버리고 여호와만 섬기라 "
(여호수아 24:14)

는 자녀들이 되게 하여 주시옵소서.

저희들 주위에는 외로운 분들과, 허약한 분들과 가난한 분들이 많이 있고, 의지할 곳과 의탁할 곳이 없는 분들도 많이 있사오니 말과 혀로만 사랑을 외치는 교회가 되지 말게 하시옵고, 이들을 감싸주고 보듬어 줄 수 있는 진실과 사랑이 살아있는 교회가 되게 하여 주시옵소서.

이 시간 주님께 예배드릴 때 생활 속에서 때묻고 더러워진 저희 심령이 씻어지고 새롭게 되게 하여 주시옵고, 말씀을 들을 때 심령이 뜨거워지고 성령의 은혜로 충만해지는 시간이 되게 하여 주시옵소서. 목사님을 비롯하여 몸과 마음을 다하여 주님의 몸된 교회를 섬기시는 일꾼들을 성령의 능력으로 붙들어 주시고, 이분들의 수고를 통하여 땀 흘린 대로 아름다운 열매들이 풍성하게 맺혀지게 하시옵소서.

오늘도 주님의 귀한 말씀을 듣고 단위에 서신 목사님을 성령의 능력으로 붙드셔서 권세 있는 말씀, 축복의 말씀을 전하실 수 있도록 함께하시옵소서. 예배의 시종을 주님께 의탁하오며 저희들을 죄에서 구원하여 주신 예수 그리스도의 이름으로 기도합니다. 아멘.

| 예수님 이름으로

복음전도에 맞춘 기도문

적용 : 주일 오후예배, 수요기도회

성경 : 시 20:1~3

찬양과 감사 | 저희를 생명으로 초대하신 주님!

음부의 권세가 해치지 못하는 복을 누리게 하심을 감사합니다. 이론이나 생각이나 관념으로가 아니라 주님을 직접 경험하고 주님의 이끌림을 받기 위하여 이 자리에 먼저 머리 숙여 경배하오니 하나님의 경륜을 이해할 수 있도록 저희들을 눈을 밝혀 주시옵소서.

회개와 고백 | 역사의 주관자이신 주님!

저희들이 죄악을 토성같이 쌓을지라도 주님께서는 침묵으로 사면하심을 저희들이 아옵니다. 복음의 능력을 상실하고 경건함을 상실한 채 경건의 모양만을 흉내내는 저희들의 삶을 용서하시옵소서. 저희 안에 주님의 형상을 회복시키시고, 믿음의 승리자가 부르는 새 노래를 부를 수 있도록 도와 주시옵소서.

간구 | 잃은 양을 찾으시는 목자장 되시는 주님!

결실의 계절 가을을 맞이하여 무엇보다 저희들이 영혼구원의 결실을 맺기 원합니다. 이제껏 복음을 담대히 외쳐보지도 못했고, 복음을 위하여 시간과 물질, 몸을 드려 헌신하지 않았음을 솔직히 고백하옵니다. 저희를 긍휼히 여겨 주시옵시고, 지금부터라도 영혼구원을 위한 열정이 타오를 수 있도록 심령의 불을 붙여 주시옵소서.

주님처럼 한 영혼을 사랑하고 불쌍히 여기는 마음이 저희들 심령 깊숙이 젖어 들게 하시고, 주님의 사랑에 빚진 자임을 늘 깨달아 이 땅에 살아가

> " 환난 날에 여호와께서 네게 응답하시고 야곱의 하나님의 이름이 너를 높이 드시며 성소에서 너를 도와 주시고 시온에서 너를 붙드시며 네 모든 소제를 기억하시며 네 번제를 받아 주시기를 원하노라" (시편 20:1~3)

는 동안 구원의 복음, 생명을 살리는 복음을 힘써서 전할 수 있는 저희들 되게 하여 주시옵소서.

복음의 도구로 합당하게 쓰임 받기 위하여 저희들의 인격과 삶도 늘 변화되기를 원합니다. 말과 행동 속에서도 주님의 형체를 드러내기에 부족함이 없는 저희들 되게 하여 주시옵소서. 영혼을 사랑하는 마음으로 복음을 전하다 원치 않는 핍박을 받는다 할지라도 주님의 피묻은 십자가를 바라보며 위로를 얻게 하시옵고, 하늘의 상을 바라보며 끝까지 복음 사역을 감당할 수 있는 저희들 되게 하여 주시옵소서.

영혼구원을 위하여 늘 기도하기를 원합니다. 영혼구원에 대한 부담이 밀려올 때 한 영혼이라도 사랑할 수 있사오니 기도하는 가운데 영혼을 위한 부담이 곧 사명이 되게 하셔서 복음 전도를 위하여 마음을 쏟고, 영혼을 쏟는 구령의 사람으로 새롭게 태어나는 역사가 있게 하시옵소서.

오늘도 말씀을 듣고 단위에 서신 목사님을 성령으로 충만하게 하셔서 주님의 권세 있는 말씀을 전하시기에 조금도 부족함이 없게 하시고, 말씀을 귀 기울여 듣는 저희 모두가 놀라운 은혜를 받게 하여 주시옵소서. 예배를 돕는 손길들도 각기 주어진 책임을 다하는 대로 신령한 은혜로 채워 주시고, 주님 주시는 위로가 넘쳐 나게 하시옵소서.

예배의 시종을 주님께 의탁하오며 예수 그리스도의 이름으로 기도합니다. 아멘.

온전한 봉사에 맞춘 기도문

적용 : 주일 오후예배, 수요기도회

성경 : 고후 8:3~5 딛 2:9~10

찬양과 감사 | 교회의 머리가 되시는 주님!

저희들의 삶을 복되게 하여 주셔서 주님의 전에 나올 수 있도록 인도하여 주신 은혜를 감사합니다. 세상에는 평화가 없고 슬픔과 고통이 만연되어 있사오나 오직 주님의 은혜로 이 모든 어려움을 헤쳐 나갈 수 있게 하여 주시니 감사합니다. 아침 이슬 같고 풀의 꽃과 같은 연약한 저희들이 주님이 주시는 지혜와 힘을 얻어서 독수리처럼 영원을 지향하게 하시고, 오늘도 드리는 예배가 거룩한 산제사가 되게 하여 주시옵소서.

회개와 고백 | 죄인들을 위하여 낮고 천한 자리를 찾아오신 주님!

주님은 섬김과 섬기는 삶의 본이 되셨사오나 저희는 스스로를 높이고 섬김을 받는 일을 더욱 좋아했습니다. 주님의 겸손을 배우게 하시고, 섬기는 자로서의 삶을 살게 하여 주시옵소서.

저희들로 주님께서 당신의 몸을 이 땅에 남기신 교회의 지체가 되게 하셨사오니 믿음의 분량에 따라 지혜롭게 봉사할 수 있게 하시옵소서. 늘 하나님의 선하시고, 온전하신 뜻이 무엇인지 분별하여 저희의 뜻이 아닌 주님의 뜻으로 봉사하게 하시옵소서.

간구 | 봉사자의 중요한 자세는 자기 직분에 따라 그 역할을 잘 감당해야 될 줄로 압니다. 손은 손으로서의 발은 발로서의 머리는 머리로서의 기능을 잘 감당하는 것이 중요한줄 압니다. 각자 주님이 주신 은사로 맡은바 직분을

📖
" 내가 증언하노니 그들이 힘대로 할 뿐 아니라 힘에 지나도록 자원하여 이 은혜와 성도 섬기는 일에 참여함에 대하여 우리에게 간절히 구하니 우리가 바라던 것뿐 아니라 그들이 먼저 자신을 주께 드리고 또 하나님의 뜻을 따라 우리에게 주었도다 "
(고린도후서 8:3~5)

잘 감당하여 이 좋은 계절에 교회를 섬기는 귀한 모습이 넘쳐 나게 하시고, 풍성한 열매를 맺는 신앙이 되게 하여 주시옵소서.

자비로우신 주님!

아직도 경제가 침체의 늪을 벗어나지 못하여 사회가 매우 불안합니다. 심히 힘들고 고달픈 삶을 살아가는 사람들이 많사오니 긍휼히 여기사 이 민족이 겪고있는 사회불안과 경제 침체를 회복시켜 주시옵고, 국민 모두가 안정된 생활을 할 수 있도록 도와 주시옵소서.

특별히 영육이 궁핍한자를 불쌍히 여기시고, 목자없는 양처럼 유리하여 방황하지 않도록 사랑으로 감싸 안으시옵소서.

교회와 예배를 위하여 헌신적으로 봉사하는 손길들을 기억하시고, 주님께 아름다운 향기가 되게 하시옵소서.

이 시간도 목사님이 주님의 귀한 말씀을 들고 단위에 서셨사오니 성령의 두루마기를 입혀주시고 주님의 강하신 오른팔로 붙드셔서 성령의 권능이 쏟아지는 능력의 말씀이 되게하여 주시옵소서. 말씀을 귀 기울여 듣는 저희들 모두가 '아멘, 아멘' 하며 기쁨으로 화답할 수 있게 하시옵소서.

| 예수님 이름으로

예배의 시종을 주님께 의탁하옵고 예수 그리스도의 이름으로 기도합니다. 아멘.

조국의 통일과 안녕에 맞춘 기도문

적용 : 주일 오후예배, 수요기도회

성경 : 사 9:1~7

찬양과 감사 | 고마우신 하나님 아버지!

항상 저희들을 건강으로 지켜 주시고 믿음 안에서 살게 하심을 감사합니다. 이 시간 저희들로 하여금 진실한 예배와 기도를 드리게 하시고, 오직 주님께 영광돌리는 아름다움이 있게 하시옵소서.

회개와 고백 | 돌이켜 보건데 저희들이 주님의 사랑안에 거하면서도 그 사랑을 실천하지 못했고, 말씀안에서 바르게 살지 못했으며, 주님의 분부하신 명령도 힘써서 지키려고 하지 않았습니다. 이 시간 회개하오니 긍휼을 베푸사 용서하여 주시기를 원합니다.

간구 | 능력의 주님!

원하기는 저희 모두가 주님의 사랑을 본받아 사랑을 실천할 수 있는 사랑의 종들이 되게 하여 주시고, 말씀과 진리로 날마다 바르게 성장하게 하시며, 주님이 분부하신 전도와 선교도 힘을 다하여 실천할 수 있는 저희들 되게하여 주시옵소서. 또한 믿음의 일과 사랑의 수고와 봉사도 몸을 드려 실행하며 인내로써 소망을 이루어 가는 거룩한 주의 자녀가 되게하여 주시옵소서.

사랑이 풍성하신 하나님!

이 민족을 긍휼히 여겨 주시기를 원합니다. 통일을 소망하고 있사오나 아직도 국토의 허리가 잘려 있는 이 나라는 하나로 연결되지 못하고 있사오니, 어서 속히 민족이 하나가 될 수 있도록, 합력하여 선을 이루시는 하나님

> " 전에 고통 받던 자들에게는 흑암이 없으리로다 옛적에는 여호와께서 스불론 땅과 납달리 땅이 멸시를 당하게 하셨더니 후에는 해변 길과 요단 저쪽 이방의 갈릴리를 영화롭게 하셨느니라 " (이사야 9:1~7)

께서 함께하여 주시기를 원합니다. 남과 북을 철의 장막이 걷히고, 남북의 이산 가족들이 자유롭게 왕래할 수 있는 은혜를 더하시고, 골수에 사무쳐 있는 이산의 아픔이 더 이상 이 나라에 자리잡지 않도록 긍휼을 베풀어 주시기를 원합니다.

이제는 더 이상 인기 위주의 정책이나 정치적인 수단과 목적으로만 남북통일의 문제가 이용되지 않게 하시고, 정부와 정치인들에게 은혜를 더하셔서 전 국민의 오랜 숙원인 통일을 진정으로 이루기 위하여 땀을 쏟고, 마음을 쏟을 수 있는 진실된 위정자들이 되게하여 주시옵소서.

주님의 몸된 교회와 성도들도 이 나라의 통일을 위하여 더욱 더 무릎꿇고 부르짖게 하시고, 구원의 복음이 이 민족에 편만하여 새로운 역사가 있기까지 끊임없이 기도하는 공동체가 되게하여 주시옵소서.

오늘 저희들이 주님을 간절히 사모하는 마음으로 예배드리며 기도하고 말씀을 들을 때에 저희 심령속에 내주하시는 주님의 숨결을 강하게 느낄 수 있도록 하시고 주님이 예비하신 은혜를 넘치도록 부어주시는 축복의 시간이 되게 하시옵소서.

말씀을 전하시는 목사님을 기억하셔서 성령의 두루마기를 입혀 주시고, 놀라운 능력의 말씀을 증거하실 수 있도록 함께하시옵소서. 예배의 시종을 주님께 의탁하오며 예수 그리스도의 이름으로 기도합니다. 아멘

| 예수님 이름으로

하나님 나라 확장에 맞춘 기도문

적용 : 주일 오후예배, 수요기도회
성경 : 마 13:1~52　막 16:15~18

찬양과 감사 ｜ 인생을 바른 길로 인도하시는 주님!

　여러 갈래의 인생길이 저희 앞에 있어 유혹과 타락으로 몰아 가건만 저희들을 주님의 자녀들로 인치사 경건한 신앙의 길로 나아가게 하시니 감사합니다. 기쁨으로 찬양과 경배를 드리며 주님 앞에 나온 저희들을 미쁘게 보시고 받아 주시옵소서.

회개와 고백 ｜ 주님의 전에 나아와 영과 진리안에서 예배 드리려고 하니, 저희의 죄악이 심히 크고 중함을 느끼지 않을 수 없나이다. 악한 때에 악함에 물들어 주님의 빛을 드러내지 못했고, 불신앙의 사람들과 서로 짝하며 믿음의 길을 저버린 적이 많았습니다. 주님의 백성으로서의 자격은 아무것도 남아있지 않은 모습이오니 자비로우시며, 노하기를 더디하시며, 은혜로우시고, 인자하심이 풍성하신 하나님께서 저희들의 못난 모습을 불쌍히 여기시고 용서하여 주시옵소서.

간구 ｜ 사랑의 주님!

　밭에 심기운 겨자씨 한 알이 모든 것 보다 작은 것이로되 자란 후에는 커다란 나무가 되매 공중의 새들이 날아와서 그 가지에 깃들인다는 주님의 말씀을 되새겨 봅니다. 겨자씨 한 알이 나무가 된다는 것을 어느 누가 알겠습니까? 그러나 저희들에게는 이 놀라운 신비를 깨달을 수 있는 지혜를 주시고, 천국의 백성으로 삼아주셨사오니 주님의 은혜가 말로다 형언키 어려울 정도로 크심을 깨닫습니다.

" 또 이르시되 너희는 온 천하에 다니며 만민에게 복음을 전파하라 믿고 세례를 받는 사람은 구원을 얻을 것이요 믿지 않는 사람은 정죄를 받으리라 "
(마가복음 16:15~16)

이제 저희의 삶 가운데 심기운 천국의 씨앗도 날마다 자라고 그 잎이 무성하여져서 천국을 보여주는 삶을 살 수 있는 저희들 되게하여 주시옵소서. 천국의 복음도 힘차게 전할 수 있는 저희들 되게 하시고 저희의 삶속에 고통스러운 것이 있다해도 천국 복음을 전하는 생활을 하게될 때 깨끗이 치유될 줄을 믿습니다.

은혜로우신 주님!

"너희는 이 세대를 본받지 말고 오직 마음을 새롭게 함으로 변화를 받아 하나님의 선하시고 온전하신 뜻이 무엇인지 분별하도록 하라"고 하셨으니 저희 교회가 성령 충만한 교회가 되게 하셔서 이 세상 유혹에 빠지지 않게 하시고, 주님의 선하신 뜻을 이루는 교회가 되게하시고 무엇보다도 전 성도가 그리스도의 영으로 충만하여 사랑과 섬김이 넘치는 교회가 되게 하시며 모든 성도들이 형제를 위하여 자신을 희생함으로 헌신이 넘치는 교회가 되게 하여 주시옵소서.

오늘도 주님의 말씀을 증거하시는 목사님께 성령의 두루마기를 입혀 주시고, 저희의 심령골수를 쪼개고 신앙의 썩은 부위를 도려내는 능력의 말씀이 되게하여 주시옵소서.

| 예수님 이름으로

예배의 시종을 주님께 의탁하오며 예수 그리스도의 이름으로 기도합니다. 아멘.

예배의 회복에 맞춘 기도문

적용 : 주일 오후예배, 수요기도회
성경 : 히 10:24~25 사 50:10

찬양과 감사 | 보호하시고 섭리하시는 주님!
지난 삼일 동안도 지켜주시고 인도하심을 감사 드립니다.

회개와 고백 | 회개하는 인생들을 오늘도 다시 불러주신 주님!
인자하신 주님의 사랑이 그리워 검붉은 죄악을 안고 나왔습니다. 주님의 뜻대로 살 것을 다짐 하면서도 늘 저희의 자신의 힘을 자랑하며, 교만한 모습으로 사는 무지와 불신앙을 용서하여 주시옵소서.

저희들은 그 옛날 이스라엘 백성들처럼 주님 보시기에 목이 곧아 있는 백성임을 고백합니다. 늘 주님 보시기에 철없는 모습으로 살아가는 저희들을 불쌍히 여겨 주시고 이 시간도 끝까지 참아 주시는 주님의 사랑을 깨닫는 시간이 되게하여 주시옵소서.

간구 | 수요 기도회가 소홀히 취급되는 오늘의 신앙 흐름을 보면서 저희들도 같은 공범자임을 깨닫지 않을 수 없나이다. 형식적인 예배, 힘없는 예배로 바뀌어 가는 오늘의 이 아픔을 보면서도 아무렇지도 않은 듯 가만히 있는 저희들의 모습이 심히 부끄럽습니다.

이제 수요 기도회도 주님께서 임재하시는 예배가 될 수 있도록 적극적으로 참여하는 저희들 되게 하시고 뜨거운 기도로 성령의 교통하심을 강하게 느끼는 예배가 되게 하시옵소서.

오늘도 지친 인생으로 살아가는 저희들을 위로하여 주시고 고달프고 상

📖

" 너희 중에 여호와를 경외하며 그의 종의 목소리를 청종하는 자가 누구냐 흑암 중에 행하여 빛이 없는 자라도 여호와의 이름을 의뢰하며 자기 하나님께 의지할지어다 "
(이사야 50:10)

처받은 심령마다 주님의 피 묻은 손으로 어루만져 주셔서 새 힘을 얻고 돌아가는 발걸음이 되게 하시고 복잡한 삶 속에서 강퍅해진 저희의 심령이 눈 녹듯이 녹아지는 시간이 되게하시옵소서.

오 주님!

영적인 시야를 넓힐 수 있는 시간이 되기를 원합니다. 주님의 주권을 고백할 수 있는 시간이 되기를 원하며 담대한 복음 전도자로 부름 받을 수 있는 시간이 되기를 원하며 새로운 심령으로 거듭나게 하시옵소서.

오늘도 주님의 귀한 말씀을 듣고 단위에 서신 목사님을 성령의 능력으로 붙드셔서 놀라운 주님의 말씀을 듣는 순간 죄악된 자신을 발견하며 마음을 쏟고 영혼을 쏟는 참회가 터져 나오게 하시옵소서.

예수님 이름으로

예배의 시종을 주님께 의탁하오며 예수 그리스도의 이름으로 기도합니다. 아멘.

교인의 의무에 맞춘 기도문

적용 : 수요기도회

성경 : 마 5:13~16

찬양과 감사 | 사랑이 풍성하신 하나님 아버지!

지난 삼일 동안도 저희들을 은혜의 빛으로 인도하여 주시다가 주님의 교회로 다시 불러모아 주셔서 주님과 대면할 수 있게 하시고 기도로 주님과 교제할 수 있도록 이끌어 주시니 감사합니다.

회개와 고백 | 오늘 저희들이 주님의 십자가의 공로를 힘입어 이 전에 나왔지만, 저희들의 모습은 심히 아름답지 못하고 추악한 것들로 가득 차 있음을 고백하지 않을 수 없나이다. 늘 저희들 중심에 죄와 욕심을 담고 제 주장 만을 앞세우는 삶을 살아왔기에 주님을 대하기가 너무나 부끄럽사오니 저희를 긍휼이 여기사 용서하여 주시길 원합니다.

다시금 저희를 성령의 능력으로 강하게 붙들어 주셔서 기쁨이 충만한 가운데 주님이 원하시는 길을 걷게 하시고, 주님이 미워하시고 노를 격발하시는 세속적인 욕심과 정욕을 버리고 새 생명을 위하여 자신을 내어주신 주님의 피묻은 십자가 사랑을 본받아, 주님의 영광을 드러내고 주님의 뜻을 좇으며 살아갈 수 있는 저희들이 되게하여 주시옵소서.

간구 | 이 사회가 불안의 파도들이 여기 저기 넘실거리고 있습니다. 탄식의 소리가 들리고 있습니다. 이러한 때에 주님의 사랑을 넘치도록 받은 저희들이 더욱 엎드리고 기도해야만 될 줄로 압니다. 살아 있으나 모든 것이 죽어 있는 것같은 이 사회가 예수의 숨결, 생명의 숨결을 체험할 때까지 눈물로 주

> " 너희는 세상의 소금이니 소금이 만일 그 맛을 잃으면 무엇으로 짜게 하리요 후에는 아무 쓸 데 없어 다만 밖에 버려져 사람에게 밟힐 뿐이니라" (마태복음 5장 13절)

님을 찾을 수 있는 저희들이 되게 하시고, 주님이 허락하신 참 평화가 이민족 곳곳에 가득 넘칠 때까지 무릎 꿇고 가슴을 치며 부르짖을 수 있는 저희들 되게하여 주시옵소서.

특별히 고통과 신음이 가득한 이 사회를 주님의 교회가 성령으로 하나되게 하시고 미움과 다툼이 쉬임없이 일어나는 곳에 주님의 사랑을 심어 줌으로써 한마음 되게 하는데 그 역할을 감당하는 교회가 되게 하시옵소서.

교회 안에도 상처 받고 멍든 심령으로 주님의 도우심을 간절히 호소하는 성도들이 많이 있습니다. 상한 심령을 치유하시고, 싸매어 주시는 우리 주님께서 매일의 삶에 힘겨워 하지 않도록 긍휼을 베풀어 주시고, 그 삶을 윤택케 하여 주시길 원합니다. 오늘 저희들이 주님의 은혜를 간절히 사모하는 마음으로 예배드리며 기도하고 말씀을 들을 때에 저희들의 심령속에 내주하시는 주님의 사랑을 강하게 느낄 수 있게 하시고 주님의 음성을 듣는 축복의 시간이 되게 하시옵소서.

말씀을 전하시는 목사님을 성령의 능력으로 붙들어 주시기를 원합니다. | 예수님 이름으로
더욱이 상처 받고 마음 아파하는 심령들이 늘어나는 이때에 그들의 상한 마음들을 주님의 말씀으로 치유하고 싸맬 수 있도록 갑절의 능력을 부어 주시옵소서.

예배의 시종을 주님께 의탁하오며 예수 그리스도의 이름으로 기도합니다. 아멘.

사순절 기간에 맞춘 기도문

적용 : 수요기도회
성경 : 히 10:19~20,22

찬양과 감사 | 영광 받으시기에 합당하신 주님!

이 시간에도 연약하고 부족한 저희들을 부르셔서 주님의 한 없는 구속의 은총을 경험하게 하시니 그 은혜에 감격할 뿐입니다. 더욱 더 구속의 약동을 느끼는 3월의 봄을 보내게 하시고, 주님의 피 묻은 십자가를 바라보며 참회의 고백이 넘쳐 나는 삶을 이어가게 하시옵소서.

회개와 고백 | 사랑의 주님!

저희들이 십자가로 구속하신 주님의 은혜를 받은 자들이면서도 주님이 싫어 하시는 것들만 일삼으며 방만한 삶을 살았던 것을 고백하지 않을 수 없습니다. 주님이 구하시는 제사는 상한 심령이요, 상하고 통회하는 자들을 멸시치 아니하신다고 하셨으니 저희의 허물을 사하여 주시고 용서하여 주시기를 원합니다. 이 시간 주님 안에 있는 생명의 성령의 법이 죄와 사망의 법에서 저희를 해방시키시는 주님의 은총을 경험하게 하시고 주님이 주시는 생명은 죄로 인하여 죽어가는 영혼에 불을 피워주고 의미 없는 삶에 가치를 주시는 생명이심을 확신합니다.

간구 | 자비하신 주님!

주님의 피로 세우신 교회가 십자가의 사랑과 생명이신 주님을 드러내는 교회가 되기를 원합니다. 세속적인 것으로 주님의 피 묻은 자리를 대치하지 말게 하시고, 고통 받는 이웃을 십자가의 사랑으로 부요케 하는 교회가 되게 하소서. 오늘 모인 저희들도 영혼과 육신과 범사에 주님의 대속의 은총

> " 그러므로 형제들아 우리가 예수의 피를 힘입어 성소에 들어갈 담력을 얻었나니 그 길은 우리를 위하여 휘장 가운데로 열어 놓으신 새로운 살 길이요 휘장은 곧 그의 육체니라 " (히브리서 10:19~20)

이 강물처럼 흐르게 하시고, 고난의 잔을 마시기를 거부하지 아니하고 피땀 흘려 기도하시며 순종하셨던 주님의 순종의 마음을 저희 심령 가운데 채워 주시옵소서.

구원의 주님!

이 조국의 고난을 돌아 보시기를 원합니다. 말할 수 없는 고통의 늪에 잠겨있는 이 조국땅에 주님의 십자가 복음이 편만히 전파되게 하시옵고, 이 나라 백성들로 하여금 주님의 사랑안에서 안식과 평안과 새 삶을 누리게 하여 주시옵소서.

주님의 백성들이 영적으로 성장해 가는 것을 최고의 기쁨과 행복으로 삼고 목양에 전념하고 계신 목사님을 성령께서 늘 함께하시고 붙들어 주시기를 원합니다. 오늘도 주님의 귀한 말씀을 선포하시기 위하여 단위에 서셨사오니 생명의 복음을 힘있게 증거할 수 있도록 도와 주시옵소서.

어렵고 힘든 생활 가운데서도 주님을 더욱 사랑하기를 원하며 주님의 몸 된 교회를 위하여 애쓰는 성도들을 기억하시고, 맡은바 직책과 직분도 기쁨으로 감당할때마다 성령의 크신 위로가 넘치게 하시옵소서.

예배의 시종을 주님께 의탁하오며 죄악에 물들어 고통하는 저희들을 주님의 피로 깨끗이 씻어주시고 영생의 나라로 옮겨주신 예수 그리스도의 이름으로 기도합니다. 아멘.

신앙의 승리에 맞춘 기도문

적용 : 수요기도회

성경 : 신 31:6

찬양과 감사 | 저희를 찾으시는 여호와 하나님!

비록 약하고 추해도 주님 앞으로 나오라고 부르시고 힘을 더하여 씻어 주시는 주님. 저희들이 이 부르심을 받들어 지금 나왔습니다. 세월을 흘러 가는데 주님의 부르심의 은혜에 응답하지 못한 인생이 얼마나 많은지 모릅니다. 단지 주님 앞에 나온 것으로만 만족하지 말게 하시고, 이웃과 함께 주님을 부르며 씻김의 은혜를 사모하는 저희들이 되게 하여 주시옵소서.

회개와 고백 | 사랑의 하나님!

지난 삶을 돌이켜 보건데 더럽고 추한 삶이었습니다. 그동안 묻은 때와 세상적인 것들로 물든생각, 생활자세, 말씀에 대한 소외 등 모든 것들을 씻어낼 수 있게 하시고, 새로워지는 은총을 내려 주시기를 원합니다. 기도할 때 회개케 하셔서 그 입술도 정결케 하시고, 말씀을 들을 때 깨달음이 있게 하셔서 돌이켜 말씀을 의지할 수 있게 하시옵소서.

간구 | 자비하신 하나님!

저희들에게 더욱 큰 믿음을 주시기를 원합니다. 인생의 길에서 저희들의 삶 속에서 만나는 고통이나 슬픔이 있다고 하더라도 굳센 믿음 속에서 낙심하지 않도록 도우시고, 저희로 하여금 연약한 인생을 살지 않도록 도와주시옵소서. 허덕이며 끌려다니는 모습이 아니라 내게 주어진 어려움이 있다 하더라도 그것을 이끌어가는 모습이 되게하여 주시옵소서.

시련의 밤이 깊고 환난의 모진 바람이 멈추지 않는 때 일수록 악한 마귀

" 너희는 강하고 담대하라 두려워하지 말라 그들 앞에서 떨지 말라 이는 네 하나님 여호와 그가 너와 함께 가시며 결코 너를 떠나지 아니하시며 버리지 아니하실 것임이라 하고 "(신명기 31:6)

는 때를 만나듯 저희들을 넘어뜨리려고 온갖 수단과 방법을 동원할 것입니다. 사단 마귀의 궤계에 넘어가지 않도록 능력의 오른팔로 붙들어 주시고, 주님의 언약의 말씀을 굳게 붙들고 믿음의 길에서 승리하는 저희들 되게 하여 주시옵소서.

은혜로우신 하나님!

세상의 황토먼지 휘날리는 척박함이 계속된다 할지라도 주님의 교회만큼은 생명을 살리는 은혜의 단비가 늘 충만하게 하시고, 단비를 받은 초목이 힘있게 되살아 나듯 생명으로 넘치고 성장하는 교회가 되게 하여 주시옵소서. 소망이 끊겨져 버린 이 시대에 소망을 심어줄 수 있는 교회가 되게 하시고 빛을 잃어버린 이 시대에 빛을 밝게 비출 수 있는 교회가 되게 하소서.

세상에는 안식이 없고 슬픔 뿐이온지라 이 시간 주님의 은혜를 갈급해하며 사모하는 심정을 가지고 주님의 전을 찾은 저희에게 주님의 신령한 은혜로 충만케 하사 기쁘고 평안이 넘치게 하여 주시옵소서.

오늘도 시대의 아픔을 안타까워 하며 주님의 말씀으로 치유되기를 원하여 말씀을 들고 단위에 서신 목사님을 기억하시고, 성령의 능력으로 붙들어 주셔서 권세있는 말씀이 되게하여 주시옵소서.

예배의 시종을 주님께 의탁하오며 예수 그리스도의 이름으로 기도합니다. 아멘.

예수님 이름으로

직분 임명에 맞춘 기도문

적용 : 주일 낮예배

성경 : 고전 4:2 계 2:10

찬양과 감사 | 저희들의 소망이 되시고 빛이 되시는 하나님 아버지!

저희들에게 새로운 해를 주시고 기쁨가운데 새해의 첫 주일을 맞이하게 하시니 참으로 감사합니다.

회개와 고백 | 지나온 날들을 생각할 때 부끄러운 것 뿐이라서 주님앞에 나온 저희들은 고개들 용기조차 없지만 참회하는 마음으로 예배 드리고자 하는 저희들의 심령에 위로가 있기를 원합니다.

간구 | 은혜로우신 하나님 아버지!

새해에는 저희들 모두가 성령의 열매를 거두어 영적인 풍요가 넘치는 삶을 살게하시고, 복음을 증거하며 부요케 하는 자들이 되게 하여 주시옵소서.

특별히 오늘은 새해 첫 주일을 맞아 주님의 몸 된 교회를 위하여 충성하고 봉사할 직분 임명이 있습니다. 주님의 거룩한 피흘림이 있었기에 오늘 저희가 여기에 있게 되었고, 주님의 희생 사역이 있었기에 오늘 저희들이 주님이 쓰시는 영광된 일꾼으로 부름받게 된 것을 믿습니다.

그러나 저희는 아직도 여전히 죄인으로서의 모습이 있고 세속적인 삶과 짝하기를 더 좋아하는 옛모습이 남아 있지만 주님이 맡기시는 영광된 직분에 회개하는 마음으로 열과 성을 다하여 충성하고 헌신하는 일꾼들이 되게 하시고, 주님의 교회를 위하여 주님께 충성하듯 믿음의 권속들을 위하여

" 그리고 맡은 자들에게 구할 것은 충성이니라 " (고린도전서 4:2)

수종들 수 있는 일꾼들이 되게 하시고, 어렵고 힘든 일일수록 앞장서서 일하게 하시고, 믿음이 연약한 자들을 사랑으로 이끌어 주며, 주님을 위한 일이라면 불속에라도 들어갈 수 있는 일꾼들이 되게하여 주시옵소서.

또한 주님의 몸된 교회를 든든이 세우는 일꾼들이 되게 하시고, 주님의 향기를 드러내는 일이라면 물질적으로도 아끼지않고 깨뜨릴 수 있는 일꾼들이 되게 하시고 언제나 겸손하게 하시고, 언제나 사랑하게 하시고, 언제나 자기를 낮추게 하시고, 언제나 기도하는 일꾼들이 되게 하여 주시옵소서.

자비로우신 하나님 아버지!

여기에 모여 예배드리는 한사람 한사람 마다 신령한 은혜를 체험하는 시간이 되게 하시옵소서.

특별히 말씀을 강론하시는 목사님을 붙드시고 말씀을 통해 새로운 눈을 떠서 새 하늘과 새 땅을 바라보는 신령한 은혜가 넘치게 하시옵소서.

예배를 위하여 수종드는 손길들이 있습니다. 주님의 신령한 은혜를 더하여 주시어서 즐거운 마음으로 수종들게 하시고, 몸을 드린 것 만큼 영적인 기쁨도 충만하게 하시옵소서.

예배의 시종을 주님께 의탁하오며 예수 그리스도의 이름으로 기도합니다. 아멘

성례식에 맞춘 기도문

적용 : 주일 낮예배

성경 : 요 3:1~8 행 2:23 벧전 3:21

찬양과 감사 저희의 모든 기쁨의 근원이 되시는 아버지여!

저희들이 뜻을 모아 정성껏 드리는 이 예배를 받아 주시고 주님의 능력으로 새롭게 하여 주소서. 이 시간을 통하여 우리가 하나님을 만나는 거룩한 경험을 가져 진리에 대한 이해를 깊게 할 수 있도록 도우시고, 진리와 평화를 마음에 간직하는 자들이 되게하여 주시옵소서.

회개와 고백 지난 한주간을 돌이켜 봅니다. 주님의 용서을 구할 수 밖에 없는 삶이었음을 고백합니다. 영적인 일에 우선하기보다 썩을 양식을 위하여 몸부림쳐야 했던 저희들의 모습입니다. 세상의 욕심에 눈이 멀고, 이웃을 위해 선한 일을 하지 못하고, 오히려 귀찮아 했던 저희들입니다. 영생하도록 있는 양식을 위해 일하지 못했던 저희를 불쌍히 보시고 오늘 주님 앞에 아뢰는 허물이 다윗의 고백처럼 진정한 것이 되어서 주님의 긍휼과 용서를 받을 수 있게 하시옵소서.

간구 새롭게 하시는 주님!

오늘은 성례식이 있습니다. 학습, 입교, 세례를 받는 성도들을 기억하시고 이제껏 말씀과 기도로 잘 준비해 왔사오니 성례식이 거행될 때에 성령님께서 역사하여 주시어서 이 예식을 받는 자나 참예하는 자 모두가 신령한 은혜로 충만하게 채워지는 시간이 되게 하시옵소서. 특히 세례는 하나님의 백성으로 인정 받는 귀한 예식이오니 그가 새롭게 태어나 하나님의 뜻에 충성을 다하기로 굳게 결심하는 기회를 갖게 하시옵고, 주님의 백성으로 인정

" 물은 예수 그리스도께서 부활하심으로 말미암아 이제 너희를 구원하는 표니 곧 세례라 이는 육체의 더러운 것을 제하여 버림이 아니요 하나님을 향한 선한 양심의 간구니라 " (베드로전서 3:21)

받아 그 가정을 구원하며 친척과 이웃들에게도 하나님을 증거하며 받은바 크신 사랑을 나타낼 수 있도록 성령께서 인도 하여 주시옵소서. 이제부터는 세상이나 자신을 제일로 삼을 것이 아니라 주님을 제일로 삼으며 세상 관습이 아니라 주님의 법에 따라 살고자 힘쓰는 믿음이 될 수 있도록 주님의 강한 손으로 붙들어 주시고 그 가정도 축복하여 주시사 온전히 주님을 모시고 살게 하시며 그의 앞날과 계획하는 것들도 주님의 섭리가운데 이루어지게 하시옵소서.

치료하시는 주님!

이 시간 주님의 전을 찾아 나온 성도들 중에 육신의 연약함, 질병의 무거운 짐을 지고 있는 성도가 있습니까? 이 거룩한 예식에 참예할 때에 신음과 고통이 사라지고 위로하시는 주님의 음성을 들을 수 있게 하시고, 회복되고 치료되는 주님의 은총이 있게 하소서.

이 시간 성례식을 집례하시는 목사님을 붙드시고, 귀한 말씀을 선포하실 때 능력을 더하여 주셔서 주님의 말씀을 듣는 저희들 모두가 새롭게 하시는 주님의 은혜를 체험하는 시간이 되게 하시옵소서. 예배를 돕는 손길들을 기억하시고, 주님의 일을 힘써서 할 때마다 새로움으로 채우시는 주님의 은혜를 경험하게 하소서.

| **예**수님 이름으로 |

예배의 시종을 주님께 의탁하오며 예수 그리스도의 이름으로 기도합니다. 아멘

성찬식에 맞춘 기도문

적용 : 주일 낮예배

성경 : 요 6:56~57 고전 11:23~29

사랑의 주님!

미천한 저희들을 용서하시고, 저들의 죄를 사하시기 위해 험한 십자가를 지신 주님을 생각할 때마다 주님의 한 없는 사랑과 놀라운 은혜에 감사와 찬송을 올립니다.

아무 죄도 없으신 주님께서 저희들을 대신하여 고통을 당하시고 십자가에서 몸을 찢으시고 물과 피를 흘리신 것을 생각하면 눈물만 흘릴 뿐이옵니다. 주님의 피 묻은 십자가를 생각할 때마다 저희의 추악함과 사악함을 고백하지 않을 수 없나이다.

저희들의 죄 짐을 홀로 지시고 피 흘려 돌아가시기까지 사랑해 주신 은혜의 주님 앞에 이 시간 저희의 죄악들을 눈물로 아뢰옵니다. 십자가의 피로써 씻겨 주시고 용서하여 주시옵소서.

오늘은 주님께서 저희들을 위하여 살을 찢으시고 피를 쏟으신 것을 기념하여 성찬 예식을 거행합니다. 아무런 감각 없이 성찬예식에 참여하는 저희들 되지 말게 하시고 주님의 상처를 진정으로 아파하고 주님의 죽으심을 심령 깊숙이 안타까워하며 성찬 예식에 참여할 수 있는 저희들 되게하여 주시옵소서.

또한 이땅에 계시는 동안 마지막 피 한 방울 까지도 아낌없이 쏟으셨던

" 내 살을 먹고 내 피를 마시는 자는 내 안에 거하고 나도 그의 안에 거하나니 살아 계신 아버지께서 나를 보내시매 내가 아버지로 말미암아 사는 것 같이 나를 먹는 그 사람도 나로 말미암아 살리라 "(요한복음 6:56~57)

주님의 사랑을 본받아 오늘 저희들도 저희 자신을 내어주는 희생의 욕구를 충족시키는 삶을 살게 하시고, 수치와 모욕을 당하시면서도 끝까지 분노를 쏟지 않으셨던 그 인자하심을 본받아 오늘 저희들도 겸손의 삶을 실천할 수 있는 주님의 종들이 되게하여 주시옵소서.

이시간 성찬 예식을 집례하시는 목사님을 성령께서 붙드시고, 성찬에 참예하는 저희들 모두가 주님의 살과 피를 먹고 마시며 눈물로 회개케 하시고, 주님의 험한 십자가를 결코 놓지 않으리라는 다짐이 있게 하시옵소서.

예배와 예식의 모든 순서를 주님케 의탁하오며 예수 그리스도의 이름으로 기도합니다. 아멘

여름행사에 맞춘 기도문

적용 : 주일 오후예배, 수요기도회

성경 : 욜 2:28

찬양과 감사 | 저희를 불러주신 하나님 아버지!

아무 쓸모없는 저희들을 가장 큰 영광의 자녀로 삼으시고, 택한 백성으로서의 권리를 허락해 주시니 감사합니다. 각기 모습이 다르고 성품도 다르지만 한가지 일치하는 것은 하나님을 알고 경외하는 믿음을 가졌다는 것입니다. 아버지께서 이것을 소중히 여기사 저희들을 부르셨사오니 저희들도 이 믿음 하나만으로 하나님과 관계를 맺어 자녀로서의 삶을 살게하여 주시옵소서.

회개와 고백 | 무더운 여름 날씨에 뜨거운 태양빛 처럼 주님을 사모합니다. 더위 속에서 쏟아지는 한줄기 소나기처럼 저희의 해묵은 죄악들이 씻겨나갈 수 있기를 간절히 원합니다. 저희의 심령에 은혜의 단비를 내려 주셔서 죄사함의 은총이 넘쳐 나게 하시옵소서.

간구 | 능력이 많으신 하나님 아버지!

여름을 맞이하여 주일학교 및 기관에서 여름행사를 준비하고 또 실시하고 있습니다. 특별히 여름 성경학교와 학생회 수련회 청년 대학부의 수련회를 기억 하시기를 원합니다. 여름 성경학교를 계획하고 준비하여 실시하고 있는 교사들에게 함께 하셔서 형식적이거나 때우기식의 여름 성경학교가 아니라 어린 학생들의 심령들을 말씀으로 잘 교육시키고, 신앙으로 성장시킬 수 있는 여름 성경학교가 되게 하시고, 전도의 문도 활짝 열려져서 여름 성경학교를 통하여 믿지않는 많은 학생들이 주님 앞으로 돌아오는 역사

" 그 후에 내가 내 영을 만민에게 부어 주리니 너희 자녀들이 장래 일을 말할 것이며 너희 늙은이는 꿈을 꾸며 너희 젊은이는 이상을 볼 것이며 " (요엘 2:28)

가 있게 하시옵소서.

몸을 깨뜨려 수고하시는 모든 선생님들에게 함께 하셔서 꿈나무들에게 바른 신앙을 심어주는 것이 한국교회의 미래를 살리는 것이라 생각하면서 고달프고 힘들지라도 사명감을 가지고 희생의 욕구를 충족시킬 수 있는 선생님들이 되게하여 주시옵소서.

학생회, 청년 대학부의 수련회에 함께 하셔서 열매를 많이 맺어 주님께 영광 돌리는 수련회가 되게 하시고, 모든자들에게 신앙의 도약을 할 수 있는 수련회가 되게 하시옵소서. 진행을 맡아 수고하는 진행 위원들과 물질적인 후원을 아끼지 않은 사랑의 손길들과, 직접 수련회 현장까지 따라가서 궂은 일을 하는 여전도회 회원들에게 함께하셔서 그 수고함이 주님앞에 향기가 되게 하시고, 몸을 깨뜨리는 수고 속에 능력이 깃들게 하시는 주님의 은혜를 경험하게 하시옵소서. 불꽃 같은 눈동자로 지켜 주시고, 가슴 벅찬 주님의 은혜를 경험할 수 있는 축복의 수련회가 되게하여 주시옵소서.

오늘도 주님의 말씀을 전하시는 목사님을 성령의 능력으로 붙드셔서 신앙의 적색 신호들이 켜지기 쉬운 이때에 심령의 불을 붙이는 놀라운 말씀이 될 수 있도록 함께하시옵소서.

예배의 시종을 주님께 의탁하오며 예수 그리스도의 이름으로 기도합니다. 아멘

| 예수님 이름으로

수재민에게 맞춘 기도문

적용 : 주일 오후예배, 수요기도회
성경 : 시 147:3

찬양과 감사 | 나의 힘이 되신 여호와여, 내가 주님을 찬양합니다.
　오늘도 저희 발걸음을 인도하셔서 주님 앞에 나와 예배하게 하시니 감사합니다. 죄 많고 속된 세상에서 마음과 영혼이 시달리고 더러움에 눌려 가슴이 터질 것만 같았나이다. 저희의 온전치 못한 모습을 사랑으로 감싸 안아 주시고, 용서하여 주시며 은혜로 위로하여 주셔서 더욱 든든한 믿음으로 무장될 수 있도록 이끌어 주시옵소서.

회개와 고백 | 긍휼의 주님!
　주님의 사랑을 구하면서도 이웃에게 사랑 베풀기를 너무도 소홀히 했음을 고백합니다. 내 개인의 영생에만 관심을 가졌을 뿐, 주님이 천하 보다 더 귀하게 여기시는 생명들을 향해 전도하는 일조차 망각하고 너무나 이기적인 잘못을 저질렀음을 고백하오니 용서하시고 이 잘못된 태도를 고칠 수 있도록 성령의 능력으로 함께하여 주시옵소서.

간구 | 위로의 주님!
　뜻하지 않은 폭우로 인하여 수마가 삼키고 간 흔적들 때문에 고통 당하는 이웃이 있습니다. 많은 사람들이 생명을 잃었고, 애써 가꾼 농작물도 사토속에 묻혀 버렸습니다. 졸지에 가족을 잃은 사람들과 모든 재산을 잃고 망연자실한 수재민들을 불쌍히 여기시고 위로하여 주시기를 원합니다. 하늘을 원망하며 비탄 속에 잠겨있는 저들이 되지 말게 하시고 이번을 계기로 인간이 추구하는 이땅의 모든 것들이 덧없고 부질없는 것임을 깨달아 영원

" 상심한 자들을 고치시며 그들의 상처를 싸매시는도다 " (시편 147:3)

한 생명을 주시는 결단의 기회가 되게하여 주시옵소서.

슬픔에 잠긴 이웃을 위하여 그 고통을 함께 나누고 이웃을 헤아리는 따뜻한 온정을 보낸 손길들을 기억하시고, 삶이 얼마나 아름답고 고귀한 것인지를 절실히 깨닫는 계기가 되게 하시옵소서. 주님의 몸 된 교회도 어려움을 당한 이웃을 위하여 선한 사마리아처럼 사랑을 보여줄 수 있는 공동체가 되게 하시고, 퍼주고 나눠줌으로 주님의 사랑을 몸으로 실천할 수 있는 공동체가 되게 하시옵소서.

오늘 이 자리에 나온 성도들 가운데 연약해진 심령들이 있습니까? 고통에 시달리는 심령들이 있습니까? 주님의 도우심이 절대적으로 필요한 영혼들이 있습니까? 이 시간을 통하여 신앙의 힘을 얻게 하시고, 새 능력을 얻게 하여 주시옵소서. 외로운 마음들이 위로를 받게 하시며, 마음 답답해 하는 심령들이 참 평안을 얻게 하여 주소서. 확신과 신뢰의 바탕위에 내일에 대한 소망이 넘치는 생활이 되게하여 주시옵소서.

이 시간 주님의 말씀을 증거 하시기 위하여 단위에 서신 목사님을 성령의 능력으로 붙드셔서 상처많고 아픔이 많은 이 시대의 소망을 심어주는 말씀이 되게하여 주시옵소서.

| 예수님 이름으로

예배의 시종을 주님께 의탁하오며 예수 그리스도의 이름으로 기도합니다. 아멘

노회 주간에 맞춘 기도문

찬양과 감사 찬송을 받으실 영원하신 하나님 아버지!

지난 한 주간도 주님의 사랑과 은혜로 저희와 함께하여 주신것을 감사합니다. 오늘 이 시간에도 주님 앞에 머리 숙인 저희들에게 영광의 빛으로 비춰고, 오직 주님만을 찬미하는 기쁨의 시간이 되게하여 주시옵소서.

회개와 고백 능력의 하나님!

주님의 주시는 능력과 힘이 없이는 저희는 늘 넘어지오니 좌로나 우로나 치우치던 저희의 지조없는 생활을 용서하시고, 심지가 굳은 주님의 사람이 되게하여 주시옵소서. 어리석고 무지한 저희를 하늘의 지혜로 채우사 밝고 빛 된 생활을 할 수 있게 하시옵소서.

간구 은혜로우신 하나님!

이번 주간에는 정기 노회가 있습니다. 성 노회 위에 함께 하셔서 주님의 뜻을 높이고 지 교회의 형편을 살피며, 노회에 참석하시는 총대 목사님 이하 장로님들에게도 주님께 영광 돌리는 은혜스러운 노회가 될 수 있도록 인도하여 주시옵소서. 반목과 다툼이 없게 하시고, 회무를 처리할 때마다 은혜가 넘쳐 나게 하시옵소서. 노회 산하에 어려운 교회도 있습니다. 약한 교회가 든든히 서 가기까지 물심양면으로 후원하고 지원할 수 있는 노회가 되게 하시고, 먼저 된 교회가 나중 된 교회를 살필 수 있는 헤아리는 축복을 더하여 주시옵소서.

회무를 진행하는 임원들에게도 함께 하셔서 먼저 주님 앞에 엎드림이 있게 하시고 주님께 영광 돌리며, 노회 회원들에게는 평생 잊혀지지 않는 아름다운 노회로 남을 수 있도록 이끌어 주시옵소서.

오늘 이 은혜로운 자리에 육신의 일에 얽매여서 참석하지 못한 성도들이 있습니다. 육신의 일에 항상 마음을 빼앗기고 넘어지는 성도들을 불쌍히 여겨 주시옵고, 주님을 재물과 겸하여 섬길 수 없음을 깨달아 주님께 영광 돌리며 사는 복된 삶이 될 수 있도록 이끌어 주시옵소서. 또한 이 은혜로운 자리에 나오고 싶어도 어쩔 수 없이 참석하지 못한 성도들이 있습니다. 어디서 무엇을 하든지 이 자리에 함께 하시는 주님의 은총이 저들에게도 있게 하여 주시옵소서.

이 시간 단위에 세우신 목사님을 능력의 오른팔로 붙들어 주시사 권세있고 능력 있는 말씀을 선포하실 수 있도록 도와주시옵소서. | **예수님 이름으로**

특별히 사랑의 수고를 위하여 몸을 아끼지 않는 목사님, 여러 교역자님, 그리고 제직들을 기억하시고, 이분들의 사랑의 수고를 통하여 아버지 하나님과 그의 아들 예수 그리스도와 함께하는 사귐과 교제와 온정과 사랑과 은혜가 샘솟듯 넘치는 교회가 되게 하시옵소서.

예배의 시종을 주님께 의탁하오며 예수 그리스도의 이름으로 기도합니다. 아멘.

기관 총회에 맞춘 기도문

영원하신 왕, 저희들의 통치자가 되시는 하나님!

예수 그리스도를 통하여 우리를 구원하시고 늘 보호하여 주시며, 은혜의 길로 인도하여 주심을 감사합니다. 이제 영원한 나라를 바라보며 믿음으로 나아가는 저희들을 굳세게 붙들어 주셔서 좌로나 우로나 치우치지 않게 하시옵소서. 이 시간 주님께 예배하는 저희들을 돌아보시고 소망과 평안과 위로속에 거할 수 있도록 은혜내려 주시옵소서.

주님! 이 해가 벌써 얼마남지 않아 새 날을 기다리는 것처럼 떨리는 마음으로 주님께서 약속하신 새 하늘과 새 땅을 바라봅니다. 믿음의 눈으로 그 나라가 매우 가까이 다가 왔음을 깨닫게 됩니다. 오직 믿음으로, 오직 하나님을 위하여 남은 날을 살아가겠습니다. 세세토록 주님께서 저희들에게 왕으로 통치하시옵고, 성령의 능력으로 역사하시옵소서.

공의로우신 하나님!

교회의 각 기관마다 새 일꾼을 선출하는 총회를 하고 있습니다. 사람이 제비를 뽑으나 그 걸음을 인도하시는 분은 여호와시라고 하셨사오니 인간의 생각이나 판단대로 하지않게 하시고, 마음과 생각을 주관하시는 주님의 뜻이 나타나는 총회가 되게하여 주시옵소서.

총회로 인하여 상처 받는 심령들이 없게 하시고, 아울러 교만해지는 심령들이 없게하여 주시옵소서. 임원으로 선출되면 더욱 충성하고 봉사하라는 주님의 채찍인 줄 깨닫게 하시고, 임원이 못되면 주님처럼 낮아짐을 배우라는 주님의 은혜인 줄 깨달아 더욱 섬김의 본을 보일 수 있는 심령들이 되게 하여 주시옵소서.

그리하여 협력하여 선을 이루시는 하나님 이심을 더욱 깨닫는 심령들이 되게하여 주소서. 이제껏 수고한 임원들에게도 주님의 크신 위로와 평안을 주시기를 원합니다.

예배의 시종을 주님께 맡기며 예배 드리는 저희들 가운데 성령께서 친히 운행하심을 믿고 거룩하신 예수 그리스도의 이름으로 기도합니다. 아멘

# 입시생에게 맞춘 기도문

높고 맑은 하늘을 볼 수 있게 해주신 하나님!
주님의 크신 사랑을 인하여 감사와 영광을 돌립니다. 아름답게 물들어 가는 산하를 통하여 하나님의 나라를 보 듯, 저희의 삶을 통해 믿음의 세계가 더욱 깊을 수 있도록 도우시옵소서.

무릇 여호와를 의지하며 여호와를 의뢰하는 사람은 복을 받을 것이라고 말씀하셨사오니 저희가 주님을 의지하며 주님의 은혜와 능력 속에 언제나 살게 하시고, 믿음이 없는 세대에 더욱 믿음을 가지고 살게 하여 주시옵소서.

사랑의 하나님!
수능 시험을 준비하고 있는 학생들을 위해서 기도합니다. 이제 수능시험이 얼마 남지않았고 그동안 꾸준히 인내하고 학업에 전념하며 힘써온 시험준비가 헛되지 않게 하시고, 기쁨과 소망의 열매를 거둘 수 있도록 함께 하시옵소서.

성실하게 공부하며 준비해온 학생들에게 평안과 담대함을 주시고, 마지막까지 최선을 다할 수 있도록 도와 주시고, 또한 입시를 준비하고 있는 학생의 부모들에게도 함께 하시기를 원합니다.

자녀를 위하여 기도하며 수발해온 모든 수고가 헛되거나 부끄럽게 되지 않도록 이끌어 주시고 더욱이 승리와 형통함이 주님께 있음을 믿고, 오직 주님께서 힘주시기를 끝까지 기도하며, 담대한 마음으로 주님을 신뢰할 수 있도록 믿음을 더하여 주시고 주님께서 주님을 의지하고 사랑하는 자녀에게 시냇가에 심은 나무가 번성하듯이 그 앞길을 형통케 하심을 믿습니다.

오늘도 주님의 말씀을 증거 하시기 위하여 단위에 세우신 목사님을 성령의 능력으로 붙드셔서 말씀을 듣는 자의 심령마다 주님이 채우시는 평안이 넘쳐 나게 하시옵소서.

예배의 시종을 주님께 의탁하오며 예수 그리스도의 이름으로 기도합니다. 아멘

주님의 이름으로 구하는 것은
주님의 손에 이끌려 기도하는 것이다.

- 새뮤얼 리다우트 -

기도는 하나님 앞에 끊임없이 굴복하는 것이다.

- 사두 선다 싱 -

7. 기도회, 회의, 모임에 맞춘 대표 기도문

심야 기도회에 맞춘 기도문
새벽 기도회에 맞춘 기도문
공동의회에 맞춘 기도문
제직회에 맞춘 기도문
월례회에 맞춘 기도문
구역예배에 맞춘 기도문
연합 구역 예배에 맞춘 기도문
성경 공부 모임에 맞춘 기도문

심야 기도회에 맞춘 기도문

할렐루야!

은혜와 사랑이 충만하신 하나님 아버지!

고달프고 힘든 삶 가운데서도 주님께 기도하는 시간을 잊지 아니하고 기도의 자리로 나올 수 있도록 이끌어주신 주님의 은혜를 감사 합니다. 특별히 주님께서 저희들을 위하여 십자가에 달려 돌아가신 성 금요일에 주님의 십자가의 사랑을 생각하며 기도할 수 있는 은혜를 베풀어 주시니 진심으로 감사합니다.

사랑의 하나님!

고달픈 하루의 생활이었지만 매 순간마다 주님께서 새 힘을 주셔서 승리하는 생활을 할 수 있었고, 주님께서 피 흘리신 이 밤에 주님의 고난에 동참하며, 주님이 채워 주시는 신령한 은혜에 젖어 들고자 기도에 자리에 나왔습니다. 육신은 피곤하고 뼈마디가 저릴지라도 영혼을 새롭게 하시는 주님의 사랑을 경험하는 이 밤이 되게하여 주시옵소서.

주님! 기도하면서 주님의 음성을 듣고 응답받는 이 밤이 되기를 원합니다. 새 힘과 새 능력을 받는 이 밤이 되기를 원합니다. 주님의 능력이 깃드는 이 밤이 되기를 원합니다. 성령의 불길이 타오르는 이 밤이 되기를 원합니다. 이 밤에 참석한 모든 성도들이 충만하게 채우시는 주님의 은혜를 경험하게 하시옵소서.

나라와 교회를 위해서도 간절히 기도할 수 있는 이 밤이 되게 하시고, 믿음의 형제들과 이웃을 위해서도 눈물 뿌리며 기도할 수 있는 이 밤이 되게 하여 주시옵소서.

자비로우신 하나님!
여러 가지 문제로 고민하는 성도들이 있을줄 압니다. 악한 병마로 고통 속에 시달리는 성도들도 있을줄 압니다. 이 시간 주님 앞에 기도할때에 치료 받고 해결 받는 역사가 있게 하시고, 위로하시고, 싸매시는 주님의 은총을 경험하는 저들이 되게하여 주시옵소서.

이 시간 성령께서 강하게 역사하여 주셔서 악한 마귀의 속삭임이 없게 하시고, 기도하는 저희 들의 마음을 흔들어 놓지 못하도록 보호하여 주시옵소서.

오늘 저녁에 말씀을 전하실 주의 목사님을 주님의 능력의 장중에 붙드시고, 주님의 권세 있는 말씀을 전하실 때에 저희들의 각 심령을 말씀으로 수술하시는 주님의 은혜가 있게 하시옵소서.

이 기도회의 시종을 주님께 의탁하오며 하늘의 천군 천사를 동원시켜 주셔서 기도하는 저희들을 돕게 하실 줄 믿사옵고 예수 그리스도의 이름으로 기도합니다. 아멘

새벽 기도회에 맞춘 기도문

사랑의 하나님!

지난 밤도 저희들을 주님의 품속에서 안식을 얻게 하시다가 새날, 한 날을 시작하기 전 첫 시간을 주님께 드릴 수 있도록 은혜 베풀어 주시니 감사합니다. 특별히 저희들을 새벽을 깨우는 종들로 삼아 주셔서 이 새벽을 주님께 찬양하며 기도하고 주님을 의뢰할 수 있도록 힘 주심을 감사합니다.

간구 하옵기는 새벽을 밝히는 주님의 종들이 되게 하여 주시옵소서. 힘들고 어려울지라도 새벽기도의 불씨를 지필 수 있는 저희들 되게 하시옵고 새벽 정신으로 하루를 살아갈 수 있는 저희들 되게 하여 주시옵소서.

당신께서 사랑하는 종들을 새벽을 통하여 훈련시키셨음을 성경말씀을 통하여 깨닫습니다. 이스라엘 백성들에게도 새벽에 만나를 허락 하심으로 40년 동안 새벽의 사람으로 훈련시키신 것을 저희들이 깨닫습니다.

주님께서도 공생애 기간 동안 기도의 삶을 사시며 새벽 미명에 한적한 곳을 찾아 기도하셨음을 저희들이 깨닫고 저희들도 새벽의 사람으로 훈련시켜 주셔서 일평생 동안 새벽을 사랑하고, 새벽의 기적을 맛보는 주님의 종들이 되게하여 주시옵소서.

이 새벽에 나라를 위하여 기도하기를 원합니다. 교회를 위하여 기도하기를 원합니다. 가정과 가정들을 위하여 기도하기를 원합니다. 믿음이 연약한 자들과 주님을 만나지 못한 불쌍한 영혼들을 위해 기도하기를 원합니다.

기도할 때에 중언부언 하지 않게 하시고 맑은 정신으로 분명히 기도할 수 있도록 성령께서 도와주시고 특별히 말씀의 힘을 얻어 기도하기를 원합니다. 이 새벽에도 새벽 만나와 같은 주님의 말씀을 선포하시는 목사님을 성령의 능력으로 붙들어 주시고, 더욱 뜨거운 기도의 불을 지필 수 있는 능력의 말씀이 되게하여 주시옵소서.

이 새벽에 기도하는 저희들에게 새벽이슬 같은 주님의 은혜를 체험케 하여 주실 것을 믿으며 예수 그리스도의 이름으로 기도합니다. 아멘

공동의회에 맞춘 기도문

찬양과 감사 | 만세전부터 계셔서 천지와 만물을 창조하신 하나님 아버지!

이레 중 첫날을 성별하시어 거룩하고 복되게 하시는 성일을 맞이하게 하시고 또한 저희들에게 새로운 해를 주시고, 기쁨 가운데 새해의 첫 주일을 맞이하게 하시니 감사드립니다. 하나님의 섭리를 감사 하면서 금년에도 서원하고 다짐한 모든 것들이 믿음, 소망, 사랑 안에서 싹이 나게 하시고, 아름다운 꽃을 피워서 열매맺게 하시옵소서.

회개와 고백 | 사랑의 하나님!

새해 첫 주일을 맞이했지만 주님의 뜻대로 살지 못한 지난해의 묵은 죄와 허물들을 주님앞에 그대로 가지고 나옵니다. 겸손히 머리 숙여 잘못을 뉘우치며 회개하오니 주님의 크신 자비와 사랑으로 용서하여 주시옵소서. 저희들의 죄를 깨끗하게 씻어 주시고 정죄함이 없으신 긍휼과 자비로 반겨 주시기를 원합니다.

간구 | 은혜로우신 하나님!

오늘은 새해 첫 주를 맞이하여 지난해의 교회 재정을 결산하고 새 예산을 편성, 집행하기 위하여 공동의회로 모입니다. 세례교인 이상 교회의 살림에 대하여 관심을 갖고 모두 참석하게 하시고, 은혜로운 공동의회가 될 수 있도록 이끌어 주시고 회의를 진행하는 제직들에게도 함께하시고 예산, 결산과 편성이 순조롭게 진행될 수 있도록 모두에게 주님의 은혜를 부어 주시옵소서.

언성이나 불만이 싹트는 일이 없게 하시며, 주님의 몸된 교회를 사랑하는 마음으로 회무과 안건을 매듭지을 수 있도록 도와주시옵소서.

오늘도 새해를 맞이했지만 상처 난 심령 멍든 마음 가지고 주님의 도움을 호소하는 당신의 사랑하는 백성이 많사오니 상한 심령을 위로하시고 치유하시는 주님께서 저들이 더 큰 설움을 안고 매일의 삶에 힘겨워 하지 않도록 도와 주시길 원합니다.

이 사회도 불안과 초조로 방황하는 무리들이 넘쳐 나고 있으며 주님의 십자가 사랑을 받은 저희들이 평안을 상실한 이 사회를 위하여 더욱 힘써 기도해야 될 줄로 압니다. 살아 있으나 모든 것이 죽어 있는 이 사회가 예수의 생명의 숨결을 체험할 때까지 눈물로 기도할 수 있는 저희가 되게 하시고, 주님께서 허락하신 참된 평화가 이 민족 곳곳에 가득 넘칠때까지 무릎꿇고 부르짖는 기도의 사람들이 되게하여 주시옵소서.

말씀을 전하시는 목사님을 성령의 능력으로 인도하시고 주님의 귀한 말씀을 선포하실 때에 듣는 저희들 모두가 새 힘을 얻는 시간이 되게하여 주시옵소서. 예배를 돕는 모든 손길들에게도 함께 하시고, 특별히 찬양으로 영광 돌리는 찬양대를 기억하셔서 입술의 찬양이 아닌 영혼의 찬양을 주님께 드릴 수 있도록 도와 주시옵소서.

이 모든 말씀을 예수 그리스도의 이름으로 기도합니다. 아멘

제직회에 맞춘 기도문

찬양과 감사 | 거룩하신 하나님 아버지!

저희를 거룩한 성도라고 인정하여 주시고, 이 날을 성별하여 쉬게 하시고, 주님의 전에 나와 예배 드리게 하신 은혜를 감사합니다.

회개와 고백 | 이 시간은 제직회로 모였습니다. 제직의 직분을 저희들에게 주셔서 주님의 몸 된 교회를 위하여 죽도록 충성할 수 있는 기회를 주시니 감사 드립니다. 하오나 저희들은 그 귀한 주님의 영광된 직분을 받고도 사업과 가정에 대한 핑계등으로 주님의 일을 성실하게 하지 않았음을 솔직히 고백하지 않을 수 없나이다.

간구 | 이 시간 회개하는 마음으로 제직회에 임하게 하시고, 저희들의 심령을 주장하여 주사 회무와 모든 안건들을 다룰 때마다 기도하는 자세가 잃지않게 하시고, 경험과 지식과 수단이 앞서지 않게 하시고, 서로 사랑으로 용납하는 마음으로 다툼과 원망과 시비가 없이 제직회를 할 수 있도록 이끌어 주시옵소서.

주님의 교회를 위하는 일이라면 순종하는 마음으로 하게 하시고, 개인의 뜻을 관철시키기 위하여 다른 형제들의 마음을 아프게 하는 일이 없도록 겸손한 마음을 주시기 원합니다.

예수님 이름으로 | 제직회를 인도하시는 목사님께도 함께 하시고, 모든 회원들에게도 함께 하여 주실 것을 믿으며 예수 그리스도의 이름으로 기도합니다. 아멘

월례회에 맞춘 기도문

은혜로우신 하나님 아버지!

거룩한 주일을 맞아 거룩한 주의 백성들이 한자리에 모여 신령과 진정으로 예배하게 하시고, 목사님을 통해 주님의 귀한 말씀, 능력의 말씀을 듣게 하심으로 새 힘을 얻게 하시니 감사합니다.

이 시간 정기월례회로 모든 회원들이 한자리에 모여 주님의 은혜가 충만하게 넘치는 시간 되게 하시고, 주님의 은혜가운데서 모든 회무가 은혜롭게 마무리 될 수 있도록 인도하여 주시옵소서. 의논하고자 하는 모든 일들이 주님께 영광이 된다면 기쁨으로 용납할수 있는 회원들이 되게 하시고 부족한 일들이 발견될 시에는 사랑으로 감싸주고 격려해 줄 수 있는 회원들이 되게 하여 주시옵소서.

무엇보다 주님의 일에 힘을 다하지 못하고 정성을 기울이지 못한 저희 자신들을 돌아보며 충성 된 종들이 되기 위해 다시 한번 결심하며, 결단하는 시간이 되게 하시고, 다함께 연합하여 교회 부흥과 00 회의 발전을 위하여 다짐하는 시간이 되게 하시옵소서.

특별히 이 회의를 주관해 나가시는 회장님께 운영의 지혜와 명철을 더하시고, 임원들에게도 힘을 주시어서 주님께 인정받는 기관이 되게하여 주시옵소서. 마치는 시간까지 성령님께서 저희의 각 사람을 친히 주장하여 주실 줄 믿으며 예수 그리스도의 이름으로 기도합니다. 아멘

구역 예배에 맞춘 기도문

찬양과 감사 | 사랑의 주님!

교회에 지체된 저희들이 이 시간 구역 예배로 모여 주님께 영광돌릴 수 있도록 인도하심을 감사합니다. 주님이 축복하신 이 가정예배 처소를 소홀히 하지 않는 저희들 되게 하시고, 가정마다 구역예배를 힘써서 드림으로 가정천국이 이루어지는 놀라운 은혜가 있게 하시옵소서.

회개와 고백 | 새롭게 하시는 주님!

저희들은 근심많고 유혹많은 세상에 살면서 주님의 자녀이면서도 주님의 이름을 제대로 부르지 못했습니다. 부끄러운 마음으로 주님의 십자가 보혈을 의지하여 모였사오니 용서하여 주시고 긍휼을 베풀어 주옵소서.

간구 | 자비로우신 주님!

저희의 구역 식구들을 일일히 기억해 주시기를 원합니다. 믿음이 날마다 성장하는 구역원들이 되게 하시고, 주님을 위한 충성과 헌신이 뜨거운 구역원들이 되게 하소서. 그리하여 주님께 더욱 인정받는 착하고 충성된 종들이 되게하여 주시옵소서.

구역 식구들 끼리는 믿음의 교제가 활발히 이루어지며 서로 뜨겁게 사랑할 수 있는 사랑의 사도가 되게 하시며 슬픔과 기쁨도 함께 할 수 있는 구역원들이 되게하여 주시옵소서. 서로의 문제를 위하여 자신이 안고 있는 문제처럼 기도하게 하시고, 자신의 일처럼 힘쓸 수 있는 구역원들이 되게 하소서.

　믿음이 여리고, 연약한 구역 식구는 먼저 된 구역원들이 주님을 섬기듯 믿음이 약한 구역 식구를 성심껏 돌볼 수 있게 하시고, 성숙한 신앙이 될 때까지 사랑의 수고를 아끼지 않게 하시옵소서. 무릎꿇는 자는 절대로 넘어지지 않는다는 말이 있듯이 어렵고 힘들 때 마다 더욱 엎드림으로 믿지않는 식구들을 인도하시는 주님의 은혜를 체험하게 하시옵소서.

　구역이 부흥되는 것이 곧 교회가 부흥되는 것인 줄 믿습니다. 힘써서 구역 모임을 갖게 하시고, 영혼구원의 사명을 잘 감당함으로 구역이 배가 부흥되는 역사가 있게하여 주시옵소서. 구역을 위해 수고하시는 구역장님에게 은혜를 더하셔서 구역을 돌보는데 조금도 부족함이 없게 하시고, 주님이 힘주시는 은혜로 항상 샘솟는 기쁨이 넘쳐 나게 하시옵소서.

　일신상의 사정으로 구역예배에 참석하지 못한 구역 식구들을 기억하시고, 주님께서 친히 그들의 형편을 돌보아 주셔서 구역예배에 잘 참석할 수 있는 구역 식구들이 될 수 있도록 이끌어 주시옵소서.

　주님의 말씀을 묵상할 때에 깊은 깨달음이 있게 하시고, 말씀대로 살고자 힘쓰는 저희들 되게하여 주시옵소서. 시종을 주님께 의탁하오며 가정의 호주가 되시고, 지금도 저희들 가운데 함께 하고 계시는 예수 그리스도의 이름으로 기도합니다. 아멘

예수님 이름으로

연합 구역예배에 맞춘 기도문

성경 : 시 19:1,14

찬양과 감사 | 사랑의 하나님!

찬란하고 밝은 이 은혜의 계절에 저희들이 연합 구역예배로 모일 수 있도록 인도하여 주심을 감사합니다.

회개와 고백 | 의로우신 하나님!

죄 많은 저희들을 불쌍히 여겨 주시기를 원합니다. 세속화된 저희들을 용서하여 주셔서 허물과 죄를 가리워 주시고 의롭게 여겨 주심을 감사드립니다.

간구 | 자비로우신 하나님!

저희 교회에 속한 구역을 위하여 기도합니다. 시대가 악하여 갈수록 모이기에 힘쓰는 것이 둔화되고 있습니다. 주님의 교회도 예배 드리는 자들이 줄어 들고 구역 모임도 모임을 갖는 구역이 점차 줄어들고 있습니다. "모이기를 폐하는 어떤 사람들의 습관과 같이 하지 말고 오직 권하여 그날이 가까움을 볼수록 그리하자"(히10:25)는 주님의 말씀을 생각할 때 저희들은 너무도 부끄럽습니다.

이 악하고 패역한 때에 믿음을 강하게 지키기 위하여 더욱 힘써서 모이는 저희들 되게 하시옵고, 악한 사단의 꾀임에 넘어가지 않도록 성령의 음성에 귀 기울이는 저희들 되게하여 주시옵소서. 구역 모임을 힘써서 가질 때마다 주님의 사랑과 은혜가 더욱 넘쳐 나게 하시고, 주님의 몸 된 교회를 세우고 가정을 세우는 구역 모임이 되기를 원합니다.

    구역을 책임지고 있는 구역의 지도자들을 붙들어 주셔서 주님의 사랑으로 구역 식구들을 돕고, 격려하며, 믿음으로 이끌 수 있는 지도자들이 되게 하여 주시옵소서. 구역원 식구마다 성령의 능력과 은사를 충만하게 부어 주셔서 주님의 일에 적극적으로 헌신 봉사할 수 있는 일꾼들이 되게 하여 주시옵소서. 또한 구역에 속한 모든 가정들도 그리스도의 영이 지배하고, 그리스도의 정신이 살아있는 가정들이 되게 하소서.

    오늘 이 자리에 피치 못할 사정으로 참석하지 못한 구역원들이 있을줄 압니다. 그들의 형편을 헤아려 주셔서 교회의 모임에 적극 참여할 수 있도록 인도하여 주시옵소서. 믿음이 연약하여 참석하지 못한 구역원들도 붙들어 주셔서 그들의 믿음이 날로 성장하게 하여 주시고, 주님을 가까이 하는 복된 삶을 살 수 있도록 이끌어 주시옵소서.

    이 시간 주님의 말씀을 증거하시는 목사님을 주님의 오른팔로 붙들어 주셔서 저희들의 딱딱한 심령을 헤아리사 부족함이 없는 말씀이 되게하여 주시옵소서. | **예**수님 이름으로

    예배의 시종을 주님께 의탁하오며 예수 그리스도의 이름으로 기도합니다. 아멘

성경공부 모임에 맞춘 기도문

사랑의 하나님!

저희들에게 구원의 은혜를 베풀어 주시고, 주님의 진리의 말씀의 탐구해 갈 수 있는 특권을 주심에 감사합니다. 이 시간 달고 오묘한 주님의 말씀을 공부할 때에 세상지식을 습득하듯이 하지 않게 하시고 진리의 말씀을 깨달아 알므로 한 말씀이라도 그 말씀에 순종하는 삶을 살기 위하여 성경공부 한다는 자세를 잃지 않게 하여 주시옵소서.

또한 주님께서 계시된 말씀을 통하여 저희들에게 말씀 하시고자 하는 것이 무엇인지 주님의 음성을 깨달아 알게 하시고, 일평생 말씀중심의 신앙으로 나갈 수 있는 저희들 되게하여 주시옵소서.

성경공부를 인도하시는 목사님께도 함께 하셔서 피곤치 않게 도와 주시고, 늘 건강함으로 지켜 주시옵소서. 이 복된 자리에 보이지 않는 형제, 자매들이 있습니다. 하나님을 힘써 아는데 시간을 투자할 수 있는 종들이 되게 하시고, 세상의 가치보다 말씀의 가치를 가볍게 여기는 종들이 되지 말게 하시옵소서. 말씀이 없으면 신앙의 성장도 없고, 영혼이 피폐해질 수 밖에 없음을 깨달아 주님의 말씀을 공부하는데 시간을 투자할 수 있는 종들이 넘쳐나게 하시옵소서.

오늘 저희들이 주님의 말씀을 배운다고 하지만 지혜가 부족합니다. 놀라운 지혜를 더하여 주셔서 주님의 귀한 말씀을 놓치지 않게 하여 주시옵소서. 예수 그리스도의 이름으로 기도합니다. 아멘

8. 부서 예배에 맞춘 대표 기도문

어린이 예배에 맞춘 기도문
학생회 예배에 맞춘 기도문
대학, 청년부 예배에 맞춘 기도문

어린이 예배에 맞춘 기도문

찬양과 감사 | 사랑의 예수님!

한 주간도 저희들을 건강하게 지켜 주시고, 공부 잘하게 하여 주시다가 오늘 주님의 날을 맞이하여 하나님께 예배하고, 예수님의 말씀을 들으러 나올 수 있도록 은총을 주심을 감사합니다. 오늘 저희들이 드리는 예배를 기쁘게 받아 주세요.

회개와 고백 | 예수님!

먼저 예수님께 용서를 구합니다. 일주일간 생활하면서 부모님 말씀도 듣지 않은 경우도 있었고, 친구들을 미워하며 거짓말 한적도 있었습니다. 학교에서 선생님 말씀도 안 듣고, 공부시간에 떠들기도 했습니다. 또한 예수님 말씀보다는 컴퓨터 하기를 더 좋아하고, 오락하기를 더 좋아했습니다. 오늘도 교회에 가기 싫어서 일부러 늦게 일어났습니다. 저희들의 잘못을 용서하여 주시고 이제는 예수님이 기뻐하시는 일들만 할 수 있도록 저희들에게 지혜와 용기를 더하여 주세요.

간구 | 이 시간 예수님께 예배드릴 때에 예배를 잘 드릴수 있도록 인도하여 주세요. 장난 치거나 떠드는 친구들이 없게 하시고, 전도사님, 선생님 말씀도 잘 듣게 하여 주세요. 오늘도 나오지 못한 친구들이 있어요. 다음 주에는 꼭 나올 수 있도록 이끌어 주세요.

예수님 이름으로 | 예배가 이미 시작되었어요. 끝날 때까지 함께하여 주세요. 예수님의 이름으로 기도합니다, 아멘

학생회 예배에 맞춘 기도문

찬양과 감사 사랑의 주님!

오늘도 저희 학생들을 붙들어 주셔서 거룩한 날 주님 앞에 나와 예배할 수 있게 하시니 감사드립니다. 특별히 많은 학생들 가운데서 믿음의 학생으로 구별하시고, 주님을 섬기며 주님을 인생의 주인으로 모시고 살아갈 수 있도록 축복하여 주심을 감사합니다.

회개와 고백 용서의 주님!

지난 한주간도 생각으로, 행실로, 지은 죄가 많습니다. 용서하여 주시고 주님의 십자가의 보혈로 깨끗이 씻어주시기 원합니다.

간구 감성이 예민하고 충동적일 때입니다. 생각과 마음을 다스려 주셔서 주님의 자녀로 깨끗하고 정직하게 성장할 수 있도록 도와 주시고 죄악된 일에도 쉽게 유혹되기 쉬운 때입니다.

스스로 이겨갈 수 있는 힘이 부족하고, 아직 가치관이 미성숙한 때입니다. 길과 진리가 되시고 생명이 되신 우리 주님께서 여리고 연약한 학생들을 강하게 붙잡아 주셔서 주님의 법도를 익혀가며 흔들리지 않고 불의와 싸워 가며 주님께 영광돌리는 믿음의 사람으로 성장할수 있도록 도와주세요.

사회가 타락하고 주위에서 내미는 유혹의 손길을 이기지 못하여 잘못된 길로 들어선 학생들이 많이 있는데 저들을 불쌍히 여겨 주시기를 원합니다. 공부에 전념하고 바른 인격을 연마해야만 할 중요한때에 악한 꾀임에 빠지지 않게 하시고 학생으로서의 본분을 잘 지키며 미래의 꿈을 키워가는 정직한 학생들로 이끌어 주시기를 원합니다.

특별히 하나님을 섬기는 귀한 학생들을 강하게 붙들어 주셔서 악하고 험난한 이때에 악에 물들지 아니하고 선한 싸움을 잘 싸워갈 수 있는 주님의 용사들이 되게 하시고 순결과 사랑을 배우며 맡겨진 책임을 잘 감당해 낼 수 있는 신앙의 사람들이 되게 하여 주소서.

모세와 같이 민족을 위하여 귀하게 쓰임 받는 학생들이 되기를 원하며 여호수아 같이 행동하는 믿음의 사람이 되기를 원합니다. 갈렙과 같이 하나님을 의지하는 신앙의 사람이 되기를 원하며 다윗과 같이 주님을 사랑하는 사람이 되기를 원합니다. 이러한 사람으로 성장하여 이 교회와 민족에게 꼭 필요한 사람이 되게 하시고, 세상의 빛과 소금으로 쓰임받는 주님의 자녀들이 다 되게 하소서.

주님!
이 시간에 생명의 말씀을 들려주실 목사님(전도사)에게 성령께서 함께 하셔서 학생들이 앞길을 지도 받는 지혜의 말씀이 되게 하소서. 학업에 전념하며 학생회를 위하여 힘쓰는 임원들도 함께하여 주시고 학생회가 날로 성장하게 하시고, 믿음의 열매를 맺는 주님의 축복이 있게 하소서. 주님이 온전히 기쁘게 받으시는 예배가 되게 하여 주실 것을 믿으며 예수 그리스도의 이름으로 기도합니다. 아멘

> 예수님
> 이름으로

대학, 청년부 예배에 맞춘 기도문

찬양과 감사 | 찬양받으실 거룩하신 하나님 아버지!

청년의 때에 하나님을 경외케 하시고, 주님의 법도를 배워가며 주님의 제자로 쓰임 받을 수 있게 하신 은혜를 감사합니다. 이 시대에 저희들을 십자가 군병으로 쓰시려고 불렀사오니 주님께 귀한 그릇으로 쓰임받는 제자들이 되게 하여 주시고 오늘 주님 앞에 드리는 찬양과 경배를 홀로 영광받아 주소서.

회개와 고백 | 사랑의 하나님!

학교 외 직장 일로 인하여 예배에 잘 참석하지 못하고, 교회의 일과 청년회의 일에 적극적으로 참여하지 못할때가 많고 주님의 일보다 저희 자신의 일에 늘 치우치는 저희들을 불쌍히 여겨 주시고 저희들에게 능력을 더하여 주시어 늘 주님의 말씀에 순종하고, 주님의 일에 최선을 다할 수 있는 저희들 되게 하여 주소서. 또한 저희들은 젊음이 있기에 때론 원치 않는 죄악으로 유혹되어 주님의 영광을 가리울때가 있습니다. 혈기와 교만과 아집과 불순종으로 주님의 영광을 가리는 일이 없도록 늘 성령으로 충만케 하시길 원합니다.

간구 | 저희들은 캠퍼스에서 학원에서, 직장에서 입술을 열어 복음을 전할수 있게 하시고 전도하길 원합니다. 영혼 구원에 마음을 쏟음으로 저희를 통하여 학원 복음화 직장 복음화가 앞당겨 질수 있도록 축복하시고 어디서 무엇을 하든지 하나님의 자녀 됨의 본분을 다하기를 원합니다.

군 입대한 형제들이 있습니다. 군생활 가운데 믿음을 잃지않게 하시고 군 복음화를 위하여 군복무 하는 동안 군선교에 최선을 다할 수 있는 형제들이 되게 하여 주소서.

젊음을 다하여 학문을 연구하는 형제, 자매들이 있습니다. 지혜를 더하여 주시고 주님께 쓰임받는 귀한 그릇이 되기 위해 학문을 연구한다는 자세를 잃지 않게 하시고 직장에 다니는 형제, 자매들도 믿음의 본을 보임으로 신뢰받는 직장인들이 되게 하시고, 모든 일에 성실한 자세로 존경받는 사람이 될 수 있도록 인도하여 주소서.

주님의 말씀으로 지도하시는 교역자님을 기억하셔서 주님의 말씀으로 지도하기에 부족함이 없도록 영력을 더하여 주시기 원합니다. 청년회를 위하여 수고하는 임원들에게도 함께 하시고, 서로간에 불협화음이 없도록 사랑의 은사를 더하여 주시고 계획하는 모든 일들 속에 놀라운 열매가 나타날 수 있도록 축복하여 주소서.

오늘도 이 모임을 위하여 수고하는 형제, 자매들이 수고할 때마다 신령한 은혜로 채우시는 주님의 은혜를 경험하게 하시고 샘솟는 기쁨이 넘쳐나게 하소서

예배의 시종을 주님께 의탁하오며 예수 그리스도의 이름으로 기도합니다. 아멘

| **예수님 이름으로**

나는 몇번이고 무릎 꿇고 기도하지 않을 수 없었습니다.
그것 이외에 어떻게도 할 수 없다는 것을 확신했기 때문입니다.
나 자신의 지혜로 그러한 사태에 대처하는데,
불충분하다고 생각했기 때문입니다.

- 링컨 -

기도의 실패자는 생활의 실패자이다.

- 이 엠 바르너 -

9. 헌금, 식사, 기타 예배 대표 기도문

헌금을 드리기 전에 기도문
헌금을 드린후에 기도문
헌신예배때에 헌금 기도문
구역 예배때에 헌금 기도문
어린이 예배때에 헌금 기도문
학생 예배때에 헌금 기도문
청년회 예배때에 헌금 기도문
교회에서의 식사 기도문
구역 모임에서의 식사 기도문
가정에서의 식사 기도문
사업장 예배에 맞춘 기도문
가정 예배에 맞춘 기도문(개인)
가정 예배에 맞춘 기도문(전가족)

헌금을 위한 기도문(1)

적용 : 헌금을 드리기 전의 기도문

은혜로우시고, 자비로우신 하나님 아버지!

복되고 거룩한 주일을 맞이하여 주님 앞에 나와 예배드릴 수 있는 특권을 주시고, 주님의 신령한 은혜를 맛보게 하시니 감사합니다.

이 시간 한 주간 동안 때마다 주리지 않도록 채워주신 주님의 사랑과 은혜가 놀랍고 감사하여 수고하여 얻은 물질가운데서 정성껏 떼어서 주님 앞에 드리는 예물을 기쁘게 받아 주시기를 원합니다.

저희들의 한 주간의 삶을 돌이켜 보면 주님이 베풀어 주신 축복이 얼마나 많습니까? 이 같은 주님의 축복을 온몸으로 받고 있는 저희들이 있는 것 중에서 일부만 떼어서 드린다고 하니 저희들의 손이 심히 부끄럽습니다.

정성껏 마음을 담아 드린 예물만 기뻐 받으시는 하나님이심을 생각할 때 마음과 뜻과 정성이 동반된 예물이 될 수 있도록 힘쓰는 저희들 되게 하시고, 주님이 주신 귀한 물질로 범죄하는 저희들 되지 않도록 물질의 깨끗함을 더하여 주시옵소서.

주님께 드려진 이 귀한 물질이 사용되는 곳에 하나님의 영광이 나타나게 하시고, 주님의 사업과 교회와 복음 전파하는 일에 귀하게 사용되어질 수 있는 예물이 되게 하여 주시옵소서.

이 시간 저희들이 드리는 예물을 향기로운 제물로 받아 주실 것을 믿고 복의 근원이 되시는 예수 그리스도의 이름으로 기도합니다. 아멘

헌금을 위한 기도문(2)
적용 : 헌금을 드린 후의 기도문

은혜의 주님!

귀하고 복된 날, 주님 앞에 나와 예배드릴 수 있는 복된 저희들 되게 하심을 감사합니다. 또한 주님 앞에 찬양과 경배를 드리며, 말씀을 통하여 주님의 신령한 은혜를 체험케 하신 것을 감사하오며 저희들에게 때마다 알맞은 물질을 더하여 주셔서 주님 안에서 부족함 없이 살게 하심을 감사합니다.

이 시간 주님이 베풀어 주신 은혜가 너무나 놀랍고 감사하여 주님 앞에 물질로 저희들의 마음을 표현합니다. 부족할지라도 저희들의 정성을 담았으니 기쁘게 받아 주시기를 원합니다. 여러 가지 감사의 조건을 가지고 예배를 드린 손길들도 있으며 십의 일조는 주님의 것인 줄 알아 주님 앞에 드렸고 어려운 환경 가운데서도 주님의 것은 주님께 반드시 드려야 한다는 마음을 가지고 예물을 드린 손길도 있습니다.

마음없이 드린 부자의 헌금보다 과부가 드린 두 렙돈을 더 크게 보신 주님께서 그 심령을 더욱 복 있게 하시고, 주님이 채우시는 위로가 넘쳐 나게 하소서. 준비할 돈이 없어 눈물로 드린 손길은 주님이 그 마음을 아시오니 풍족한 삶이 되도록 그 삶을 어루만져 주시옵소서.

이 시간 드린 헌금이 사용될 때에도 주님의 영광을 나타내는데 사용되게 하시고 복음이 확장되며, 어려움 당하는 이웃을 구제하고 헤아리는데 사용되어질 수 있는 예물이 되게 하소서.

물질의 주인이 되시는 예수 그리스도의 이름으로 기도합니다. 아멘

헌금을 위한 기도문(3)

적용 : 헌신예배 때의 헌금 기도문

사랑의 하나님!

오늘 OO 전도회 헌신예배로 드릴 수 있도록 은혜 베푸심을 감사합니다. 저희 모든 회원들이 주님께 더욱 충성하고 헌신할 수 있는 회원들이 되게 하시고, 저마다 다 받은 은사로 주님을 더욱 섬기고, 많은 사람들을 섬기는 일에 사용할 수 있도록 함께하여 주시옵소서.

순서에 따라 주님앞에 귀한 예물을 드리려고 합니다. 이 자리에 있는 저희 모두에게 마음의 감동을 주시고, 심령을 복되게 하여 주시고 억지로, 또는 인색함으로 드리지 않도록 이끌어 주소서. 헌신 예배를 드리고 있는 저희 모든 회원들은 주님께 옥합을 깨뜨린 여인의 심정을 가지고 정성껏 드리게 하시고, 진실된 신앙고백이 묻어나는 예물이 되게 하시옵소서.

이 예물이 주님의 이름으로 사용되어 질 때에 많은 열매가 있기를 원합니다. 삶이 고달픈 사람들을 헤아릴 수 있는 예물이 되게 하시고, 복음이 전파 되고 영혼을 구원하는 일에 사용되어질 수 있는 주님의 향기가 나타내는 예물이 되게 하소서.

선교지에도 사용되어질 수 있는 예물이 되게 하시고, 주님앞에 정성껏 드린 손길마다 30배, 60배, 100배의 결실을 맺을 수 있도록 축복하여 주시기 원합니다.

남은 순서에도 성령님이 함께하실 것을 믿으며 예수 그리스도의 이름으로 기도합니다. 아멘

헌금을 위한 기도문(4)

적용 : 구역예배 때의 헌금 기도문

사랑의 하나님!

오늘도 저희 구역 식구들이 마음을 같이하여 이 가정에서 구역예배를 드리게 하심을 감사합니다. 구역장을 통해서 주님의 귀한 말씀을 듣게 하시고, 저희 모두가 말씀에 은혜 받게 하심을 감사합니다.

순서에 따라 주님께 귀한 예물을 드렸습니다. 인색한 마음으로 드리지 아니하고 자원하는 마음으로 드렸사오니 이 예물을 향기로운 제물로 받아주실 것을 믿습니다. 선한 사업에 부하고, 영혼을 살리는 일에 쓰여질 수 있는 예물이 되게 하시고, 이웃을 부요케 하는 일에 사용 되어질 수 있는 예물이 되게 하여 주소서.

축복하시기를 즐겨 하시는 하나님!

저희 모든 구역 식구들에게 더 많은 축복을 내려 주시기를 원하며 저희의 가정과 일터와 노동력을 지켜 주셔서 하나님 나라 건설에 크게 기여하는 복된 삶이 될 수 있도록 축복하시길 원합니다.

또한 물질을 온전하게 다스릴 수 있는 지혜를 주셔서 주님을 생각하는 마음을 물질에 빼앗기지 않도록 이끌어 주소서. 언제나 주님보다 물질이 앞서지 않게 하시고, 수고의 열매가 맺혀질 때마다 열매 맺게 하시는 주님의 은총을 깨닫게 하시길 원합니다.

물질의 주인되시는 예수 그리스도의 이름으로 기도합니다. 아멘

헌금을 위한 기도문(5)

적용 : 어린이예배 때의 헌금 기도문

사랑의 주님!

오늘 우리 어린이들이 예수님께 나와 마음과 정성을 다하여 예배드릴 수 있도록 축복하심을 감사합니다. 나오지 않은 친구들이 있어서 마음이 안타까웠지만 다음주에는 예수님께 함께 예배드릴 수 있도록 인도해 주실 것을 믿습니다.

예배 순서에 따라서 주님 앞에 예물을 드렸습니다. 저희 어린이들이 마음을 다하여 드린 예물을 받아주시고, 천국에 보화를 쌓아놓은 예물이 되게해 주세요. 이시간 미처 예물을 준비하지 못하여 드리지 못한 어린이들도 있습니다. 다음주에는 꼭 드릴 수 있도록 축복해 주시고, 헌금 때문에 교회에 안 나가고 싶은 마음이 생기지 않도록 주님 이끌어 주세요.

또 헌금이 진짜 없어서 못 드린 친구도 있습니다. 부끄러운 마음이 들지 않도록 그 마음을 어루만져 주시고 마음의 정성을 드렸습니다. 그 마음을 기억하시고 축복하여 주실 것을 믿습니다.

저희 어린이들이 드린 예물이 교회와 어려운 이웃을 위해서 귀하게 사용되어지게 하시고, 선교하는데도, 전도하는데도 귀하게 사용되어 질 수 있는 예물이 되게 하여 주세요.

저희 어린이들이 주님께 예물을 드릴 수 있도록 이끌어 주신 것을 감사하오며 예수 그리스도의 이름으로 기도합니다. 아멘.

헌금을 위한 기도문(6)

적용 : 학생회예배 때의 헌금 기도문

은혜로우신 주님!

오늘 거룩하고 복된 날, 주님의 은총을 입은 학생들이 이 시간 예배 순서에 따라 저희 학생들이 주님께 정성껏 예물을 드렸습니다. 청소년기 때부터 물질의 주인이 주님이심을 알게 하시며 남을 헤아릴 줄 아는 주님의 성품을 닮은 인격의 소유자로 성장할 수 있도록 이끌어 주시옵소서.

자비로우신 주님!

십일조를 드린 학생이 있습니다. 물질이 주님께로 비롯되었다는 것을 시인하는 그 중심을 더욱 복되게 하여 주셔서 저들의 삶을 통하여 주님께서 영광받으시는 일들만 넘쳐 나게 하시옵소서. 감사 헌금을 드린 학생도 있습니다. 학생 때부터 주님께 감사할 줄 아는 믿음의 사람으로 그 마음을 복되게 하여 주심을 감사 드립니다. 주님께 감사하는 생활을 통하여 더 큰 감사의 제목들이 저들의 삶 속에 넘쳐 날 수 있도록 함께 하시옵소서.

주일 헌금을 드린 학생들을 기억하시고, 저들이 드린 예물이 주님의 나라를 위하여 귀하게 사용되어 질 수 있도록 축복하여 주시옵소서. 헌금을 드리지 못한 학생도 있습니다. 그러나 마음을 드린 줄 믿사오니 중심을 보시는 하나님께서 그 심령을 더욱 복되게 하여 주시기를 원합니다.

저희 학생들이 드린 모든 예물이 영혼을 구원하는 일에 사용되어지게 하시고, 이웃을 위한 구제로도 사용되어질 수 있도록 복되게 하여 주시옵소서. 예수 그리스도의 이름으로 기도합니다. 아멘.

헌금을 위한 기도문(7)

적용 : 청년회예배 때의 헌금 기도문

　주님을 앙망하는 삶을 살 수 있도록 인도하여 주신 주님의 은혜를 감사합니다. 오늘 청년회 모임을 맞아 모두 한 자리에 모여 주님을 찬양하며, 주님의 귀한 말씀을 듣게 하심을 감사드립니다. 이 시간 순서에 따라 주님 앞에 귀한 예물을 드립니다. 인색함이나 억지로 드리지 않게 하시고, 주님은 즐겨 내는 자를 사랑하신다 하셨으니 이 예물을 통하여 물질보다 주님을 더욱 사랑하는 신앙의 고백이 될 수 있도록 함께 하여 주시옵소서.

　젊을 때부터 물질관을 바로 세우기를 원하며 주님이 세우지 아니 하시면 집을 세우는 자의 수고가 헛되듯이, 물질도 주님이 붙드시지 않으면 저희는 얼마든지 궁핍해 질 수 있고, 물질이 있다 하여도 죄악된 일에 사용될 수 있다는 사실을 기억하여 항상 물질에 거룩함이 깃들게 해달라고 간구할 수 있는 저희들이 되게하여 주시옵소서.

　이 시간 저희들이 드리는 예물이 주님의 영광을 나타내는데 사용되어지기를 원합니다. 작은 물질이지만 이 예물이 집단의 욕심을 드러내는데 사용되지 않게 하시고, 선한 사업에 힘쓸 수 있는 예물이 되게 하여 주옵소서. 주님을 모르는 불쌍한 영혼을 구원하는 일에 사용되어지게 하시고, 양심을 썩게 만드는 죄악의 독성을 무력화 시키는 일에 사랑의 소금이 될 수 있는 예물이 되게하여 주시옵소서.

　저희들의 진심이 스며있는 예물을 주님께서 받아 주실 것을 믿사옵고, 예수 그리스도의 이름으로 기도합니다. 아멘

식사 때의 기도문(1)

적용 : 교회에서의 식사 기도문

성경 : 행 2:46~47

사랑의 하나님!

오늘 사랑하는 목사님을 통하여 신령한 주님의 말씀, 송이 꿀 보다 더 단 주님의 말씀을 저희들에게 먹여 주시고, 이 시간은 또한 육의 양식을 대접 받을 수 있도록 은혜내려 주시니 감사합니다.

믿음의 식구들이 한자리에 모여서 떡을 뗍니다. 사랑이 더욱 풍성하게 넘치게 하시고, 주님을 찬양하는 저희들 되게 하여 주시옵소서. 이 음식을 통하여 더욱 강건함을 얻어서 주님의 일을 열심히 하는 저희들 되게 하시고, 주님의 몸된 교회를 위하여 죽도록 충성할 수 있는 진실한 종들이 되게 하여 주시옵소서.

이 예찬식을 정성껏 준비한 손길들이 있습니다. 그들의 사랑의 수고를 기억해 주셔서 주님의 위로가 넘치게 하소서. 특별히 이 시간에도 굶주리고 있는 많은 영혼들을 기억하시길 원하며 그들의 식탁에도 만나로 채우시는 주님의 긍휼이 있게 하옵소서.

이 모든 말씀을 예수 그리스도의 이름으로 기도 드립니다. 아멘

식사 때의 기도문(2)

적용 : 구역모임에서의 식사 기도문

성경 : 행 2:42

사랑의 하나님!

오늘 저희들이 이 가정에 모여서 구역 모임을 갖게 하시고, 주님께 예배 드리며 주님의 귀한 말씀을 통하여 가르침을 받게 하시고, 하나님을 찬양하게 하시니 감사합니다.

이제 예배를 마치고 이 가정에서 정성껏 마련한 귀한 음식을 함께 먹으며 교제를 나누려고 합니다. 모든 대화에 말없이 듣고 계시는 주님을 생각하며 교제를 나누게 하시고, 한마디의 말도 주님이 말씀하시듯 할 수 있는 저희들 되게 하여 주시옵소서.

귀한 물질로 대접하는 00 집사(성도)님을 축복하시기를 원합니다. 물질의 은사를 더하여 주셔서 언제나 주님을 위하여 받은 은사를 귀하게 사용할 수 있도록 함께 하시고, 이 가정에도 주님이 주시는 귀한 물질을 복되게 받아 누릴 수 있는 은혜가 넘치게 하시옵소서.

떡을 떼며 교제 할 때에 성령이 저희 가운데 친히 운행하심을 믿으며 예수 그리스도의 이름으로 기도합니다. 아멘

식사 때의 기도문(3)

적용 : 가정에서의 식사 기도문

성경 : 마 6:9~10

사랑의 하나님!

오늘도 저희 가족에게 일용할 양식을 주셔서 감사합니다. 이 음식을 먹을 때마다 이 식탁을 비우지 아니하시는 주님의 은총에 감사할 수 있는 저희들 되게 하시고, 이 음식이 식탁에 오르기 까지 땀 흘리며 수고한 많은 사람들의 수고도 잊지 않고 축복할 수 있는 저희들이 되게 하여 주시옵소서.

주님! 가난한 사람들의 식탁을 기억하시옵소서.

그들의 식탁위에도 빈 그릇이 없도록 일용할 양식으로 축복하여 주시기를 원합니다.

오늘 저희들은 이 음식을 먹고 더욱더 힘을 얻어서 선한 사업에 힘쓰게 하시고, 주님의 영광만을 나타내는데 힘쓰게 하시옵소서.

식사 때마다 보이지 아니하시는 손님으로 함께하시는 예수 그리스도의 이름으로 기도합니다. 아멘

사업장 예배에 맞춘 기도문

구속의 은혜를 주신 하나님 아버지!

우리가 사는 이 시대를 분별할 수 있도록 하시어 썩어질 세상의 것을 쫓지 않고 영원하신 주님을 따르게 하심을 감사합니다. 무엇을 먹을까, 무엇을 입을까 하는 걱정을 떨쳐 버리고 어떻게 영생을 얻을 것인가에 삶의 중심을 맞추게 된 것은 오직 십자가의 속죄함을 이루신 주님의 은혜임을 믿습니다.

오늘은 특별히 ○○교우가 경영하는 사업장에서 주님께 예배드립니다.

○○교우에게 이 귀한 사업장을 허락 하시고, 이 사업을 통하여 주님의 뜻을 이루어 갈수 있도록 축복해 주시고 더욱더 이 사업을 축복하셔서 번창하게 하시고, 많은 사람들에게 이로움을 주며 많은 사람들을 헤아릴 수 있는 사업이 되게 하시고, 주님의 교회를 위해서도 이 사업장에서 얻어진 수고의 열매를 귀하게 사용 되어지게 하시옵소서.

또한 ○○교우가 계획하는 모든일들이 주님을 영화롭게 하는 것이 되게 하시고, 물질로 인하여 시험에 들지 않도록 늘 지켜 주시옵소서. 이 사업의 주인이 주님이시라는 것을 늘 잊지 않게 하시고 주님께서 기뻐하시는 대로 운영해 나갈 수 있도록 그 생각을 지켜 주시옵소서.

이 사업장에 필요한 주님의 말씀을 증거 하시는 목사님을 성령의 능력으로 붙드셔서 지혜와 영감과 승리를 주는 축복의 말씀이 되게 하시옵소서. 이 사업장의 경영자가 되시는 예수 그리스도의 이름으로 기도합니다. 아멘

가정 예배에 맞춘 기도문(개인)

저희 가정의 주인이 되시고, 영원한 사랑으로 저희들을 지켜 주시며 바른길로 인도하시는 주님!

오늘도 새로운 한 날을 시작할 수 있도록 은혜베푸심을 감사합니다. 이 아침에 주님 앞에 예배드리며 간구하오니 오늘 하루도 주님께서 지켜 주시고 인도하여 주셔서 주님 안에서 승리하는 한 날의 생활이 되게 하여 주시옵소서.

특별히 하루의 일을 시작할 때 저희의 심령을 온전히 주장하셔서 내 힘과 수단과 방법으로 살지 않게 하시고, 주님을 온전히 의지하며 내 지혜보다는 주님의 지혜를 의지하는 저희들 되게 하여 주시옵소서.

오늘도 주님의 영광을 나타내는 복된 한 날이 되기를 원합니다. 저희들의 행실로 주님을 보여주고 주님을 나타낼 수 있는 한 날이 되게 하여 주시옵소서. 또한 게으른 모습이 없기를 원합니다. 주님이 주신 귀한 하루를 방종하여 헛되이 보내는 저희들 되지 않게 하시고, 각자 맡은바 일에 최선을 다하며 성실히 감당할 수 있는 저희들 되게 하여 주시옵소서.

주님의 교회에 속한 모든 믿음의 식구들에게도 함께 하셔서 하루의 생활을 통하여 주님께 충성하며 영광를 나타 내도록 하시고, 위험한 일이 발생하지 않도록 불꽃 같은 눈동자로 지켜 주시고 보호하여 주시옵소서.

복된 하루를 허락하신 예수 그리스도의 이름으로 기도합니다. 아멘

가정 예배에 맞춘 기도문(전가족)

은혜로우신 하나님 아버지!

한 주간도 저희들을 축복하셔서 주님의 은혜안에 거하게 하시고, 필요한 것들을 부족함 없이 채워 주시며, 건강으로 지켜 주신 은혜의 감사와 찬양을 올립니다. 오늘 이렇게 온 가족들이 건강한 모습으로 한자리에 모여 웃음과 즐거움이 넘치는 가운데 가정 예배를 드리게 하심을 감사드립니다.

시대가 악하여 질수록 가정들도 불협화음이 생기고, 금이 가고, 깨지는 가정들이 점차 늘어가고 있습니다. 사랑의 띠로 하나가 되어서 더욱 교제에 힘쓰고 화목을 이루는 가정이 되게 하시고, 주님이 주신 복된 가정을 잘 지키며, 주님의 뜻을 높이고 그 뜻을 이루어 드리는 저희들 되게 하여 주시옵소서. 또한 저희 가정의 모든 식구들이 주님을 위하여 일하는 일꾼, 이웃을 돌아보고 헤아릴 수 있는 식구들이 되게 하시고, 이 나라와 사회를 위하여도 유익한 일을 담당하는 역군들이 되게 하여 주시옵소서.

또한 겸손하고 온유한 태도로 남을 나보다 낫게 여기며, 모든 사람과 더불어 화평을 이루며 사는 겸손의 종들이 되게 하시옵소서. 맡은바 일에도 책임과 의무를 다하는 식구들이 되기를 원합니다. 무슨 일이든 그 일이 주님이 주신 성직인줄 알아 그 일을 통하여 주님께 영광 돌릴 수 있는 복된 삶을 살게 하시고, 주님께 충성을 다하는 식구들이 되게 하여 주시옵소서.

저희 온 식구들이 가정 속에 작은 천국을 이루는 삶을 살게 하여 주실 것을 믿사옵고 예수 그리스도의 이름으로 기도합니다. 아멘

10. 심방에 맞춘 대표 기도문

대심방 때의 기도문
백일(돌)때에 기도문
개업예배(가정에서) 기도문
생일을 위한 기도문
고희(수연)에 맞춘 기도문
출생을 위한 기도문
입주, 이사를 위한 기도문
새로 믿는 가정을 위한 기도문
재소자 방문시 기도문

대심방 때의 기도문

은혜로우신 하나님 아버지!

좋은 계절과 맑은 날씨를 주셔서 대심방 하기에 불편함이 없도록 인도하심을 감사드립니다. 오늘 이 가정에서 사랑하시는 목사님들 모시고, 여러 심방대원들과 함께 예배드립니다.

이 가정의 형편을 저희들은 알 수 없사오나 주님께서 다 알고 계시오니 이 가정의 필요한 모든 것들과 그 마음의 소원을 주님이 감찰 하시사 믿음을 따라 승리하는 삶을 살아갈 수 있도록 소망의 빛으로 충만한 가정이 되게 하여 주시옵소서. 이 가정에서 경영하는 사업과 하시는 모든 일들도 주님이 붙드셔서 주님의 영광을 드러내고, 거기에서 얻어지는 수고의 열매를 통하여 이 가정에 물질의 넉넉함이 있게 하시고, 주님을 위해서도 귀하게 사용되어질 수 있는 복 있는 물질이 되게 하여 주시옵소서.

자녀들도 믿음 안에서 건강하게 자라나게 하시고, 부모님께 효를 다하며 이 사회나 주님을 위하여 귀하게 사용되어지는 그릇이 되게 하여 주시옵소서. 가정마다 심방하시며 목사님을 통해 대언하시는 주님의 말씀이 그 가정에 꼭 필요한 신령한 말씀, 소망의 말씀, 새 힘을 얻는 말씀이 되게 하여 주시옵소서.

대심방이 끝나는 날까지 목사님을 잘 보필할 수 있도록 도와 주시고 대심방의 모든 일정을 주님께서 친히 주관하여 주시고, 성령께서 친히 동행하여 주실 것을 믿사옵고 예수 그리스도의 이름으로 기도합니다. 아멘

백일(돌) 때의 기도문

사랑과 자비가 풍성하신 하나님 아버지!

오늘 이 가정에 선물로 주신 새 생명이 하나님의 축복 안에서 무럭 무럭 자라게 하심을 감사 드립니다. 어린 생명의 생일을 맞이하여 감사하는 마음을 모두어 주님 앞에 찬송하며 기도하게 하신 은혜를 감사합니다.

이 가정에 기업을 잇게 하신 귀한 새 생명, 사랑과 은총 속에서 주님의 선한 인격과 아름다운 마음을 가지게 하시옵소서. 장성해서도 늘 주님을 가까이 하는 삶을 살게 하시고, 주님의 뜻을 높이는 일을 하게 하시고, 하나님의 영광을 생의 최고 가치로 여기며 살 수 있는 삶이 되게 하시옵소서.

이 가정에 이 아이를 위하여 여러 가지 미래의 계획을 세우고 있는줄 압니다. 무엇보다 하나님을 경외하는 신실한 자녀로 양육하기에 온 정성을 쏟을 수 있는 부모가 되게 하시고, 언제나 이 아이를 위하여 기도하며, 하나님의 말씀을 들려줌으로써 주의 율례를 떠나지 않는 자녀로 양육할 수 있도록 지혜를 더하여 주시옵소서.

이 가정을 축복 하셔서 언제나 주님만 모시고 사는 복된 가정이 되게 하시고, 물질의 축복도 허락하셔서 궁핍함이 없게 하시고 범사에 계획하는 모든 일들도 주님의 뜻 안에서 이루어지게 하시옵소서. 이 아이를 축하하기 위하여 한자리에 모인 권속들에게도 함께 하시고, 감사와 기쁨이 넘치는 복된 삶이 되게 하여 주실 것을 믿사옵고 주 예수 그리스도의 이름으로 기도합니다. 아멘

# 개업예배 (가정에서) 기도문

복의 근원이 되신 하나님 아버지!

오늘 이 가정이 사업을 시작하면서 먼저, 하나님께 감사 예배를 드릴 수 있게 하심을 감사합니다. "너희 행사를 여호와께 맡기라. 그리하면 네가 경영하는 것이 이루어지리라"(잠 16:3) 말씀 하심 같이 앞으로 이 가정이 이 사업을 경영할 때에 먼저, 하나님께 모든 것을 다 맡기며 하게 하시고, 하나님의 말씀을 잘 지키면서 하게 하시고, 주님의 것인 십의 일조도 잘 바치면서 이끌어 갈 수 있도록 인도 하시옵소서. 그러므로 이 가정의 사업이 날로 번창하게 하시고, 그 일로 인하여 하나님이 기뻐하시는 일들도 더욱 힘써서 할 수 있도록 인도 하시옵소서.

사람의 계획이 제 아무리 완벽한들 어찌 하나님의 지혜에 견줄 수 있겠으며 이 사업을 경영하는 동안 세상의 방법과 자신의 경험과 실력보다 주님의 지혜를 더 의지하게 하시고, 항상 이 사업을 이끌고 계시는 주님의 능력을 체험하는 경영이 되게 하여 주시옵소서. 또한 믿음으로 시작한 사업이오니 악한 권세가 틈타지 못하도록 화염검으로 막아 주시고 이 사업장의 주인이 주님이심을 나타낼 수 있는 경영이 되게 하여 주시옵소서. 사업을 경영하다 보면 뜻하지 않은 시련이나 어려움이 발생할 수 도 있을 것입니다.

그때마다 주님을 더욱 의지하게 하시고 "나의 힘이 되신 여호와여 내가 주를 사랑하나이다"(시 18:1) 찬양할 수 있는 담대함이 넘치게 하시옵소서. 주님의 복 주심과 함께하여 주심을 믿사옵고 예수 그리스도의 이름으로 기도합니다. 아멘

생일을 위한 기도문

인생을 주관 하시는 하나님 아버지!

그동안 인생의 굴곡 가운데서도 하나님을 경외하는 중심이 흔들리지 않게 하시고 모든 역경과 시련을 믿음으로 잘 이겨낼 수 있도록 함께 하심을 감사 드립니다. 앞으로의 남은 여생도 험난한 세상에서 어떠한 일을 만나든지 늘 주님을 의지하고 바라보며 믿음의 길을 걸어가는 복된 삶이 되게 하시옵소서.

또한 주님의 사랑과 크신 지혜와 측량할 길 없는 은혜를 늘 체험하는 삶이 되게 하시고 하늘과 땅의 권세를 가지신 주님의 권세를 늘 받아 누리는 삶이 되게 하시옵소서. 주님의 교회와 믿음의 권속들을 위하여 더 많이 봉사하게 하시고, 주님 앞에 신실한 종으로 인정 받는 보배로운 성도가 되게 하여 주시옵소서.

주님이 특별히 사랑하시는 이 가정도 성도님을 통하여 더욱 큰 복을 받게 하시고, 모든 일에도 하나님의 축복이 넘쳐나게 하시옵소서. 또한 먼 훗날 주님 앞에 가서도 귀한 상급과 칭찬을 받는 종이 되게 하시고, 이 영광된 일을 위하여 이땅에서 살아가는 동안 주님이 기뻐하시는 열매를 풍성히 맺을 수 있도록 인도하시옵소서.

○○ 성도의 생일을 축하하기 위하여 자리를 함께한 가족과 성도님들에게도 주님이 택한 백성으로 조금도 부족함 없이 인도하여 주실 것을 믿습니다. 성령의 도우심을 의지하오며 예수 그리스도의 이름으로 기도합니다. 아멘

고희(수연)에 맞춘 기도문

만복의 근원이 되시며 인간의 생사화복을 홀로 주장하시는 하나님 아버지!

오늘 사랑하는 000 성도의 수연(고희)를 맞아 감사와 영광을 돌립니다.

거룩하신 하나님의 뜻 가운데서 사랑하는 아들(딸)을 이 땅에 보내시고, 은혜를 베푸사 예수 그리스도를 믿어 구원을 얻게 하시고, 영원한 소망과 주님의 사랑 안에서 복된 삶을 누리게 하셨사오니 감사합니다.

특별히 질고와 죽음이 많은 이땅에서 하나님의 보호와 축복으로 60-70년동안 영육간에 건강하게 지냈음을 감사하옵나이다. 그리고 주안에서 결혼하여 행복한 성도의 가정을 이루게 하시고, 귀여운 자녀들을 주셔서 그들의 신앙과 지극한 효행으로 오늘 수연(고희)축하 예배를 드리게 됨을 감사합니다.

간구하옵기는 사랑하는 000 성도를 더욱 축복하사 영육간에 건강하게 하시고, 앞으로의 생애가 더욱 행복하고 하나님께 큰 영광을 돌리며, 소망중에 승리하는 생활이 되게 하시옵소서. 기도의 영력을 칠배로 더하사 가정과 자녀와 교회와 국가를 위하여 기도하게 하시고, 바라는 소원이 생전에 모두 성취되게 하시옵소서.

오늘 말씀을 전하시는 목사님께도 성령의 능력을 더하사 000 성도의 삶에 꼭 필요한 말씀이 되게 하시고, 이 자리에 모인 축하객들에게도 평생에 잊을 수 없는 말씀이 되게 하시옵소서.

우리 주 예수 그리스도의 이름으로 감사 하오며 기도합니다. 아멘

# 출생을 위한 기도문

생명의 창조자이신 하나님 아버지!

만세 전부터 택하시고, 불러 주신 이 가정에 귀한 생명을 선물로 주심을 감사합니다. 새 생명의 탄생을 어찌 이 세상의 그 무엇과 감히 비교할 수 있겠습니까? 산모는 물론 이 가정과 저희 모두에게 생명의 축복을 주신 하나님께 다시 한번 감사와 영광을 돌립니다. 또한 주님이 주신 귀한 생명으로 인하여 저희 모두가 기쁨을 감추지 못하여 온 얼굴이 웃음으로 가득차게 하시니 이 자리에 생명의 꽃이 만발하는 듯 합니다.

원하옵고 바리기는 귀한 생명을 선물로 받은 부모들에게 믿음과 지혜를 더욱 충만하게 하셔서 이 아기를 사랑과 믿음으로 잘 양육하게 하시고, 하나님의 은혜에서 떠나지 않고 하나님을 경외하며 주님을 의지하는 삶을 가르칠 수 있도록 인도 하시옵소서. 또한 이 아기도 부모에게서 좋은 것만 본받게 하시고, 지혜와 명철을 더하여 주셔서 이 가정과 교회와 국가를 위해서 귀하게 쓰임 받을 수 있는 보배로운 사람이 되게하여 주시옵소서.

해산의 고통을 겪은 산모에게도 함께 하시길 원합니다. 그동안 주님이 주신 귀한 생명을 잉태 하기까지 정성껏 키우느라 심신이 피곤한 줄 압니다. 빠른 시일 내에 회복할 수 있도록 은혜를 더하시고, 강건함이 넘치게 하여 주시옵소서. 이제껏 산모와 아기가 건강하고, 안전하게 순산할 수 있도록 지켜 주신 주님의 은혜를 감사하오며, 이 가정에 아브라함이 이삭을 얻었을 때와 같은 큰 기쁨의 찬송이 넘쳐 나게 하여 주실 것을 믿사옵고 자손이 번창할 수 있는 은총을 허락하신 예수 그리스도의 이름으로 기도합니다. 아멘

입주, 이사를 위한 기도문

자비로우신 하나님 아버지!

이 가정을 지켜 주셔서 부족함 없이 살아가게 하시니 감사합니다. 또한 아름답고 사랑이 넘치는 가정이 되게 하여 주심도 감사합니다. 특별히 감사하기는 이 가정이 주님이 주신 새로운 장막으로 이사하여 먼저 주님께 감사 예배와 영광을 돌리게 하시니 감사합니다.

원하옵기는, 이 가정을 붙드시고 축복 하시는 하나님의 선하신 손길을 깨달아 이전 보다도 더욱 하나님을 잘 섬길 수 있는 복된 가정이 되게 하시고, 하나님을 더욱 사랑하고 하나님의 말씀을 더욱 잘 지킬 수 있는 가정으로 이끌어 주시옵소서. 그리하여 이사하기 전보다 이사한 후의 생활이 더욱 윤택하여 지게 하시고, 주님이 더욱 지켜 주시는 복된 처소가 되게 하여 주시옵소서. 또한 이곳으로 이사하기까지는 뜻을 정한 일과 계획하고 있는 일이 있는 줄 압니다. 바라기는 모든 계획들이 하나님의 뜻 안에서 이루어지게 하시고 열매 맺게 하시옵소서.

이 가정에 예배와 찬송이 늘 가득하고 주 안에서 형제 자매 들을 즐거이 대접하는 복된 처소가 되게 하시고 이 집이 육신의 장막뿐 아니라 신앙의 집으로도 아름답게 세워지고 쓰임 받게 하시옵소서. 그리하여 하늘의 장막도 단장할 수 있는 이 가정이 되게 하여 주시옵소서.

새로운 곳에서 생활할 때 어려움 없게 하시고 이웃들에게 주님의 사랑과 말씀을 전하게 하시옵소서. 이 가정의 호주가 되시는 예수 그리스도의 이름으로 기도합니다. 아멘

새로믿는 가정을 위한 기도문

만백성 가운데서 택한 자를 부르시고 생명을 주신 하나님 아버지!

이 가정에 구원을 허락 하셔서 주님 앞으로 불러 주셔서 진심으로 감사합니다. 주님을 영접하고 주님을 믿기로 작정한 사랑하는 000 성도에게 성령의 은사를 충만하게 채워 주셔서 그 영혼이 거듭나게 하시고, 하나님의 진리를 깨달아 알게 하시옵소서.

이제부터 사는 생애는 주님만을 사랑하게 하시고, 주님께 영광 돌리는 생활을 할 수 있게 하시며, 영육간에 주님이 채워 주시는 신령한 복과 은혜를 받아 누리게 하시옵소서. 특별히 바라옵는 것은 모든 식구가 한 사람도 빠짐없이 주님을 영접하여 구원받고 천국 백성으로 새 삶을 살게 하시고, 수고의 열매도 더욱 풍성히 맺게 하셔서 주님이 붙드시는 손길은 이 땅에서도 차고도 넘치는 복을 받아 누린다는 사실을 체험하게 하시옵소서.

또한 예수 믿는 즐거움이 이 가정에 넘쳐나게 하시고 자나깨나 주님만을 찾고, 주님만을 의지하며 주님 한 분만으로 만족하는 최고의 행복을 누리게 하시옵소서.

믿음도 성장하여 나중 된 자가 먼저 되게 하시는 우리 주님의 능력을 체험할 수 있게 하시고, 주님의 교회를 위해서도 귀하게 쓰임 받는 충성스런 일꾼이 되게 하시옵소서.

주님의 크신 경륜을 다시 한번 찬양 하오며, 예수 그리스도의 이름으로 기도합니다. 아멘

재소자 방문시 기도문

　우리의 기도를 항상 들으시고 더 좋은 은총을 베푸시는 우리의 아버지시여, 우리가 지금 이 사랑하는 형제를 방문하고 위하여 기도 하옵니다. 하나님이 사랑하시는 아들이며 우리의 친애하는 형제요 친구인 ○○군에게 축복하여 주시옵소서.

　먼저 그 마음에 위로를 주시고, 그 몸에 건강을 주시며, 의와 사랑의 하나님을 의지하는 마음을 주시옵소서. 그가 부지중에 저지른 일로 인하여 잠시 매인 몸이 되었으나 그의 중심에는 인생을 보람 있게 살려는 아름다운 마음을 우리는 알고 있나이다.

　인생 항로에 이번과 같은 경험은 그에게 불행이 될 수 없고 오히려 훌륭한 교훈이 될 수 있기 위하여 이 역경을 선용할 수 있는 지혜를 주시옵소서. 마음대로 교우할 수 없는 이때에 하나님과 교통하여 인생의 높이를 이룩하게 하시고, 번잡하고 어지러운 환경을 떠나 있는 동안에 마음을 정돈하여 깨끗하고 여유 있는 품성을 이루는 기회로 삼게 하시고 결코 좁은 마음이나 원망스러운 생각이나 자포자기의 마음이 들지 않게 인도하여 주시옵소서.

　우리 주님은 의인을 위해 오신 것이 아니라 죄인을 위해 오셨다고 말씀하셨나이다. 나와 형제는 다같이 하나님 앞에서 죄인임을 깨닫습니다. 우리를 불쌍히 여기시고 그리스도로 인하여 새사람 되게 하여 주시옵소서. 죄인을 사랑하시고 용서 하시기를 기뻐하시는 예수 그리스도의 이름으로 기도합니다. 아멘

11. 환자를 위한 대표 기도문

병원 방문시 기도문
뜻하지 않은 고통이 올 때의 기도문
절단수술, 혈액투석, 장기이식 환자를 위한 기도문
불치병, 당뇨병 환자를 위한 기도문
수술 전 환자를 위한 기도문
장기 입원하고 있는 환자를 위한 기도문

병원 방문시 기도문

자비하시고 전능하신 하나님 아버지!

하나님은 우리의 처지와 형편을 아시고 우리의 기도를 들으시며, 축복하여 주시기를 기뻐하시는 아버지인줄 믿나이다. 지금 우리가 사랑하는 형제(자매)의 병상에 둘러서서 형제의 건강을 위해 기도 하오니 전능하신 손을 펴사 이 형제(자매)를 도와 주시옵소서.

먼저 그 마음에 위로를 주시며, 모든 낙심 되는 것과 고독함과 슬픈 생각을 멀리하여 주시옵소서. 하나님의 크신 사랑과 전능하신 능력을 믿게 하시며 주를 의지하고 소망과 용기를 갖게 하여 주시옵소서.

하나님 아버지는 사람의 마음을 아시며 또 육체를 아시나이다. 당신은 손수 사람을 지으셨기에 사람의 병든 부분과 그 정황을 잘 아시오며, 또 낫게 하실 권능도 소유하시고 계시니, 능력의 손을 펴사 이 형제(자매)의 상처와 아픈 곳을 어루만져 나음을 얻게 하여 주시옵소서.

할 일 많은 때에 병상에 오래 누워 있지 않게 하시고, 속히 병상에서 일어나 튼튼한 몸과 마음으로 일할 수 있게 하여 주시옵소서.

여기서 수고 하시는 의사와 간호원에게도 복을 더하여 주시옵소서.

우리를 사랑하시는 예수 그리스도의 이름으로 기도합니다. 아멘

뜻하지 않은 고통이 올 때의 기도문

능력의 주님!

저희들에게 고통속에서도 생명의 씨앗을 뿌릴 수 있게 인도하심을 감사드립니다. 또한 고통으로 말미암아 저희들이 영원한 것에 눈뜨게 하심을 감사드리옵니다. 이 힘든 고통 속에서 능력을 더하시는 그리스도를 힘입어 능히 극복할 수 있도록 도와 주시옵소서.

이 아픔의 도전앞에 불평하거나 절망하기 이전에 용기와 소망을 가지고 주님의 더 큰 은혜를 사모하게 하시옵소서. 이 고통과 장애 속에서 주님의 더 큰 위로와 빛을 체험하게 하시옵소서.

아파서 도무지 견디기 힘들 때 주님의 십자가를 생각게 하시고 그 사랑의 크기를 깨닫게 하시사 아픔 앞에 담대하게 하시옵소서. 물러서거나 겁내지 말고 끝까지 견디어 이겨 나가게 하시옵소서.

또한 고통으로 신음하는 주위의 영혼들에게 생명이 되신 주님과 사랑의 빛을 전하는데 더욱 힘쓰게 하시옵소서.

뜻하지 않은 질병으로 고통 받는 00 성도님을 주님의 넓은 품안에 있음을 늘 느낄 수 있도록 인도하여 주실 것을 믿사옵고 위로와 치료의 주님이 되시는 예수님의 이름으로 기도합니다. 아멘

절단, 혈액투석, 장기 이식 환자를 위한 기도문

사랑의 주님!

뜻하지 않은 질병으로 인하여 소중한 몸의 일부분이 손상되어 치료하게 된 주님의 자녀를 굽어 보시고 위로하여 주시옵소서. 수술이 잘 이루어지게 하시옵고, 또한 이후의 삶을 위하여도 은혜로운 내일을 예비할 수 있도록 인도하여 주시옵소서.

놀람을 감추지 못하는 가족들의 마음을 위로하여 주시고, 이 일로 인하여 주님을 향하여 원망하거나 낙심 하거나 믿음이 꺾이는 일이 없도록 주님의 크신 능력으로 강하게 붙들어 주시고, 모든 것을 유익하게 하시는 주님의 손길을 의지하게 하시옵소서.

성경에 주님께서는 모든 것을 합력하여 선을 이루어 주신다고 하셨사오니 이 아픔의 기회로 인하여 더욱 신비한 주님의 은혜를 체험하게 하시옵소서.

내일 일을 염려하지 말라고 하셨사오니 주님의 약속의 말씀만 붙들고 두려움에 휩싸이지 않게 하시고, 능히 이기고 승리할 수 있도록 도와 주시옵소서.

모두가 안타까운 마음을 금할 수 없는 이 순간이지만 이 답답한 마음이 변하여 새로운 기쁨으로 충만하게 채워 주실 것을 믿사옵고, 아픈 마음을 감싸시고, 위로하시고, 능력 주시기를 예수 그리스도의 이름으로 기도합니다. 아멘

불치병, 당뇨병 환자를 위한 기도문

사랑의 주님!

○○ 성도님이 질병으로 고통할 때 세상의 기준으로 자기를 판단하여 낙심하지 말게 하시옵소서. 오히려 고통 속에 숨겨진 보물을 찾는데 힘쓰게 하시고, 인생의 모든 것과 바꿀 수 있는 영원한 보물을 찾고 기뻐하며 고난을 이겨내도록 복 주시기를 원합니다.

비록 몸은 고통스럽고 불편한 가운데 있으나 마음은 하나님의 빛을 늘 받게 하시고, 성도의 기쁨을 누리며 살게 하시옵소서. 또한 육신이 건강한 사람과 비교함으로 낙심에 이르지 않게 하시고, 고통 가운데서 하나님이 바라시는 뜻이 무엇인지 그 뜻을 깨닫는 은혜가 있게 하시옵소서.

몸의 불편함에 대해 불평하는 대신 ○○ 성도님이 가지고 있는 능력으로 주님의 뜻을 이룰 수 있는 그 무엇을 찾게 하시기를 원합니다.

○○ 성도님이 주님 앞에 기도하며 약물치료를 겸하고 있습니다. 바라옵기는 많은 약을 복용해야만 하는 단계에까지 이르지 않게 하시고, 작은 양의 약으로도 충분히 이겨 낼 수 있도록 도와주시옵소서.

욕심인 듯 싶으나 더욱 바라옵고 원하옵기는 약을 의지하지 않고도 병마를 물리칠 수 있는 힘을 주시고 능력을 더하여 주시옵소서.

만병의 의원이시고, 치료자이신 예수 그리스도의 이름으로 기도합니다. 아멘

수술 전 환자를 위한 기도문

언제나 함께 하시는 하나님 아버지!

병마에게 빼앗겼던 육체를 다시 회복하기 위하여 수술을 받으려고 합니다. 수술을 앞두고 두려운 마음 감출길 없사오니 성령께서 우리와 함께 계시오니 평안의 매는 줄로 굳게 잡아 주실 것을 믿습니다. 수술의 모든 과정을 주님께 맡기며 수술이 성공적으로 이루어질 수 있도록 성령께서 친히 주장하여 주시고 수술을 집도하는 의사와 그 곁에서 돕는 간호사들에게도 함께하여 주시기를 원합니다. 성령께서 친히 저들의 손을 움직여 주셔서 수술을 진행하시는 분이 또 한분 계심을 깨닫게 하시옵소서.

가족들에게도 위로와 평안을 더하여 주시기를 원합니다. 이제껏 OO성도를 위하여 눈물로 기도하고, 정성껏 간호한 것이 결코 하나님 앞에서 헛되지 않음을 깨닫게 하시고, 기적을 베푸시는 하나님의 손길을 체험하는 계기가 되게 하시옵소서. 혹 우리가 받아 들이기 어려운 결과가 있을지라도 실족하여 넘어지지 않게 하시고, 하나님을 경외하는 자에게 복을 주시되 넘치도록 얻게 하신다는 것을 끝까지 믿고 소망하게 하여 주시옵소서.

생명을 있게 하신 분이 하나님이신 것을 믿기에 생명을 건지시고 살리시는 분도 하나님 이심을 믿습니다. 원하옵기는 수술이 빠르게 진행되게 하시고, 성공적으로 이루어 질 수 있도록 도와 주시옵소서. 생명의 주인이신 주님께 맡깁니다. 수술대 위에 오르는 OO성도를 주님의 강한 손으로 붙드실 것을 믿사옵고 우리의 치료자가 되신 예수 그리스도의 이름으로 기도합니다. 아멘

장기입원한 환자를 위한 기도문

사랑이 많으시고 거룩하신 하나님 아버지!

예수 그리스도 안에 있는 사람은 누구든지 영혼이 잘됨 같이 범사가 잘되고 강건하며 생명을 얻되 넘치도록 풍성히 얻는 삶을 살게 하여 주신다는 사실을 믿습니다.

간구 하옵기는 오래도록 병상에서 병마와 씨름하고 있는 ○○ 성도를 긍휼히 여기사 치료와 복으로 함께 하여 주시기를 원합니다. 너무나 많은 세월을 병마에 시달리고 있습니다. 믿음 마저 연약하여져서 실족할까 염려되오니 어서 속히 이 병상에서 일으켜 주시고 전과 같이 건강함을 되찾아 주의 일에 더욱 정진할 수 있도록 은총을 베풀어 주시옵소서.

"나는 너희를 치료하는 여호와임이라."(출 15:26) 말씀 하셨사오니 무한하신 능력으로 치료의 광선을 발하여 주시어서 ○○ 성도의 몸 속에서 활동하고 있는 모든 병균을 태워 주시옵고, 사슴같이 뛰며 주님을 찬양하고 영광 돌릴 수 있도록 은혜를 베풀어 주시옵소서.

○○ 성도의 병 낫기를 위하여 많은 성도들이 합심하여 기도하고 있습니다. 믿음의 기도는 병든자를 구원하리라고 말씀 하셨사오니 치료 하시는 하나님의 손길을 보고 하나님의 살아계심을 다시한번 체험하게 하시옵고, 생명 되신 주님을 찬양 할 수 있도록 역사하여 주시옵소서. 특별히 간호에 힘쓰고 있는 가족과 자녀에게 위로를 더하시고 영육의 약함이 틈타지 않도록 성령의 능력으로 붙들어 주시옵소서. 상한 갈대를 꺾지 아니하시고 꺼져가는 심지를 끄지 아니하시는 예수 그리스도의 이름으로 기도합니다. 아멘

처음에 기도는 말하는 것이라 생각했다.
그러나 마음이 점점 고요해지자 결국 기도는
듣는 것이라는 사실을 깨달았다.

- 키에르케고르 -

할 수 없을 만큼이 아니라 할 수 있는 만큼 기도하라.

- 돔 채프만 -

12. 장례에 맞춘 대표 기도문

임종을 맞이한 자리에서의 기도문
장례식에서의 기도문
자녀를 잃은 부모 앞에서의 기도문
어린이 장례식에서의 기도문
어른 장례식에서의 기도문
입관 예배시의 기도문
하관 예배시의 기도문
위로예배(하관)시의 기도문
추도 예배시의 기도문

임종을 맞이한 자리에서의 기도문

전능하신 하나님!

당신의 손길이 숨겨져 있고, 하시는 일은 가장 놀랍고 또 당신께서는 지으신 모든 것을 사랑하시는 줄을 아옵고 감사하나이다. 지금 당신을 믿고 사랑을 받으면서 오늘까지 살아온 형제(자매)가 아픔과 괴로움 속에서 신음하고 있사오니 굽어 살펴 주시옵소서.

영원하신 하나님 아버지!

우리의 형제(자매) ○○ 성도의 임종이 임박했사오니 그 영혼을 받아 주시옵소서. 슬픔의 이 자리에서 참 빛이신 하나님만 의지하나이다. 주께서 형제(자매)의 마음을 붙드사 흔들리지 않게 하시고 튼튼하게 하시옵소서. 형제(자매)의 마음을 아버지 하나님께로만 향하게 하시옵소서.

자비로우신 하나님!

하나님께서 먼저 불러가시는 형제(자매)의 모든 것은 영원하신 아버지께 맡깁니다. 그리고 슬픔에 쌓인 모든 가족과 그 친척들에게 하나님의 영원하신 빛을 비춰사 넘치는 위로와 힘을 허락하여 주시옵소서.

이 형제(자매)가 주님만 믿고 살던 아름다운 생활을 우리들이 본받게 하시옵소서. 이제 이 세상을 떠나는 지금 하나님께서 마련하신 주의 나라에서 주와 함께 있게 하시옵소서. 여기 남아 있는 저희들은 그가 이루어 놓은 사업을 계승할 결심을 갖게 하시며 영원한 희망을 품고 위로를 받게 하시옵소서. 형제(자매)의 영혼을 주께 부탁하오니 받아 주시옵소서.

예수 그리스도의 이름으로 기도합니다. 아멘

장례식에서의 기도문

생명의 주인이신 하나님!

우리가 살아도 주님을 위해 살고 죽어도 주님을 위해 죽음을 바라면서 살아왔나이다. 그러므로 우리는 살아도 주의 것이요, 죽어도 주님의 것이나이다. 그리스도께서는 죽은 자의 주도 되시고, 산 자의 주도 되시기 위해 죽으셨다가 다시 살아나셨음을 우리가 믿으면서 머리를 숙이었나이다.

성령이여 이 자리에 임재하사 우리의 형제(자매)를 위한 이 순간이 영원과 이어지는 시간이 되게 하시옵소서. 지혜의 마음을 얻게 하시옵소서. 주의 인자 하심으로 위안을 주시옵소서.

전능하시며 영원하신 하나님 아버지시여!

영원무궁하신 아버지의 뜻에 머리를 숙이오니 주의 깊은 뜻을 깨닫게 하시옵소서. 죽음 앞에 선 우리들이 인간의 생명이 한낱 티끌임을 느끼고 영원하신 주님을 더 사모하나이다. 인생은 풀과 같은 것, 들에 핀 꽃처럼 한 번 피었다가 스치는 바람결에도 이내 사라져 그 있던 자리 조차 알 수 없는 존재이기에 하나님을 더욱 사모하나이다.

하나님의 무한한 섭리를 헤아릴 수 없어 슬퍼하고 있는 우리에게 주께서 영원한 말씀으로 임하시옵소서. 이 슬픔을 통하여 하나님의 신비가 얼마나 높고 깊은 것을 깨달아 알게 하시옵소서. 우리들도 조만간 다 이 길을 갈 것인데, 먼저 가신 형제(자매)를 다시 만나는 날까지 우리들을 보호하여 주시옵소서.

예수 그리스도의 이름으로 기도합니다. 아멘

자녀를 잃은 부모 앞에서의 기도문

자비와 긍휼이 풍성하신 하나님!

우리가 몹시 무겁고 슬픈 마음으로 하나님 앞에 머리를 숙이고 기도를 드리나이다. 주께서 세상에 보내주어 고이고이 자라던 ○○이를 잃은 부모를 위하여 간구하오니 하늘의 위로를 더하여 주옵소서.

아직 ○○이가 자랄 수 있는 데까지 자라지도 못한 채 장래 좋은 일꾼이 되리라고 기대하고 있는데 세상을 떠나니 하나님의 크신 뜻을 인간이 다 헤아릴 수가 없나이다. 하나님 어찌하여 ○○이를 이렇게 불러 가시나이까? 하나님의 뜻을 알려 주시옵소서.

우리가 그 뜻을 알지 못하므로 슬픔이 더하고 답답함이 심하나이다. 이 생명을 맡아 기르던 부모에게 특별히 위로하시며 당신의 뜻을 깨닫게 하사 하나님을 더 의지하게 하시옵소서. 슬픔이나 고통을 당하면 하나님께 버림을 받는 것처럼 낙심하기 쉬우나 고통이나 슬픔이 믿는 자에게 보다 큰 은총의 기회라는 것을 깨닫게 하시옵소서.

욥이 많은 시련을 당했으나 믿음으로 극복함으로 보다 큰 축복이 되었사오니 이번 당하는 슬픔을 믿음으로 승화시켜 새로운 은총을 받는 기회가 되게 하시옵소서. 우리 앞의 어두움을 주님의 빛으로 쫓으시고, 우리의 슬픔이 변하여 기쁨이 되게 하시옵소서.

이 슬픔이 주님의 뜻과 우리의 믿음으로 위로와 축복이 되게 하시옵소서. 예수님의 이름으로 기도합니다. 아멘.

어린이 장례식에서의 기도문

자비와 긍휼이 풍성하신 하나님 아버지!

지금 우리가 무겁고 슬픈 마음으로 이 자리에 머리 숙였나이다. 주께서 세상에 보내주신 사랑하는 어린이 ○○이가 그 부모와 우리가 기대했던 대로 그 생을 다 살지 못하고 그만 세상을 떠났습니다. 그가 장래의 좋은 일꾼이라고 기대했으나 그 한가지도 못한 체 그만 가버렸습니다.

하나님 아버지!

주님은 어떤 뜻이 반드시 계실 것이오니 저희들에게 그 뜻을 알게하여 주시옵소서. 우리가 그 뜻을 모르기 때문에 더 슬프고 더 답답합니다. 이 어린 생명을 받아 기르던 사랑하는 부모에게 특별히 위로하시고, 주님의 뜻을 깨닫게 하심으로 주님을 더 의지하게 하시옵소서. 생명은 사람의 힘으로 할 수 없음을 깨달을 때 생명의 주인이신 주님의 하시는 일을 항거할 수 없음을 깨닫습니다. 이 어린 아이의 생명 뿐 아니라 우리 자신의 생명도 주님의 손에 있음을 깨닫습니다.

우리의 슬픔과 낙심됨을 위로 하시고 믿음으로 힘을 얻게 하시옵소서. 우리 앞에 어두움을 당신의 빛으로 비추시고 우리의 슬픔이 변하여 기쁨이 되게 하시옵소서. "하나님을 사랑하고 그 뜻대로 부르심을 입은 사람들에게는 모든 것이 합력하여 선을 이룬다"하셨사오니 이 슬픈 사건이 주님이 뜻과 우리의 믿음으로 새로운 위로와 축복으로 변하게 하시옵소서.

참 생명의 주인되신 예수님의 이름으로 기도합니다 아멘

# 어른 장례식에서의 기도문

하나님 아버지!

우리들은 지금 이 엄숙한 사건앞에 섰습니다. 지나간 날에 우리들의 역사 속에 이와 같은 사건이 수없이 일어났고, 오늘도 우리가 모르는 중에 이 같은 사건이 지구 위에 수 없이 있을 것이오나 우리는 직접 우리 앞에 이 일을 당할 때 우리 일생에 가장 깊고 무거운 감정을 금할 길이 없습니다.

만일 예수 그리스도가 오시지 않았거나 죽으시지 않았거나 다시 살아나시지 않으셨거나, 또한 우리에게 부활의 약속을 주시지 않았던들 오늘 우리는 여기 잠드신 이를 위해 울어야 하고, 우리 자신에 대해 가슴을 쳐야 할 비애를 풀 길이 없을 것이옵니다. 그러나 감사한 것은 주께서 부활하셨기 때문에 우리에게 눈물대신 감사가 있습니다. 침울 대신 소망이 넘칩니다.

오늘의 답답한 현실 속에서 새 나라를 바라보고 광명을 경험합니다. 이제 여기 세상을 떠나신 이를 위해서는 우리의 바랄 바가 없습니다.

그가 주님과 함께 영화된 몸으로 부활의 은총에 참여한 것을 믿고 감사할 뿐입니다. 그러나 육정을 가진 사람은 육으로 떠난 섭섭함이 없을 수 없습니다. 그러나 마침내 약속의 나라에 들어가 하나님의 보좌 앞에서 만날 것을 믿고 힘씀으로 용기를 얻게 하옵소서.

상주가 되는 OOO 씨 형제를 비롯해서 여러 유가족과 친족들 위에 부활의 주님의 위로가 함께 하시고, 여기 모인 우리 모든 조객위에 부활의 소망을 주시옵소서. 오늘의 남은 모든 일들도 주님의 축복으로 마치게 하옵소서.

우리의 생명과 소망이신 예수 그리스도의 이름으로 기도합니다. 아멘

입관 예배시의 기도문

영원하신 하나님 아버지!

시들고 말라버리고야 말 생명이긴 하지만 하나님께서 허락하여 주신 것이기에 이를 소중히 여기며 살아왔습니다. 그러나 육신의 장막을 쓰고 사는 우리는 하늘에 있는 소망중에 우리의 집을 덧입기를 갈망하면서 소망 중에 살아왔나이다. 그 귀중한 생명이 떠났기에 우리는 애태우며 슬픈 마음으로 입관 예배를 드리나이다.

그 생명은 이미 부름을 받아 아버지 품에 안기우고 여기에는 그 몸만이 남아 있습니다. 고인의 몸을 관 속에 고이 모시며 슬퍼하는 유족과 우리들에게 위로하여 주시옵소서. 육신의 장막 집을 쓰고 사는 동안 각 가지의 공통을 당했으나 지금은 하나님과 함께 편히 살게 된 것을 생각하고 위로를 받습니다.

자비하신 하나님 아버지!

우리는 죄의 용서와 몸의 부활과 영원한 삶을 믿으면서 ○○의 몸을 고이 모십니다. 다시 간구 하옵기는 ○○의 모든 죄를 사하시고 영원한 하늘 나라에 들어가게 하시옵소서. 육체를 쓰고 있는 동안에는 주님께서 멀리 떠나 있는 듯이 살았으나 지금은 ○○가 육체를 떠나서 주님과 함께 편안히 살고 계심을 믿나이다. 우리 모두에게 하늘의 위로를 내려 주시옵소서. 특별히 유족들에게 큰 위로를 주시며 슬픔 때문에 오는 마음의 흔들림이 없도록 성령께서 붙들어 주시옵소서.

생명의 주가 되시는 예수 그리스도의 이름으로 기도합니다. 아멘

하관 예배시의 기도문

전능하신 하나님 아버지!

우리는 지금 믿음의 형제(자매)를 대지의 품에 안장하려고 모였나이다. 흙으로 된 인생, 흙에서 왔으니 흙으로 돌아가고 숨은 하나님께로부터 받은 것이기에 이미 하나님께로 들어갔나이다.

사랑하는 이를 이렇게 보내야 하는 유족들과 우리들에게 주의 위로를 허락하시옵소서. 그리스도 안에서 영원한 소망을 가지게 하시옵소서. 썩을 몸이 묻히지만 썩지 않을 몸으로 다시 살아날 것을 믿습니다. 천한 몸이 묻히지만 영광스로운 것으로 다시 살아날 것을 믿습니다. 약한자가 묻히지만 강한자로 다시 살아나며 육체적 몸이 묻히지만 영적인 몸으로 부활할 것을 믿고 여기에 안장 하나이다.

오늘은 형제(자매)의 몸을 여기 묻지만 하나님의 말씀에 따라 주님 다시 오시는 종말 마지막 나팔 소리가 울릴 때 눈 깜박할 사이도 없이 죽은 이들이 불멸의 몸으로 다시 살아날 것을 확신합니다. 이 썩을 몸은 불멸의 옷을 입어야 하고, 죽을 몸은 불사의 옷을 입어야 하기 때문에 죽음 안에 승리는 어디 있으며, 죽음아 네 독침은 어디 있느냐고 외칠날이 있나이다.

부활의 믿음을 주시옵소서. 세상의 모든 짐을 벗겨 주신 주께서 고인에게 영원한 안식을 허락하여 주시옵소서. 눈물 짓는 유족들과 우리 모두의 눈에서 눈물을 씻어 주시며 부활의 소망을 가지고 하늘 나라를 바라보게 하시옵소서. 예수님의 이름으로 기도합니다. 아멘

하관을 마치고 (위로예배)

슬픈자를 위로하시고 약한 자를 지켜 주시는 전능하시고 자비로우신 하나님!

기쁨이 슬픔으로 변한 당신의 종들 위에 당신의 부드러우신 사랑과 긍휼로서 돌보아 주시옵소서. 그리하여 그들이 슬퍼하더라도 원망하거나 용기를 잃지 말게 하시고 그리스도 안에서 당신의 자비와 사랑과 약속을 기억하므로써 당신의 가르치신 대로 당신의 품에 자신을 맡길 수 있게 하시옵소서.

당신의 사랑으로 저들의 황폐한 마음을 어루만지시고 죽음에서 생명을 불러 일으키시며 그들의 슬픔을 영원한 기쁨으로 변하게 하시는 당신께 더욱 가까이 나아갈 수 있게 하시옵소서.

우리의 위로자가 되시는 주 예수 그리스도의 이름으로 기도합니다. 아멘.

추도 예배시의 기도문

산 자와 죽은 자의 주님이 되시는 하나님 아버지!

우리로 하여금 그리스도의 은혜를 힘입어 죽음과 절망의 어두운 그늘 속에서도 영원한 소망을 가지고 살게 하심을 감사하나이다.

오늘은 이미 하나님 나라의 백성이 된 형제와 아브라함의 품으로 불러가신 그날을 당하여 추모예배로 모였나이다.

고인에게 영원한 안식을 허락하신 은총을 감사하오며, 오늘까지 고인의 유족과 고인과 관계가 깊었던 모든 분들을 믿음 안에서 붙들어 주시고 이끌어 주신 것을 진심으로 감사하나이다.

거룩하신 하나님!

여기에 있는 산 자와 죽은이 모두에게 하늘의 영원한 은총을 베풀어 주사 하늘 영광을 찬양케 하시옵소서.

주님이 우리곁에 계심을 믿음으로 확인하고 새 소망으로 넘치게 하시며 실의에 빠진 이에게는 눈을 들어 새 하늘과 새 땅를 바라보게 하시옵소서.

땅 위의 것을 보고 실망하지 않게 하시고, 바로 지금 눈을 들어 부활이 주를 바라보게 하시옵소서. 우리를 인도하던 고인을 생각하며 그의 행실을 보고 그 믿음을 본받게 하시옵소서. 예수님의 이름으로 기도합니다. 아멘

부록

주기도문 강해
응답받는 기도 포인트 100선
신앙의 위험 신호는 어떻게 오는가?
교회 선택의 십계명

주기도문 강해

1. 너희는 이렇게 기도하라

마태복음 6 : 9 - 13

주기도문은 신자들에게 매우 친숙한 기도이며, 어려서부터 지금까지 수천, 수만 번 암송해 왔을 것입니다. 그러나 참뜻은 생각지 않고 주문처럼, 예배의 마침표처럼 생각하고 사용한 것이 대체적인 경향입니다. 우리가 참된 의미를 알고 나면 이전처럼 주기도문을 하지 않을 것입니다. 주기도는 가장 완전하고 모범적인 기도로 참된 의미를 알고 진심으로 드리는 주기도문이라면 이 세상에서 가장 완전한 기도를 드리는 셈입니다.

1. 주기도문의 배경

주기도문은 예수님께서 제자들의 필요에 따라 가르쳐 주신 기도입니다. 이 기도는 산상수훈 가운데 들어 있으며 유대교의 잘못된 전통 속에 있던 제자들을 불러내어 천국백성을 삼으시고, 천국백성의 신앙과 삶의 원리를 가르쳐 주신 것이 산상수훈입니다.

유대인들은 기도를 매우 중요시하므로 제자들은 랍비들로부터 수십 가지 종류의 기도 자세와 기도문을 배워 알고 있었던 것입니다. 그러나 유대인들의 기도는 너무나 형식적이고 외식적이어서 공허하고 무의미한 것이었습니다. 결과적으로 그들의 삶은 공허하고 만족이 없는 삶이 되었습니다.

그러나 제자들은 예수님을 통해서 새로운 생명의 은혜를 얻었고 심령과 삶이 변했습니다. 따라서 그들은 옛날처럼 기도하는 것으로 만족할 수 없었습니다. 그래서 새 기도를 배우려는 열망을 가지게 되었습니다.

한편 예수님의 기도생활은 저들에게 큰 빛과 도전을 주었으며 심령이 바뀌면 기도도 바뀝니다. 기도가 바뀌지 않은 것은 심령의 변화가 없다는 증거입니다. 여러분의 기도는 어떠합니까?

2. 주기도문이 보여주는 모범적인 기도의 원리

1) 기도의 대상이 누구인지 바로 알고 바른 관계를 가질 것을 알려줍니다.

하나님과 올바른 인격적 관계만 수립하면 기도의 99%는 이미 성취된 것이라 할 수 있습니다. 올바른 관계를 정립하지 않고 기도하는 것은 헛된 일이요. 가증한 일일 수 있습니다.

하나님과의 관계를 이렇게 보여 줍니다.

- 아버지와 자녀의 관계　　　　　　　: "우리 아버지여!"
- 존귀하신 하나님과 예배자의 관계　　: "이름이 거룩히"
- 왕과 신하의 관계　　　　　　　　　: "나라이 임하옵시며"
- 주인과 종의 관계　　　　　　　　　: "뜻이 ... 이루어지이다"
- 은혜 베푸는 자와 은혜 받는 자의 관계 : "우리에게 일용할 양식"
- 구세주와 죄인의 관계　　　　　　　 : "우리 죄를 사하여..."
- 인도자와 나그네의 관계　　　　　　 : "우리를 시험에 ..."

이러한 관계만 바로 정립되면 기도는 완전히 달라질 것입니다. 그러므로 기도할 때 먼저 하나님과의 관계를 확실히 정립해 두어야 합니다. 하나님이 어떤 분이신지 생각해야 합니다.

2) 기도할 때 기도자가 갖추어야 할 영적인 자세를 보여 줍니다.

- 비이기적인 마음자세(공동체 의식)　: "우리"
- 자식으로서의 마음자세　　　　　　: "아버지"
- 경배하는 마음 자세　　　　　　　　: "이름이 거룩히..."
- 충성된 마음 자세　　　　　　　　　: "나라에 임하옵시며"

- 복종하는 마음 자세 : "뜻이 이루어 지이다"
- 의지하는 마음 자세 : "일용할 양식을…"
- 회개하는 마음자세 : "우리 죄를…"
- 겸손한 마음 자세 : "우리를 시험에…"
- 승리를 확신하는 마음 자세 : "대개 나라와 권세와 영광이…"

3) 기도할 내용과 순서를 보여줍니다.

주기도는 원어로 66단어 밖에 안되는 간결한 것이지만 그 속에 필요한 모든 것을 다 포함하고 있습니다.

- 내용은 크게 하나님의 영광에 관한 것(9-10)과 인간의 필요에 관한 것으로 (11-13)으로 나눌 수 있습니다.
- 순서는 하나님의 영광에 관한 것이 먼저요. 인간의 필요는 그 다음입니다.

제자들은 예수님과 인격적인 관계를 수립한 후 심령이 변화되었고 그 결과 기도 생활의 변화를 추구하였습니다. 우리의 기도는 어떻습니까? 주기도문이 가르치는 대로 하나님과의 인격적인 관계를 바로 하고, 올바른 영적 자세로 올바른 순서에 따라서 기도하는 법을 배워야 할 것입니다.

2 하늘에 계신 우리 아버지!

마태복음 6 : 9 - 13

우리는 서론적으로 주기도문이 가르치는 기본적인 기도의 정신을 살펴 보았습니다. 주기도문은 하나님과 우리와의 인격적인 관계에 강조점을 두고 있으며 우리가 갖춰야 할 올바른 마음자세에 강조점을 두고 있습니다. 이제 주기도문을 자세히 상고해 봅니다. 먼저 첫 부분을 살펴 봅시다.

1. 기도에 있어서의 시작은 매우 중요합니다.

주기도문은 "하늘에 계신 우리 아버지!" 라는 부름으로 시작됩니다. 기도는 하나님 아버지를 부름으로 시작 되어야 합니다. 부른다는 것은

1) 우리의 기도를 들으시는 분이 누구인지 대화의 상대가 어떤 분이신지 먼저 알고 인격적인 교제를 위해서 부르는 것을 의미합니다.

2) 주기도문의 시작이 "아버지" 이며, 끝맺음도 "아버지" 입니다.

여기에 중요한 원리가 있습니다. 기도는 하나님과 인간 사이의 인격적인 교제요 대화인데 "주도권"이 하나님께 있다는 사실입니다. 하나님과 내가 대등한 관계에 있는 것은 아닙니다. 하나님은 절대적인 주권을 가지고 계신 분입니다. 그러므로 기도를 시작할 때 하나님께서 절대적인 주권을 가지시고 그의 뜻대로 무엇이든지 하실 권리가 있다는 사실을 또 우리가 무엇을 강요하거나 우리의 의지를 가용할 수 없다는 사실을 깊이 인식해야 합니다.

주님은 우리의 요구대로 해주실 의무가 없습니다. 기도란 하나님이 모든 것 위에 절대적인 주권을 가지고 계심을 인정하고, 그 분의 의지에 우리의 의

지를 복종시키는 것입니다. (시 86:11)

2. 우리가 부르는 분은 하늘에 계신 하나님이십니다.

"하늘에 계신"이란 지리적인 개념이 아닙니다. 유태인들에게는 세 가지 하늘 개념이 있습니다. 첫째는 대기권(사 55:8-10), 둘째는 일월성신이 있는 우주(시 19:1), 셋째는 지극히 높은곳, 하나님이 계신곳을 의미합니다. 그러므로 "하늘에 계신"이란

1) 위계질서상 가장 높은 곳에 계신 분이라는 뜻입니다.

더럽고 추한 세상을 초월해서 거룩하신 분이란 뜻이며 전지전능, 무소부재 하시며, 위엄과 영광 중에 계시는 분이라는 뜻이며, 우주 만물과 역사를 주관하시는 주권자이시라는 것입니다.

2) 그러므로 기도할 때 하나님을 하늘에 계신 하나님으로 인식하고, 믿고, 바라보며, 겸손히 도움을 구하는 자세로 나아가라는 뜻이 들어있는 것입니다.

3. 또한 하나님은 우리의 아버지가 되시는 분입니다.

하나님은 하늘에 계실 뿐 아니라 가까이 계시는 사랑의 아버지 이시기도 합니다.

1) 하나님은 오직 믿는 자의 아버지만 되십니다.

세상 모든 사람이 다 하나님의 자녀요. 형제라는 주장은 사람이 하나님의 피조물이란 의미에서만 그렇습니다.

2) 아버지되심은 친밀한 관계를 말해줍니다.

스토아 철학자도 에피큐리안 학파도 하나님을 "아버지"라 불렀지만 그들의 하나님은 무관심하고 무감정, 인간사에 초연한 무능력한 신일 뿐입니다. 유대인들도 하나님을 아버지라 불렀지만 그것은 민족적, 종교적 차원에서 그런 것이지 예수님처럼 부른 것은 아닙니다.

그들은 하나님의 초월성을 너무 강조하다 보니 하나님의 이름을 부르기

조차 두려워 했습니다. 예수님이 부르는 아버지는 "아바"란 말인데 우리 말의 "아빠"와 같은 애칭입니다. 하나님을 너무 가깝게 부르는 이 말은 유대인의 격분을 자아내기도 했습니다.

3) 하나님이 아버지 되심은 더 이상 하나님이 공포의 대상(이방인의 하나님관)이 아니라 무조건적, 절대적으로 영원히 사랑하시는 사랑의 아버지라는 것입니다.

독생자를 주신 사랑! 탕자를 받으시는 아버지의 극진한 사랑! 아버지의 사랑은 사랑받을 줄 모르고, 감사할 줄 모르는 자까지 사랑하시는 사랑입니다.(예, 손양원 목사님, 장진남 목사님)

4) 아버지되심은 기쁘게 믿고 의지하고 순종할 대상이심을 보여주는 것입니다.

4. 이런 아버지 앞에 기도할 때 우리의 마음 자세는 어떠해야 하겠습니까?

갓난 아기가 어미 품에 안겨 쉬듯이 모든 것을 그 분께 맡기고 그의 선하신 처분을 바라며 완전히 믿고, 의지하고, 순종하며 기뻐해야 하지 않겠습니까?

기도에 있어서 시작은 올바른 것이어야 합니다. 따라서 기도할 때 하나님이 어떤 분이신지 바로 알고 나아가야 합니다. 그 분은 하늘에 계시는 분입니다. 거룩하시고 전지전능, 무소부재, 영원하신 주권자이십니다.

그러므로 경외하는 마음으로 겸손히 회개하며, 그의 절대적인 권위를 복종하는 자세로 나아가야 합니다. 또한 그 분은 좋으신 아버지이십니다. 그러므로 우리는 무한한 신뢰감과 감사하는 마음으로 그에게 나아가 모든 것을 맡기고 그의 품안에서 쉬며 감사 찬송하는 자세로 기도해야 합니다.

여러분의 기도는 어떠했습니까? 앞으로 어떻게 바뀌어야 하겠습니까?

3 이름을 거룩하게 하시며

마태복음 6 : 9 - 13

앞에서 우리는 주기도문의 시작 부분을 살펴보았습니다. 기도에 있어서 올바른 시작은 매우 중요합니다. 올바른 시작은 무엇일까요? 기도의 대상이 어떤 분이신지 분명하게 인식하는 일입니다.

• 그 분은 하늘에 계신 하나님이십니다. 더럽고 추한 죄악 세상을 초월해서 가장 높은 곳에 계시는 거룩하시고, 전지전능하신 분이시며, 모든 역사를 주관하시는 절대 주권자 이시라는 것입니다. 그러므로 기도를 시작할 때 떨리는 마음으로 겸손히 그의 절대적인 주권을 복종하고자 하는 자세로 나아가야 한다는 것입니다.

• 그 분은 또한 우리의 아버지가 되시는 하나님이십니다. 그러므로 우리는 무한한 신뢰감을 가지고 나아가야 하는 것입니다. 이제 첫 번째 간구를 살펴 보겠습니다.

1. 하나님의 영광을 구하는 것이 첫 번째 자리에 있어야 함을 보여줍니다.

올바른 기도는 자기자신의 필요에서 출발하는 것이 아니고 하나님의 영광에서부터 출발하는 것입니다. 하늘에 계시면서 우리의 좋은 아버지가 되신 하나님을 생각할 때 너무나 영광스럽고 감사해서 찬양과 감사부터 올리는 것입니다.

신,구약의 모든 하나님의 참성도들은 그러했습니다.(예 : 다니엘, 예레미야, 요나, 바울, 예수님 등)그런데 오늘날 거의 대부분의 신자들이 그것을 무시하고 있습니다. 하나님의 이름을 부르기가 무섭게 곧 바로 자기들의 요구

사항을 제시합니다. 적당한 조건을 내걸기도 하고(예 : 야곱 창 28장) 원망, 불평을 늘어 놓기도 합니다. 때로는 하나님을 설득 하려고 온갖 아양을 다 떨기도 합니다. 마치 하나님이 내게 큰 빚이라고 지고 있다는 태도입니다. 이것은 자기 독백에 불과하며 스트레스 해소용 넋두리에 불과합니다. 올바른 기도는 하나님의 영광을 바라보고 기뻐하면서 그에게 영광과 존귀와 감사를 올리는 일입니다.

기도란 내 뜻을 관철시키는 도구가 아니라 하나님의 뜻을 이루며 하나님의 영광을 드러내는 통로인 것입니다. 그런데 많은 사람들이 하나님의 영광보다 자기 자신의 문제에 더 관심과 중요성을 두기 때문에 기도하기는 하되 하나님이 인정하시는 참된 기도는 하지 않는 결과를 가져옵니다. 이것은 과거부터 우리 민족이 지녀왔던 무속종교의 기복신앙 때문이라고 보여집니다. 무속 종교에서의 기도란 자기 소원을 성취하기 위한 도구이기 때문입니다.

그러므로 우리는 이 점에 있어서 우리의 기도를 살펴보고 잘못된 것은 수정해야 할 것입니다. 기도자가 참으로 하나님의 영광을 구할 때 세상의 일, 자기의 문제는 하찮은 것이 됩니다.

화니 크로스비(Fanny J. Crosby)는 이렇게 찬송합니다. "주안에 은혜 받으므로 마음속 풍파가 잔잔하니 나와 세상은 간곳 없고 구속한 주만 보이도다"

2. "이름을 거룩하게 함"의 의미는 무엇입니까?

1) "이름"이란 하나님 자신, 하나님의 인격과 동일시 되는 것입니다.

당시 유대인들은 감히 "하나님"이란 이름을 부르지 못하고 "그 이름"이라고 불러서 하나님 부르는 것을 대신 했습니다. (예 : 엘로힘, 여호와, 여호와 이레, 여호와 샬롬, 여호와 닛시, 여호와 즈바옷) 등은 하나님의 속성을 보여줍니다.

2) "거룩하게 한다" 는 의미는 신성하게 다루며 존경한다는 뜻입니다.

그러므로 "이름을 거룩하게 한다"는 것은 하나님의 인격이 존경 받으시고 명예를 얻으시고 영광을 받으며 높임을 받게 한다는 뜻입니다. 하나님이 하나님으로서의 마땅한 대접을 받으시게 한다는 것입니다. 세상 모든 사람들이 나를 통해서 하나님을 알게 되고 하나님의 이름에 합당한 존경을 하나님께 돌려 드리게 되도록 해야 한다는 것입니다.

3. 어떻게 하나님의 이름을 거룩하게 할 수 있습니까?

1) 소극적으로는 그의 이름을 망령되이 일컫지 않는 것입니다.

망령되이 부른다는 것은
- 세속적인 목적으로 하나님 이름을 사용함(예 : 정치, 경제적 이유)
- 하나님을 원망함
- 농담에 사용
- 마음에 없는 형식적인 예배, 기도
- 위선적인 행위, 악한 행실로 하나님을 욕되게 하는 것을 의미합니다.

2) 적극적으로
- 우리는 그 분을 믿어 드려야 합니다. 성경이 계시하는 대로 믿어 드리는 것입니다.(히 11:6, 요 6:27) 또한 항상 하나님을 의식하고 그 앞에서 살아야 합니다.
- 착한 행실로 영광을 돌려야 합니다.(마 5:16, 빌 4:8)

기도하는 사람은 어떤 처지, 어떤 형편에 있든지 자기의 문제에서부터 기도를 출발하는 것이 아니라 하나님의 이름이 거룩히되는 문제 즉 하나님께 영광 돌리는 일에 최고 최대의 관심, 첫 번째 관심을 두어야 하는 것입니다.

기도 시간에만 하나님께 영광을 구하는 것이 아니라 평상시 생활 속에서 하나님을 바로 믿어 드리므로 하나님의 영광을 망령되이 사용치 않으므로 선한 행실로 영광을 돌리는 삶을 살아야 할 것입니다. 진실로 여러분의 기도 생활에 이와 같은 변화가 있기를 바랍니다.

4 나라가 오게 하시며

마태복음 6 : 9-13

앞에서 우리는 기도문의 첫 번째 간구를 살펴 보았습니다. 세상 사람들은 별것 아닌 자기 이름을 대단한 것으로 생각하고 자기 이름의 영광을 내는 데 혈안이 되어 있습니다. 그러나 참 신자는 자기 이름에 관심을 두지 않고 구세주이신 하나님의 이름에 최대의 관심을 가져야 한다는 것입니다.

이제 두 번째 간구를 살피게 되었습니다.

1. 두 번째 간구는 첫 번째 간구와 밀접한 관계를 가지고 있습니다.

참으로 하나님을 발견하고 체험한 사람들은 "왜 사람들은 이렇게 좋은 하나님을 믿지 않을까? 왜 귀하신 이름을 높여 드리지 않을까? 라는 의문을 가지게 됩니다. 그 이유는 바로 하나님을 대적하는 흑암의 세력, 곧 마귀의 세력이 이 세상에서 활동하기 때문입니다. 하나님께서는 주권적 섭리하에서 마귀가 잠정적으로 이 세상을 통치하는 것을 허락하셨습니다.

그 결과 마귀의 지배하에 있는 사람들은 하나님을 대적하고 모독하며 하나님을 부인합니다. 또는 무관심합니다. 온갖 정욕에 따라 죄 가운데서 허랑 방탕하게 살아갑니다. 오로지 자기 영광만을 위해서 살아갑니다. 그러므로 하나님의 이름을 거룩히 여김을 받기 위해서는 사탄의 권세가 깨뜨려지고 그 사탄의 지배하에 있던 사람들이 풀려나서 하나님 나라의 백성이 되어야 하는 것입니다.

2. 하나님 나라는 무엇입니까?

1) 하나님 나라는 예수님의 사역과 가르침의 중심 주제입니다.

예수님께서 복음 전파를 시작하실 때 처음으로 언급하신 말씀이 하나님 나라입니다. 그리고 신.구약 성경의 중심적인 가르침도 하나님 나라입니다. 그러므로 우리가 하나님의 나라가 무엇인지 바로 파악하고 붙들지 못한다면 우리의 신앙생활은 헛된 것이 될 수 밖에 없습니다.

2) 하나님의 나라, 하늘나라, 천국, 낙원 그리스도의 나라, 그 아들의 나라 등 의 여러표현을 쓰고 있는데 이것은 각기 다른 나라를 말하는 것이 아니고 같은 나라를 달리 표현하고 있을 뿐입니다.

3) "나라" 라는 헬라어 바실레이아(Basileia)나 히브리어 말쿠트(Malkuth)는 본래 "통치, 지배" 권을 의미합니다.

그러므로 하나님의 나라는 하나님의 통치, 지배권을 의미합니다. 그리고 하나님이 통치하실 때 생겨나는 결과적인 축복의 영역들을 포함합니다. (롬 14:17)

4) 이 나라는 초자연적 영적인 나라입니다.

일정한 지리적 장소를 차지하는 지상적인 나라와는 다르다는 것입니다. (요 18:36)

5) 나라는 인간의 나라가 아니라 하나님의 나라입니다. (The Kingdom)

인간의 나라는 인간이 세우고 무너뜨릴 수 있습니다. (예 : 인류 역사에서 볼 수 있는 여러나라의 흥망성쇠)그러나 하나님의 나라는 하나님의 나라이기 때문에 인간이 세우거나 무너트릴 수 없습니다. 이 나라는 오직 하나님이 메시아를 통해서 홀로 세우시고, 인간에게 선물로 주시는 나라입니다.

6) 이 나라에서도 나라의 3대 요소를 생각해 볼 수 있습니다(주권, 영토, 국민)

주권은 하나님께(주권 재민이 아니라 주권 재신), 영토는 하나님의 주권이 미치는 온 우주, 국민은 그의 택하신 백성들입니다.

7) 이 나라는 예수 그리스도를 통해서 이루어지는 나라입니다.

그러므로 이 나라는 예수님의 초림과 함께 이 땅에 임하여 현존하고 있습니다. 예수님을 통하여 나타나는 하나님의 권능은 세상 나라, 인간이 세운 정치 기구를 무너뜨리는 것이 아니라 사탄과 사탄의 나라, 죄의 세력을 무너뜨리는 것입니다. 예수님은 십자가의 대속과 부활을 통하여 사탄을 이기셨고, 지금도 계속 복음의 능력으로 사탄에게 매여 있던 심령들을 해방시켜서 하나님 나라에 들어가게 하십니다. 누구든지 복음을 듣고 회개하고 주님을 영접하면 하나님의 자녀가 되고(요 1:12)하나님 나라에 들어가고(요 3:3-5) 의, 평강, 희락(롬 14:17)을 맛보고 살며, 내세의 능력을 받아(히 6:4,5) 초자연적인 삶을 살게 된다고 성경은 말씀합니다.

8) 그러나 이 나라의 완성은 예수님의 재림때 이루어질 것입니다.

초림하신 예수님은 사람들이 거부할 수 있었으나 재림 때의 예수님은 심판장으로서, 왕으로서 오실 것이기 때문에 어느 누구도 거부할 수 없습니다.(시 2편)

3. 어떻게 이 나라에 들어갈 수 있습니까?

1) 거듭날 것(요 3:3-5)

2) 회개, 신앙(막 1:16)

3) 마음의 주인을 바꿀 것(나, 세상의 지배 - 하나님의 지배(갈 2:20, 마 16:24)

4) 날마다 헌신, 순종(나는 죽고 그리스도는 살고), 그의 주권에 복종할 것 등입니다.

4. "임하옵시며" 기도하는 그 의미는 무엇입니까?

1) "그리스도께서 지금 여기에서, 내 마음속에서부터 다스리소서" 하는 것입니다.

"성령님, 나를 지배하시고 다스리셔서 아버지의 뜻에 순종하는 삶을 살게 하소서. 당신을 왕으로 대접 하게 하소서."하는 의미입니다. 그러므로 현실에서 주님께 순종하지 않으면서 이 기도를 드린다면 그것은 위선이요 거짓입니다.

2)복음의 성공을 위해서 기도하는 것입니다.

"주님께서 복음을 통하여 내 속에서뿐 아니라 다른 모든 사람들 속에서도 통치하시고 저들도 하나님 나라의 축복을 체험하게 하소서."라고 기도하는 것입니다.

3)재림을 위해서 기도하는 것입니다.

"임하다"의 의미는 주님의 왕국이 정점에 이르듯이 오는 것입니다. 그러므로 이것은 재림을 고대하는 기도입니다(왜? 재림때에 하나님의 나라가 완성되기에)

4) 그러므로 이것은 복음을 전하겠다는 결심의 기도이기도 합니다.

왜냐하면 복음이 온 천하 만민에게 전파된 후에야 다시 오겠다고 약속하셨기 때문입니다. 그러므로 평소에 복음을 전하려는 열심과 노력 없이 기도를 드리는 것은 위선입니다.

하나님의 이름이 거룩히 여김을 받고 하나님의 영광이 높이 드러나기 위해서는 하나님 나라가 이루어져야 합니다. 하나님 나라는 기본적으로 하나님의 왕적 통치를 말합니다. 하나님께서는 예수님을 이 세상을 보내서서 복음으로 사람들의 마음을 지배하시므로 하나님 나라를 이루어 가십니다.

하나님 나라는 지금 이땅에 임해 있습니다. 영적인 실재입니다.(롬 14:17) 그 나라는 예수님의 재림으로 말미암아 완성됩니다. "나라가 오게 하시며" 하는 기원은 "지금 내 마음을 주님께서 다스리소서"하는 것이며 다른 사람들의 마음도 다스리시도록 복음을 전파하겠다는 결심이며 "예수님의 재림이 속히 이루어지이다"하는 의미입니다.

5 뜻이 이루어지게 하소서

마태복음 6 : 9-13

주기도를 진실되게 그 의미대로 기도한다는 것은 혁명적인 의미를 가지고 있습니다. 세상은 자기 자신에게 관심의 초점을 두고 살아갈 것을 강요합니다. 그러나 주기도문은 신자가 무엇에 우선적으로 관심의 초점을 맞추어야 하는가를 보여줍니다. 우리가 세속을 따라 살아갈 때 우리는 자기 자신의 작은 이름에 최고의 관심을 가지고 우리 자신의 작은 지배권을 확보하려 애쓰며 자신의 무지하고 어리석은 뜻을 실현하는데 삶의 초점을 맞추고 있습니다.

그러나 우리가 진정 복음화 되어 주기도문이 가르치는 정신을 가지고 살아갈 때 우리의 삶의 초점은 하나님의 이름에, 그의 나라에, 그의 뜻 실현에 맞추어지게 될 것입니다. 진심으로 이 기도를 드릴 수 있는가, 없는가는 우리 신앙고백의 진위를 구분하는 시금석이 됩니다.

1. 하나님의 뜻

뜻이란 의지를 말합니다. 그러므로 하나님이 원하시는 것, 하나님이 가지신 목적, 하나님의 의지를 말합니다.

1) 하나님의 뜻은 하나님의 이름이 거룩히 여김을 받는 것이요, 하나님의 나라가 실현되는 것을 말합니다.

하나님께서는 이 일을 사람을 통해서 하고자 하십니다. 인간은 범죄하기 전에는 우주 만물을 다스리며 하나님께 영광 돌리는 문화 창조의 사명을 받았지만 범죄 이후 하나님께 영광 돌리는 문화가 아니라 하나님을 대적하는 세속적 문화를 발달시키게 되었습니다.

그러므로 하나님의 뜻은 하나님의 거룩한 형상을 다시 회복하게 하고 하나님께 절대 순종하여 거룩한 삶을 살아감으로써 하나님께 영광을 돌리게 하려는 것입니다.

2) 하나님의 뜻을 성경에 밝히 드러나 있습니다.

그러나 자아 중심적인 죄인은 그 뜻을 분별치 못하며, 순종하고자 하는 의지가 없는 사람은 하나님의 뜻을 깨닫지 못합니다(요 7:17) 하나님의 뜻을 준행하려는 의지를 가지고 성경을 사랑하는 사람은 오늘 나에게 향하신 하나님의 뜻을 명백하게 깨닫고 하나님의 인도하심을 받을 수 있습니다

3) 하나님의 뜻은 절대적인 것과 상대적인 것으로 나누어 생각할 수 있습니다.

- 절대적인 것 : 하나님의 말씀과 계명을 지키는 것
- 상대적인 것 : 내가 너희를 사랑한 것 같이 너희도 사랑하는 것

2. 하늘에서 이룬 것 같이

하늘에서는 천군 천사들이 하나님의 뜻을 수행하는 시종을 들고 있습니다. 저들은 신속히, 열심히, 완벽하게, 끊임없이, 자진해서 하나님의 뜻을 준행합니다. 하늘에서는 하나님의 뜻에 대한 추호의 반역도 없습니다. 배반하고 거역하던 무리들은 땅으로 내어 쫓김을 받았습니다.

3. 땅에서도 이루어지이다.

이 말씀은 이 땅에서는 하나님의 뜻이 잘 시행되고 있지 않음을 보여 줍니다. 이 땅의 특징은 불순종과 반역입니다. 그 이유는 이 땅에서는 불순종의 영, 마귀의 세력이 잠정적으로 득세하고 있기 때문입니다.(엡 2:2)

그러므로 땅에서도 하나님의 뜻이 이루어지기를 기도해야 하는 것입니다. 여기에서 우리는 기도란 하나님의 뜻이 이루어지는 통로임을 알 수 있

습니다.

1) 원망하는 태도나 수동적인 체념에서 "뜻이 이루어지게 하소서" 하는 것이 아니고 적극적이고 즐거운 뜻으로 소원하는 것입니다.

2) 자아를 부인하고 자기 십자가를 지겠습니다. 하는 의미입니다.

참된 기도는 내 뜻을 이루는 것이 아니라 내 뜻을 버리고 하나님의 뜻을 이룰수 있도록 자기를 쳐서 복종시키는 것입니다. 다윗은 "내가 주의 뜻 행하기를 즐기오니(시 40:8)라 했고 예수님도 "나의 양식은 나를 보내신 이의 뜻을 행하며 그의 일을 온전히 이루는 이것이니라"(요 4:34)고 하셨습니다.

3) 날마다 순종하겠습니다 하는 신앙고백입니다.

오늘 내게 알려진 하나님의 뜻(거룩함, 사랑, 항상 기뻐함, 쉬지않고 기도, 범사에 감사 등)에 순종치 않으면서 이 기도를 드릴 수는 없습니다. 그것은 위선이 될것입니다. 그러므로 이 기도는 오늘도 순종하며 더 순종하기를 소원하는 기도입니다. 하나님의 뜻은 순종하는 기도자를 통해서 이루어 지는 것입니다.

4) 타락한 세상에 항거하는 것을 의미합니다.

이 세상에선 어두움의 세력이 방해하기 때문에 하나님의 뜻이 제대로 실현되지 못합니다. 믿음, 사랑, 소망, 화평, 기쁨, 용서, 거룩, 순결, 고상함 등을 찾기 어렵고 거짓, 불의, 탐욕, 악독, 시기, 살인, 미움, 분쟁, 중생모략, 이혼, 음란 등 각종 죄악과 질별, 죽음이 이 세상을 가득 채우고 있습니다. 요한복음 2장에는 예수님께서 성전에서 행해지는 불의에 대해 항거하는 사건이 나옵니다.

그러므로 "뜻이 이루어지게 하소서."하는 것은 수동적이고 피동적인 넋두리가 아니고, 하나님의 뜻을 대적하는 어두움의 세력과 적극적이고 능동적인 싸움을 벌이는 것입니다. 모든 신자는 각자가 처한 환경 속에서 어두움의 세력에 대항하여 빛에 속한 선한 싸움을 벌여야 합니다.

하나님의 뜻은 죄에 빠진 우리를 구원하셔서 하나님의 이름이 거룩히 여김을 받으시며 하나님의 나라가 이루어지게 하는 것입니다. 하나님의 뜻은 성경에 구체적이고 상세하게 나타나 있습니다. 하나님의 뜻에 순종하려는 의지를 가지고 성경을 사랑하는 사람은 하나님의 뜻을 밝히 알 수 있습니다.

오늘 내게 밝혀진 하나님의 뜻을 하늘에서 천사들이 수행하듯이 완벽하게, 성실하게 열심히, 신속히, 자발적으로 끊임없이 순종해 드려야 합니다. 더욱 순종하려는 결심이 있어야 합니다. 날마다 내 뜻을 버리고 하나님의 뜻에 대적하는 흑암의 세력에 저항하는 싸움을 싸워야 할 것입니다.

6 일용할 양식을 주시고

마태복음 6 : 9-13

　이제 우리는 인간의 육신생활에 필요한 것을 구하는 부분을 살피게 되었습니다. 현실을 살아가는데 필요한 것들 중에 일용할 양식은 물질적 차원의 필요이며 죄 용서는 정신적인 차원의 필요이며 시험, 악에서 구원받는 것은 영적 차원의 필요라고 할 수 있습니다.

　인간의 필요를 구하는 것도 하나님의 영광과 밀접한 관계를 가지고 있습니다. 하나님께서는 구체적인 삶의 현장에서 우리 육신의 필요를 채우심으로 영광을 얻고자 합니다. 하나님 아버지께서 우리 현실 생활의 작은 필요까지도 채우시는 것을 체험할 때 좋은 하나님이심을 더욱 잘 알게 되고 더욱 더 감사 찬송하며 영광을 돌릴 수 있는 것입니다.

1. 양식

　단순히 음식물만을 의미하는 것이 아니라, 우리가 현실을 살아 가면서, 생명을 유지해 나가는데 필요한 모든 것을 포함하는 넓은 의미의 말입니다. (의식주, 건강, 가정, 좋은 정부, 사회, 의료혜택 등) 인간이 인간답게 살아 가는데 있어서 필요한 최소한의 필수품을 말하는 것입니다.

　필수품인가 사치품인가 하는 것은 각자의 신앙 양심 속에서 결정할 수 있습니다. 진실로 하나님을 사랑하고, 이웃을 사랑하고자 애쓰는 사람은 이에 대한 기준을 세우는데 어렵지 않을 것입니다. 주님은 가난하게 살아 보셨기에 인간의 육체적 욕구가 채워지지 못하면 하나님을 영광스럽게 하는 영적 삶을 살 수 없다는 것을 너무나 잘알고 계셨습니다.

2. 일용할

일체의 필요한 것을 구하되, 일용할 것을 구하라고 하셨습니다.

일용할 양식은 사람이 하루를 살아가는데 반드시 필요한 필수품을 말하는 것입니다. 이 구절에서, 간구할 한계를 정해주고 있습니다. 아침에 구하면 오늘 하루 필요한 것이고, 저녁에 기도하면 내일 하루 필요한 것을 구하는 것이 될 것입니다. 이 세상의 누구도 하루 동안에 일용할 것 이외에 더 쓰지 못합니다. 일용할 것으로 만족하지 못하고 미래를 위해 더 많은 것을 소유하려고 애쓰는 것은 탐심입니다.

이스라엘 사람들은 광야에서 만나를 먹을 때 하루분씩 받았습니다. 그 이상 욕심내어 거두었던 것은 썩어버렸습니다. 이 세상 불신자들은 일용할 것으로 만족하고 안심하지 못합니다. 그러나 신자는 일용할 것으로 만족하고 감사해야 합니다.(딤전 6:8) 그렇게 하지 못하는 것은 불신이고 죄입니다. 일용할 양식을 구하되, 우리의 노력과 노동을 게을리해서는 안됩니다. 하나님은 게으른 자의 피난처가 아닙니다.(살후 3:10, 잠 24:30-34) 물론 일할 수 없는 형편의 사람들이 있습니다. 그들을 위해서는 일용할 것 이상 가지고 있는 사람이 책임을 져야 합니다.(딤전 5:8)

3. 우리에게

주기도문의 근본 정신은 인간 중심이 아니라 하나님 중심이며 자기 중심이 아니라 공동체(우리) 중심인 것을 기억해야 합니다. 따라서 주기도문의 "우리"라는 말에 주의해야 합니다. 내가 돈이 없어 난처할 때 하나님께 돈을 주옵소서 라고 기도하려면 나와같은 처지의 사람을 기억하고 "우리에게 주옵소서"하고 기도해야 합니다. 내가 병들어 고통스러울 때 병 낫기를 기도한다면 "우리를 병에서 구하소서" 해야 할 것입니다. 우리에게 부족한 "공동체 의식(우리 의식)을 회복해야 합니다.

4. 이 간구가 포함하는 의미

1) 모든 것은 하나님께로부터 온다는 것을 기억해야 한다고 가르쳐줍니다.

우리가 현실을 살아가면서 누리는 모든 것은 하나님께로부터 온 것입니다. (시 24:1, 학 2:8, 시 50:12, 대상 29:14) 그러므로, 당장 먹을 것이 없는 자가 이 기도를 드린다면 만물의 근원이 되신 하나님께 일용할 것을 요청하는 것이요. 지금 일용할 것이 충분한 자가 이 기도를 드린다면 그것은 지금 누리고 있는 것이 하나님께로부터 오는 것임을 인정하고 감사하는 의미가 들어있는 것입니다.

2) 우리는 연약한 인간임을 인식하고 오로지 전능자이신 하나님만을 의존해야 할 것을 가르치는 것입니다.(시 39:4, 90:12)

3) 삶을 하루 단위로 살 것을 가르칩니다.

내일은 내 것이 아닙니다. 오늘만이 내 것으로 주어진 것입니다. 그러므로 오늘 하루 하나님만 의지하고 일용할 양식으로 만족하며 살아야 하는 것입니다. 매일 일용할 것을 구하려 하나님께 나아감으로 하나님과 교제할 수 있습니다. 하나님 아버지께서는 그것을 원하시는 것입니다.

탕자(눅15장)는 한꺼번에 모든 것을 받기를 원했습니다. 그 결과가 어떠했는지 우리는 잘 알고 있습니다. 우리는 주님 뜻대로 일용할 것만을 구하는 지혜로운 삶을 살아야 할 것입니다.(잠 30:7-8) 일용할 것으로 만족하지 못하는 신자는 일생 염려 근심속에서 불행한 삶을 살게 될 것입니다.(딤전 6:9-10)

4) 믿음과 행위가 일치할 것을 가르칩니다.

일용할 것 외에는 형제를 위한 것이므로 내게 여유있는 것을 형제,자매에게 나누어 주는 삶을 살아야 합니다. 그렇게 하지 못하는 자는 진정으로 기도할 자격이 없는 자입니다. 형제의 필요를 채워 주는 사랑의 삶을 체험하지 못한 사람은 아직 갈보리 십자가의 사랑이 무엇인지 체험 못한 사람입니다. (약 2:15-17) 하나님의 이름을 거룩하게 하고 그 나라와 그 뜻을 이루는 삶을 살기 위해서 육체의 욕구들이 채워져야 합니다.

그러므로 육신이 살아가는데 필요한 일용할 양식을 필수품으로 구하는 것은 합법적인 것입니다. 일용할 양식을 주님께로부터 받는 생활을 통해서 아버지께 영광 돌리는 삶을 살 수 있는 것입니다.

일용할 것을 날마다 구하는 삶을 통해 하나님 아버지와 밀접한 관계를 가지며 살아갈 수 있습니다. 언제나 "우리"의 필요를 기억해야 할 것입니다.

진실로 일용할 것으로 자족하는 믿음의 삶이 되며 일용할 것 이상은 이웃의 필요를 채우기위해 나누어주는 참 사랑의 사람이 되시기를 바랍니다.

7 우리 죄를 용서하여 주시고

마태복음 6 : 9-13

주님께서는 인간이 이 땅에서 살아가는데 필요한 모든 것을 얻기 위하여 구하라고 가르치고 계십니다. 우리는 일용할 것들을 주님께 구하여 받음으로 하나님께 영광돌리는 삶을 살아야 합니다. 인간의 간구 가운데 일용할 양식이 육신의 필요라고 한다면 나머지 세가지 간구(죄사함, 시험, 악)는 영혼을 위한 필요라고 할 수 있습니다.

육신이 필요를 먼저 구한 것은 육신이 영혼의 집이요. 도구이기 때문에 육신이 정상적으로 유지되지 못하면 영혼이 제대로 활동하지 못하기 때문일 것입니다. "우리 죄를..."는 "일용할 양식"을 구하는 기도와 "그리고(and)"로 연결되어 밀접한 관계를 가지고 있습니다. 그 이유는

첫째로, 죄사함이 없이는 현세에서 누리는 모든 좋은 것이 아무 소용이 없기 때문입니다. 죄사함 받지 못하고 영원히 멸망할 수 밖에 없는 인간이 잘먹고 잘 입기만 하는 것은 잔칫날 잔칫상에 올리기 위해 살찌우는 돼지와 같은 신세라 할 수 밖에 없습니다.

둘째로, 우리 죄는 하나님께로부터 오는 모든 좋은 것을 막는 장애물이기 때문입니다. "너희 허물이 이러한 일을 물리쳤고 너희 죄가 너희에게 오는 좋은 것을 막았느니라"(렘 5:25, 시 66:18, 잠 28:9-11, 사 59:1-2)

1. "우리의 죄"

성경은 모든 사람이 다 죄인이라고 선언합니다.(롬 3:23, 시 51:5)죄는 인간의 전 인격을 지배하고 영향을 끼칩니다. 죄는 인간의 모든 불행과 고통

의 원흉입니다. 죄로 인해 파괴된 개인의 심령, 가정, 국가, 사회를 어디서나 볼 수 있습니다. 신약에 나타난 "죄"의 용어는 여러 가지가 있는데(하말티아, 파라바시스, 아노미아, 파라프토마, 오페일레마 등)본문에 쓰인 단어는 오페일레마입니다. 이 단어는 빚(Debts)을 의미합니다. 빚이란 이행하지 않은 의무를 말합니다. 빚이란 마음에 부담을 가져오므로 평안이 없습니다. (사 48:22)

하나님께 대항해서 인간이 지고 있는 빚은 스스로 청산할 수 없는 정도로 엄청난 액수입니다. 흑인이 그 피부색을 고치지 못하고, 표범이 그 반점을 없애지 못하는 것처럼 악에 익숙한 인생도 악을 버리고 선을 행할 수 없다고 에레미야 선지자를 통해서 하나님은 말씀하셨습니다.(렘 13:23)

마태 18장에 나오는 빚 탕감의 비유는 바로 이것을 잘 말해줍니다. 일만 달란트의 빚이란 장정이 19만년 동안 일해야 벌 수 있는 돈입니다.(1 달란트 =6000데나리온, 1데나리온=장정 하루 품값)그러므로 죄에 빠진 인간은 절망적일 수 밖에 없습니다.

2. "용서하여 주시고" 라고 기도해야 합니다.

우리 스스로 우리 죄를 사하지 못하고 멸망될 수 밖에 없는 존재인 고로 하나님께서 친히 죄를 해결해 주시겠다고 하셨습니다.

"내가 그들의 죄악을 사하고 다시는 그 죄를 기억지 아니하리라"(렘 31:34) "나 곧 나는 나를 위하여 네 허물을 도말하는 자니 네 죄를 기억하지 아니하리라."(사 43:25) 죄는 인간을 영원히 저주합니다. 현실적으로도 양심을 괴롭히고 기쁨과 평안을 빼앗아 갑니다. 정신병리학자 윌리엄 새들러(William Sadler)는 "깨끗한 양심은 신경성 증세를 막는 위대한 조치다"라고 했습니다. 죄사함에 대한 욕구는 인간의 심오한 욕구중에 하나입니다.

1) 죄사함의 의미는

- 너그럽게 보아주신다(롬 3:25)
- 죄의 기록을 말살시킨다(사 43:25, 사 44:22, 골 2:14)
- 죄의 댓가를 십자가에서 대속했다(롬 6:23)는 것입니다.

2) 죄사함의 근거는 오직 예수 그리스도의 십자가입니다.

3) 죄사함에는 두 가지 면이 있습니다.

- 법정적 개념에서 심판장으로서의 용서하심이 있습니다.(요 5:24, 골 1:14) 요 13장에서 베드로에게 하신 말씀중 "목욕"에 해당하는 것입니다.
- 아버지로서, 일상적인 죄에서의 용서하심이 있습니다. 목욕을 해도 곧 발에 때가 묻듯이 죄사함을 받은 후에도 우리는 거듭 죄에 빠지게 됩니다. 그러므로 날마다 발 씻듯이 우리는 매일 매순간 마다 죄사함을 받아야 하는 것입니다.

4) 죄사함 받기 위해서 우리는 십자가 공로만 의지하고 자기 죄를 인정하고 고백해야 합니다.(요일 1:9)

뿐만 아니라 나에게 빚진 자를 용서해 주어야 합니다.

3. "우리가 우리에게 잘못한 사람을 용서하여 준 것 같이"

1) 다른 사람을 용서해준 댓가로, 죄용서 받는다는 의미가 아닙니다.(구원은 은혜로)

2) 하나님께서 자녀들을 다루시는 원리를 말씀하십니다.

3) 형제를 용서함은 내가 법정적 개념에서의 용서를 받는 증거라는 것입니다. 형제를 용서하지 못하는 것은 내가 아직 용서받지 못했음을 의미하는 것입니다.

용서 못하는 것은 "죄"이며 내가 아직 죄가운데 있음을 뜻합니다(요일 2:9-11)

4) 용서 못함의 결과

- 하나님과 교제와 교제로 인한 풍성한 삶을 잃게 된다는 것입니다.(사

59:1-2, 시 51:8-12)
- 건강도 잃게 됩니다.(시 32:3, 잠 17:22, 18:14) (* 각종 신경성 질병의 원인이 됨)

5) 그러므로 우리는 형제의 허물을 진심으로 용서해야 합니다.
(왜냐하면)
- 그것은 주님의 명령이기에(마 5:43, 엡 4:32)
- 주님이 본 보이셨기에(눅 23:34)
- 인간의 최고 미덕이기에(잠 19:11)
- 하나님의 징계가 있기에(히 12:5-11)
- 나도 허물이 많고 또 죄사함 받은 자이기(마 18:15-23) 때문이다.

6) 형제의 허물을 용서할 때, 나는 매일 매일의 죄에서 사함받게 되고, 구원의 감격이 있고, 삶에 넘치는 기쁨과 평안이 있게 됩니다.
'내 잔이 넘치나이다"고 고백하는 삶이 될 것입니다.

우리는 비록 하나님의 자녀가 되어 영원히 죄사함을 받는 몸이지만(목욕함), 날마다 생활속에서 짓는 죄가운데서 사함받아야 합니다(발씻음), 매일 발씻는 용서는 내가 다른 사람의 허물을 용서해 줄 때 하나님께서 베푸시는 은혜입니다. 진심으로 형제를 용서하기 전에는 예배도 기도도 봉사도 어떤 종교적 선행도 하나님께 열납되지 못함을 기억해야 합니다.

우리의 삶이 풍성해지려면 매일 매일 발씻는 체험이 있어야 합니다. 여러분의 기도 생활에 풍성함이 있습니까? 삶에 풍성함이 있습니까? 없다면 그것은 내 속에 죄가 가로막고 있기 때문일 것입니다. 중심으로 형제를 용서하지 못한자는 이 기도를 드릴 수 없습니다. 이 기도는 신앙과 행위가 일치할 것을 요구하기 때문입니다. 부디 서로 용서하고 용납하는 삶을 실천해서 하나님의 풍성한 긍휼과 자비와 은혜를 체험하게 되기를 바랍니다..

8 시험에 빠지지 않게 하시고

마태복음 6 : 9-13

우리가 살고 있는 세상은 죄악이 가득찬 곳입니다. 너도나도 죄짓기를 즐겨하며, 죄짓는 것을 아름답게 묘사하여 죄짓기를 장려합니다. 또한 범죄하도록 유혹하는 온갖 시험이 가득찬 곳입니다. 우리 신자들은 죄사함 받고, 다시 시험받고 넘어져 죄짓고, 다시 회개하고 죄사함 받고 다시 시험받고 ... 하는 식으로 다람쥐 쳇바퀴 돌리듯 죄악의 수레바퀴를 돌리고 있습니다. 돌다 지쳐서 체념상태에 빠져 죄가운데 사는 것을 당연히 여기고 살아가는 신자들이 얼마나 많은지 모릅니다.

풍성한 삶이 무엇인지 모른체, 무기력한 삶을 살아가는 모습을 볼 때 안타까운 마음을 금할 수 없습니다. 그러나 신자의 삶이란 거룩하신 주님과 연합하여 죄를 이기고 거룩하게 사는 생활입니다. 날이 가면 갈수록 성결해져야 하는 것입니다. 그래서 주님께서는 죄사함을 위해서 기도하도록 가르치신 후에 시험에 빠지지 않도록 기도할 것을 가르치셨습니다.

1. 시험이란 무엇입니까?

1) 하나님께서 하시는 시험입니다(Test)

이것은 하나님께서 그의 백성들을 단련하여 성결케 만드시려고 주시는 연단입니다(욥 23:10, 시 66:10-12)이런 시험에 대해서는 "온전히 기쁘게 여기라"(약 1:2-3)고 야고보 사도는 말씀하셨습니다. 왜냐하면 믿음의 시련이 인내를 만들어 내며 인내를 온전히 이룰 때 풍성한 삶을 살 수 있기 때문입니다.

2) 마귀가 주는 시험입니다(Temptation)

마귀가 악을 행하도록 유혹하는 것을 말합니다. 마귀는 에덴동산에서 아담과 하와를 시험하여 넘어뜨린 이후 우는 사자와 같이 두루 다니며 삼킬 자를 찾는 자(벧전 5:8, 마 24:24)이며, 온 천하를 유혹하는 자(계 12:9)입니다. 루터는 검은 악마, 흰 악마라는 표현을 했습니다. 검은 악마는 누구나 피하려하지만 흰 악마는 무서운 줄 모르고 가까이 하려 한다는 것입니다.

사탄이 광명의 천사로 나타나서 죄짓도록 유혹할 때는 죄가 절대로 죄처럼 보이지 않는다는 것입니다. 마귀는 아주 합리적이고 논리적으로 설득합니다. "이것은 교양 있고 세련된 일, 예술적, 낭만적" 등등의 표현을 사용합니다. 깨어있지 않으면 유혹에 넘어갑니다. 또한 마귀는 지름 길 쉬운 길을 제시하기도 합니다.

3) 위의 두 가지를 구분하기 어려운 경우가 많습니다.

욥의 경우 마귀는 욥을 넘어뜨리기 위해서 시험(Temptation)했고 하나님께서는 욥을 단련시키기 위해서 시험(Test)하셨습니다. 요셉의 경우, 마귀는 형제들을 통해서 요셉을 해치려고 했지만 하나님께서는 그것을 이용하여 요셉을 단련하고 후에 이스라엘을 구원할 준비를 하셨던 것입니다.

하나님께서는 주권적 섭리 가운데서 마귀의 시험을 허락하시므로 그것을 이용하여 자기 백성들을 연단하는 기회를 삼으십니다. 반면에 마귀는 하나님이 시험하시는 것을 틈타 신자들을 죄에 빠지게 만들려고 합니다. 그러나 결국에는 언제나 하나님께서 승리하시며 택하신 백성들에게는 모든 것을 합력하여 선을 이루십니다(롬 8:28)

2. 왜 시험에 들게 됩니까?

1) 마귀의 시험이든 하나님의 시험이든, 하나님의 주권적 섭리속에서 우리를 연단하기 위한 목적에서 주어집니다.

인간은 무지하고 교만하여 자기의 죄악됨과 부패, 무능 연약함을 알지 못하며 인정치 못하고 하나님을 의지하려고 하지 않습니다. 하나님께서는 우리가 제일 자신 있어 하는 분야에서 시험하셔서 그것을 깨뜨리십니다. 대부분의 신자들은 시련과 연단의 학교에서 오랫동안 배워야 더 이상 자기를 신뢰하지 않고 하나님만 의지하는 법을 배우게 됩니다. 거기에서 기도와 말씀의 중요성, 하나님 은혜의 절대적인 필요성을 느끼게 됩니다.

2) 자기의 욕심에 이끌릴 때 마귀의 시험에 빠지게 됩니다.(약 1:15)

욕심에 빠지게 되면 눈이 흐려져서 올바른 판단력을 상실합니다. 수단 방법 안가리고 욕심을 채우려합니다. 욕심은 헤아날 수 없는 깊은 수렁과 같습니다. 에서는 식욕 때문에 장자권을 팔았고, 삼손과 다윗은 색욕에 넘어졌으며, 아나니아와 삽비라는 명예욕에 넘어졌습니다.

3) 무분별하게 자기를 방치하기 때문에 마귀의 밥이 됩니다.

휘발유 통을 가진 사람이 불 가까이 가면 위험합니다. 우리의 육은 육신의 정욕과 이생의 자랑으로 뭉쳐진 덩어리라고 볼 수 있습니다. 그러므로 특별한 보호 조치없이 불같은 세상속에 내던져 진다면 폭발할 수 밖에 없습니다. 무분별하게 유혹 받을 수 있는 장소에나 모임에 자기를 내어 던지면 마귀에 유혹에 질 수 밖에 없습니다(잠 4:23, 26:28)

4) 교만하기 때문에 또한 그렇게 됩니다.(잠 16:18, 고전 10:12)

겸손하게 하나님을 의지하지 않고 자기에게 속한 그 무엇을 의지하면 넘어질 수 밖에 없습니다.

3. 시험을 어떻게 대처할 것인가? – 시험에 빠지지 않게 하시고 –

〈시험에 들기전에〉
- 깨어 있어야 합니다.(마 26:41)
- 피할 것은 피해야 합니다.(시 1편)

- 적극적으로 마귀를 대적해야 합니다.(약 4:7) 무엇으로 대적합니까? 말씀을 가지고 이겨야 합니다.(시 119:9-11, 마 4장 예수님의 시험)

〈시험에 들었을 때〉

감당할 시험만 허락하시고 피할 길 예비하시는 주님께 도움을 청해야 합니다. 시험에 지는 것은 하나님을 의지하지 않고 또 지레 겁먹고 낙심하여 주저앉아 버리기 때문입니다. (고전 10:13)

〈시험에 졌을 때〉

- 겸손히 죄를 인정하고(요일 1:9) 십자가만 의지하고 은혜의 보좌앞에 달려 나아가야 합니다.(히 4:14-15) 죄악의 흑탕물 속에서 한탄만 하지 말고, 곧장 십자가 보혈의 샘물에 가서 깨끗이 씻어야 합니다.
- 감사해야 합니다.(살전 5:18) 왜? 자신의 연약함을 깨달았을 뿐 아니라, 하나님 은혜의 필요성, 십자가 구원의 귀중함을 발견하는 계기가 되었기 때문입니다.
- 겸손하게 하나님만 의지하고 또 다시 시험에 들지않게 기도해야 할 것입니다.(마 26:41)

시험은 누구에게나 오는 것입니다. 그리고 우리의 신앙이 성숙해가는데 있어서 필요한 것입니다. 하나님께서는 우리의 유익을 위해서 시험(Test)하십니다. 마귀는 우리를 파멸시키기 위해 시험(Temptation)합니다. 마귀의 시험에 빠지는 것은 욕심에 이끌리기 때문이며, 교만하기 때문이며, 무분별하게 자신을 방치하기 때문이다. 그러나 감사하게도 하나님께서는 마귀의 시험까지도 이용하셔서 우리의 유익을 이루어 주실 수 있습니다.(롬 8:28) 시험에 들기 전에 깨어 기도해야 합니다. 시험가운데 들었으면 겸손히 회개하며 십자가를 붙들고 일어서야 할 것입니다.

9   악에서 구하소서

마태복음 6 : 9-13

이제 주기도문의 일곱 가지 간구 중 마지막 간구를 살펴 보게 되었습니다. 이번 간구는 시험에 들지 않는데 그칠 것이 아니라 악의 영역에서 완전히 벗어나 하나님의 완전함 가운데 살 수 있도록 간구 하라는 것입니다. 이제 구체적으로 살펴 봅시다.

1. 악이란

1) 원문에 의하면 두 가지로 해석될 수 있습니다.
- 악한 자(사탄) - 남성 명사로 볼때 / 터툴리안, 오리겐의 견해(교부)
- 악, 악한 것 - 중성 명사로 볼 때 / 어거스틴, 루터의 견해

칼빈은 사람에게 하나님의 보호와 구원이 없다면 그가 악한 자에게나 악한 것에서 피한다는 것은 불가능하기 때문에 두 가지를 구분 할 필요 없이 둘 다 포함하는 뜻이라고 하였습니다.

2) 그러므로 악이란 우리에게 해가 되는 모든 것을 말합니다.

즉 사탄과, 사탄으로 말미암은 모든 악한 일, 악한 환경, 악한 사람, 악한 제도 등을 말한다고 할 수 있습니다. 특히 그 안에 선한 것이라고는 하나도 없는 죄악을 말합니다.

2. 구하소서

1) 신자는 모든 악에서 구함 받아야 합니다.

무엇보다도 먼저 악한 자, 곧 사탄에게서 구함 받아야 합니다. 사탄은 가

끔 시험해서 죄 짓게 하는 정도가 아니라 우리를 아에 죄악의 포로로 삼으려고 듭니다. 자칫 잘못하면 새 생명 얻고 하나님의 자녀가 되었으면서도 죄악을 벗어나지 못하고 죄악의 세력에 매여 종노릇 하는, 무기력하고 나약한 삶을 살 수 밖에 없게 됩니다. 그러므로 일시적인 시험에 빠지지 않는 것도 중요하지만 근본적으로 죄악에서 벗어나는 것이 더욱 중요합니다.

2) 구한다는 말은 군대 용어로서 "포위망에서 풀어주다" "원수에게서 해방시키다"의 뜻입니다.

그러므로 이 말은 악이 우리를 포위하여 자기 종을 삼으려는 절박한 상황에서 포위망을 깨뜨리고 원수를 멸하여 벗어날 길을 주소서 하는 내용의 기도가 되는 것입니다.

3) 악에서 구함받는 것은 온전히 하나님의 권능의 역사에 의해서만 가능합니다.

어두움이 어두움을 물리칠 수 없듯이 인간에게 속한 그 무엇으로도 악을 물리칠 수 없습니다. 권능은 오직 하나님께만 있습니다. '악'과의 싸움에서 이기려는 인간의 모든 제도나 노력이 실패 했음은 역사가 증명해 줍니다. (예 : 모세, 국제연맹, 국제연합) 우리는 자신이 '악'과의 싸움에서 전적으로 무능하다는 사실을 깨닫고 오로지 하나님의 권능만을 의지할 때 하나님이 도와주셔서 승리케 한다는 사실을 알아야 합니다.

"악에서 구하소서"에는 악한 사탄의 계략을 감지할 수 있는 힘을 구하며, 사탄의 공격에 대적할 능력을 구하는 것이며, 자기 자신을 제어하고 세상의 유혹을 거절할 힘을 구하는 것입니다. 주님께서는 우리가 악에서 보존되기를 기도하셨습니다.(요 17:15) 그러므로 우리가 진심으로 악에서 구함받기를 위해 기도할 때 한량 없는 은혜를 주셔서 우리로 감당케 하실 것입니다(엡 3:20).

3. 악에서 구함 받는 길

하나님께서는 우리가 악에서 구함받는 길을 로마서 6장에 잘 보여 주셨습니다. 롬 6:1-14에 나타난 중요한 단어를 뽑아 공식을 만들어 보겠습니다.

첫째로, 알아야 합니다.(롬 6:3)

우리가 옛 사람이 예수님과 함께 십자가에 달려 죽었다는 사실을 알아야 합니다.

둘째로, 여겨야 합니다.(롬 6:11)

죄에 대하여, 세상에 대하여, 자신의 욕망에 대하여 죽은 자로 여겨야 합니다. 죄의 유혹이 올 때 세상에 대한 욕망이 일어날 때 이렇게 선언해야 합니다. "나는 이미 죄에 대해, 세상에 대해, 욕망에 대해 죽은 자이다. 그러므로 나는 더 이상 죄지을 몸이 없다."(롬 13:14, 갈 2:24, 6:14)

셋째로, 드려야 합니다.(롬 6:14)

옛 사람을 세상, 죄, 사욕에 대해 죽은 자로 간주하고 오직 내 몸은 하나님만이 쓰실 수 있는 의의 병기로 인정하고 하나님이 원하시는 일에 드려야 합니다. 하나님을 섬기고 사랑하는 일에 바쁘면 죄지을 틈이 없게 됩니다. 하나님께 드리면 그 결과 거룩함의 열매를 맺게 되고 풍성한 삶을 살게 됩니다. 참 자유를 누리게 됩니다.(요 8:32, 갈 5:1)

죄사함 받고 시험에 들지 않는 것도 중요하지만 근본적으로 "죄악"에서 완전히 벗어나는 것이 더 중요합니다. 죄악에서 완전히 해방되고 참 자유를 누리는 것은 하나님의 권능과 자비와 인도하심을 겸손히 의지할 때 가능합니다.

하나님의 은혜를 의지하는 가운데 그리스도와 함께 나의 옛 사람이 십자가에 못박혔음을 알고 죄에 대해 죽은 자로 여기고, 하나님 섬기는 일에 의의 병기로 드려야 합니다. 그럴 때, 죄악에서 해방되고 참 자유를 누릴 수 있게 되는 것입니다.

10 나라와 권능과 영광이 영원히 아버지의 것

마태복음 6 : 9-13

이제 우리는 완전한 기도의 모범인 주기도문의 마지막 결론에 도달했습니다. 주기도문은 기도를 들으시는 "하늘에 계신 우리 아버지"를 부름으로 시작했습니다. 먼저 하나님 영광에 관한 것 세 가지를 구했고, 이어서 인간에 필요에 관한 것 네 가지를 구했습니다. 이제 간구를 다 마치고 다시 "하늘에 계신 우리 아버지"께 영광을 돌림으로 종결 짓고 있습니다.

참된 기도는 하나님으로 시작해서 하나님으로 끝나는 것입니다. 철저하게 하나님 중심입니다. 참된 신앙은 하나님의 절대적인 주권과 영광에 초점을 맞추는 것입니다.(롬 11:36). 주님께서는 이제 마지막 부분에서 우리가 기도할 때 하나님 아버지께 돌려 드려야 할 것이 있다고 가르치십니다. 그것은 "찬양"입니다. 이제 이 부분이 가르치는 것을 자세히 살펴봅시다.

1. 기도에 있어서 하나님께 돌려 드려야 할 것이 있다는 것입니다.

시편 22편 3절에는 "이스라엘의 찬송중에 거하는 주님"이란 말씀이 있습니다. 시편 50편 14,23절에는 감사의 제사를 드리는 자가 하나님을 영화롭게 한다고 했습니다. 기도에 있어서 감사와 찬송과 영광을 하나님께 돌려 드리는 것이 필수입니다. 찬송은 기도의 절정이며 중심적인 것입니다.

찬양은 하나님과 교통하는 영혼의 언어요 신앙고백입니다. 시편에서 우리는 기도와 찬양이 나눌 수 없도록 밀착되어 있음을 알 수 있습니다. 또한 신,구약의 모든 경건한 성도들의 간구와 찬양이 언제나 함께 있었습니다. 하나님이 어떤 분이신지 알게 될 때 찬양은 저절로 나올 수 밖에 없는 것입니다. 우리의 믿음과 기도가 성숙되어 갈수록 찬양하는 일이 더욱 많아집니다. 찬양은 하나님의 사랑과 은혜, 절대 주권적인 섭리에 대한 확신과 감사의 표현입니다. 이와 같은 믿음과 감사의 표현으로서의 찬양은 하나님을 기쁘시게 해 드리는 입술의 열매인 것입니다.(히 13:15) 그러므로 우리는 기도의 시작에도, 기도 중에도, 기도의 마침에도 끊임 없이 찬양을 드려야 할 것입니다. 우리의 찬양을 받으실 분은 오직 삼위일체 되신 하나님 한 분 뿐이시며 찬양의 내용은 아버지의 나라와 권능과 영광이 영원한 것을 찬양할 것입니다.(대상 29:10-13)

2. 기도 응답에 대한 확신 근거를 하나님께 두어야 함을 가르치고 있습니다.

"나라와 권세와 영광이 아버지께 영원히"있기 때문에 앞의 간구들을 드릴 수 있고 또 주님께서 허락해 주실 수 있습니다.

1) "나라" 가 아버지께 영원히 있사옵니다.

나라는 하나님의 전 우주적인 통치권을 말합니다. 그러니까 하나님께서는 우주만물을 자기 뜻대로 지배하실 수 있는 최고 주권자이시기 때문에 그 분은 우리의 기도를 이루실 수 있다는 것입니다.

2) '권능' 이 아버지께 영원히 있사옵니다.

하나님은 자기의 통치권을 시행하시는데 있어서 전혀 부족함이 없으신 전능하신 분이시라는 것입니다. 절대적인 권능을 가지신 분이시기에 기도를 받으시고 또 이루실 수 있다는 것입니다. 주님을 거역할 수 있는 자는 아무도 없습니다(단 4:35)

3) "영광" 이 영원히 아버지의 것입니다.

"영광"이란 말은 "명예, 칭찬, 명성, 갈채를 받는다"는 의미입니다. 그러므로 "영광"이 아버지께 있다는 말은 주님의 속성이나 하시는 일이 그 무엇과도 비할 수 없는 절대적으로 높고 크다는 것입니다.

"하나님의 영광"을 하나님께서는 절대적으로 지키십니다.(사 48:11-12) 하나님께서 영광을 가지고 계시고, 그 영광을 지키시기 때문에 우리가 기도할 때 자기의 영광을 위해서 응답하실 수 있다는 것입니다. 이와 같이 우리가 기도할 때 응답에 대한 주장과 확신의 근거는 자신에 속한 그 무엇에 있는 것이 아니고 하나님 아버지께 있는 것입니다. 이것이 이방인들의 기도와 다른 점입니다. 그러므로 우리는 기도할 때 자신의 의를 내세워서는 안됩니다.(단 9:18-19)

3. 기도의 마침은 아멘이 되어야 함을 가르치고 있습니다.

"아멘"의 뜻은 "그렇게 될지어다"입니다. 복음서에서는 "진실로"라고 자주 번역됩니다. "아멘"이란 믿음과 소원의 표현입니다. 우리의 강한 열망을 표현하며 하나님의 권능과 신실하심에 대한 우리의 확신을 표현하는 신앙고백입니다. "아멘"그 자체가 압축되고 강조된 기원입니다.

하나님의 약속의 신실하심을 의지하여 "그의 나라와 권능과 영광이 영원함"을 믿고 응답의 풍성함을 확신하고 기대하며 "아멘"할 때 하나님께서는 기도에 응답해 주시며, 우리는 하나님 아버지께 영광을 돌리게 되는 것입니다(고후 1:20) 이처럼 기도하며 찬송하는 자는 구체적인 삶의 현장에서 하나님의 통치권에 순종하여 영광돌리는 삶을 실천해야 할 것입니다.

주님께서는 주기도문을 통해서 기도하는 사람의 마음가짐이 어떠해야 하며 기도의 내용과 순위는 어떠해야 할 것인지 가르쳐 주셨습니다.

기도란, 아버지께 나아가는 것이며 하나님의 뜻을 이루고 하나님께 영광을 드러내는 통로인 것을 가르치셨습니다.

지금까지 우리는 주기도문을 의미없이 예배 마침표로 사용해 왔던 적이 많습니다. 그러나 이제부터는 주기도문을 우리의 기도 생활의 지침으로 삼아 올바른 기도 생활을 해야 할 것입니다.

응답 받는 기도 포인트 100선

1. 원하는 것을 솔직하게 구하십시오. 하나님께서는 당신이 원하는 것을 들어 주시기를 오히려 원하고 계십니다.(요 15:7,16)

2. 성급한 태도를 버리십시오. 하나님은 자기 자신보다 우리를 더욱 사랑하고 계시기 때문에 꼭 필요한 하나님의 때에 응답해 주시기를 기뻐하십니다. 때로는 느린 것 같고 때로는 응답이 없으므로 불안 초조 가운데 있으나 하나님께서는 가장 좋은때에 가장 좋은 방법으로 우리에게 응답해 주시기를 원하십니다.

3. 회개부터 하십시오. 기도는 거룩하신 하나님과의 대화이므로 우리에게 죄악이 있을때에는 이루어지지 않습니다.

4. 하나님의 뜻대로 되기를 원하며 기도하십시오. 기도는 내 뜻대로 이루어지는 것이 아니요. 하나님 아버지께서 아버지의 뜻대로 이루어 주시는 것이기 때문에 나의 욕망이 아닌 아버지의 뜻대로 하여야 합니다.

5. 하나님이 듣고 계시는 것을 믿으십시오. 기도를 들으시는 것은 하나님의 속성이요. 그분의 성품의 일부분입니다. 그리고 하나님은 사랑이십니다.

6. 성령안에서 기도 하십시오. 성령님은 우리의 기도를 도우시는 분이요 우리를 위해서 친히 간구 하시는 기도의 영이십니다.

7. 기도한 것을 받은 줄로 믿으십시오. 예수님께서 기도하고 구하는 것은 받은 줄로 믿으라고 친히 약속하셨습니다. 그리고 믿음은 기도의 생명입니다. (막 11:24)

8. 상한 심령으로 기도하십시오. 하나님은 거만한 자를 비웃으시되 겸손한 자

에게는 은혜를 베푸신다고 하셨습니다.(잠 3:34) 그리고 상하고 통회하는 자를 멸시치 아니하신다고 하셨습니다.(시 51:17)

9. 감사함으로 기도하십시오. 사도 바울은 아무 것도 염려하지 말고 오직 모든 일에 감사함으로 하나님께 아뢸 것을 강조했습니다.(빌 4:6)

10. 용서한 후에 기도하십시오. 하나님은 용서의 하나님이시기 때문에 마음에 분을 품고 기도하는 것을 경멸하십니다. 하나님이 당신을 용서해 주신 것을 기억하십시오.

11. 힘을 다하여 간절히 기도하십시오. 전심으로 기도하는 열정에 사로잡힐 때만 하나님의 능력이 깃들게 되어 있습니다.(렘 29:13)

12. 무릎 꿇고 기도하십시오. 오늘도 하나님께서는 입술의 사람이 아니라 무릎의 사람들에게 능력과 감화력을 더해 주십니다. 그리고 무릎 꿇는 자는 절대로 넘어지지 않습니다.

13. 끈질기 기도를 하십시오. 열심히 없는 기도는 죽은 개로 벼룩을 사냥하는 것과 같고 눈먼 매로 빈대를 잡으려는 것과 같습니다.(눅 18:7)

14. 낙심하지 말고 기도하십시오. 근심, 초조, 불안, 낙심 가운데 기도하고, 기도한후에도 계속해서 근심, 초조, 불안, 낙심 가운데 살면 영원히 기도 응답의 기쁨은 없습니다.(갈 6:9)

15. 끝까지 기도하십시오. 끝까지 기도할 때 하나님의 응답이 깃들게 되어있고, 능력이 임하게 되어 있습니다.(창 32:36)

16. 쉬지말고 기도하십시오. 기도의 생활화, 생활의 기도화가 되면 당신의 짧은 기도에도 하나님께서 응답해 주십니다.(삼상 12:23)

17. 순간순간마다 기도하십시오. 매순간 매순간 마다 깨어서 기도하는 자에게는 사탄이 유혹하거나 시험할 겨를이 없습니다.(창 24:63)

18. 구체적으로 기도하십시오. 육신의 부모님께 구체적으로 나의 필요를 요청하듯이 하나님 아버지께도 구체적으로 기도해야만 합니다.(눅 11:5)

19. 믿음으로 기도하십시오. 믿음의 기도만이 당신이 전능하신 하나님을 움직일 수 있는 능력입니다.(약 1:6-8)

20. 진실하고 솔직하게 기도하십시오. 하나님은 중언 부언하는 기도가 아니라 진실되고 정직한 기도를 원하십니다.(마 6:7)

21. 하나님이 기뻐하시는 기도를 하십시오. 하나님은 당신을 기쁘시게 한 자녀에게 모든 것을 채워 주시기를 기뻐하십니다.(마 6:33)

22. 하나님의 뜻에 맡기는 기도를 하십시오. 하나님의 뜻을 구하는 것은 작게 구하는 것이 아니라 더 크게 구하는 것을 뜻합니다.(막 14:36)

23. 새벽에 기도하십시오. 성경의 기사와 이적은 거의 다 새벽에 일어났습니다. 늦게 하는 기도는 버린 기도입니다.(막 1:35)

24. 금식하며 기도하십시오. 주님은 공생에 사역을 시작하시기 전에 전에 40일 동안 금식 기도 하셨고, 수많은 성경의 인물들이 금식 기도함으로써 하나님이 주시는 응답을 체험했습니다.

25. 약속의 말씀을 붙들고 기도하십시오. 구약 성경에 기록된 믿음의 사람들은 자기 조상들에게 약속해 주신 하나님의 말씀을 붙들고 기도하셨습니다.

26. 면벽기도를 하십시오. 구약성경의 히스기야는 하나님의 진노속에서 잘못을 뉘우치고 기도하였는데 그의 기도는 벽을 마주한 면벽 기도였습니다. (역대하 32:24-26)

27. 찬송하면서 기도하십시오. 바울과 실라는 찬송으로 옥문이 열리는 하나님의 능력을 체험했습니다. 감옥이 그를 가둔 것이 아니라, 바울과 실라가

감옥을 가두었습니다.

28. 깊은 기도를 하십시오. 하늘의 해와 달을 멈출 수 있었던 여호수아의 능력은 깊은 기도에서 비롯된 것이었습니다.(출 33:11, 수 10:12)

29. 반복하여 기도하십시오. 반복의 기도는 물이 바위를 뚫는 것과 마찬가지입니다.

30. 씨름의 기도를 하십시오. 구약성경의 야곱은 환도뼈가 위골되는 고통을 겪으면서도 천사와 씨름하여 하나님의 응답을 체험할 수 있었습니다.

31. 하나님을 쉬지 못하게 하십시오. 하나님을 쉬지 못하게 하는 기도야 말로 하나님의 보좌를 움직일 수 있는 기도입니다.(사 62:6-7)

32. 물러서지 않는 기도를 하십시오. 뒤로 물러가는 만큼 하나님의 능력과도 거리가 멀어집니다.(히 10:38)

33. 약한 것을 없애달라고 기도하지 말고 약한 것을 강하게 해달라고 기도하십시오. 하나님은 약한 것을 통하여 강한 것을 부끄럽게 하시는 분이십니다.

34. 기도와 무기를 동시에 만드십시오. 구약성경의 느헤미야는 무기를 잡은 채 기도하고 싸우면서 성벽을 쌓았습니다.(느 4:23)기도에는 행동이 있어야 합니다.

35. 분명한 목적을 가지고 기도하십시오. 신약성경의 소경 바디메오는 눈을 뜨고자 하는 목적을 가지고 부르짖었기에 눈을 뜨는 기적을 체험할 수 있었습니다.(마 9:27-31)

36. 믿음의 밑그림을 먼저 그리십시오. 그것을 붙들고 기도하십시오. 밑그림이 없는 기도는 무정란과 같습니다.

37. 모호한 기도는 하지 마십시오. 모호한 기도는 모호하게 응답 받게 되어있고 구체적인 기도는 구체적으로 응답받게 되어 있습니다.

38. 자기를 부인하는 기도를 하십시오.   주님을 높이고, 자신의 공로를 내세우지 않는 기도는 기도 중의 최고 기도입니다.

39. 기도의 동역자를 만드십시오.   모세는 산꼭데기에 아론과 훌을 데리고 같습니다. 기도의 동역자가 있으면 넘어졌더라도 힘이 됩니다.

40. 점잖을 떨지 마십시오.   하나님은 끝장보는 신앙을 갖기를 원하십니다.

41. 교회 일을 앞장서서 기도하십시오.   하나님은 일하는 만큼 능력을 부어 주십니다.

42. 취할 정도로 기도하십시오.   구약성경의 한나는 취할 정도로 기도했기에 사무엘을 얻는 하나님의 응답을 맛볼 수 있었습니다.

43. 시간을 정하여 규칙적으로 기도하십시오.   예수님도 규칙적인 기도생활에 힘쓰셨고 제자들도 시간을 정하여 놓고 규칙적인 기도 생활을 하였습니다. (눅 22:39, 행 3:1)

44. 마음의 우상을 버리십시오.   우상이란 하나님 외에 우리가 사랑하는 것을 말합니다. 우리가 능력 있는 기도를 하려면 "주님께서 절대적으로 내게 첫째인가? 하는 것입니다.

45. 인색한 마음을 갖지 마십시오.   우물물은 퍼서 써야만 새로운 물로 채워지게 됩니다. 기도의 새로운 능력을 날마다 체험 하려면 퍼주는 것이 습관화 되어 있어야만 합니다.(마 7:2)

46. 의심하는 마음을 갖지 마십시오.   의심하는 것은 곧 하나님을 거짓말 하는 자로 만드는 것입니다.(약 1:6-7)

47. 분노심을 없애버리고 기도하십시오.   타인에게 분노심을 품고 있으면 하나님의 귀를 막아 자기의 간구를 못 듣게 하는 것이나 마찬가지입니다. 저주의 마음은 기도의 가장 무서운 적입니다.(막 11:25)

48. 열정적으로 기도하십시오. 냉랭한 마음으로 기도하는 것은 하나님의 능력의 불꽃에 물을 끼얹는 것이나 마찬가지입니다.

49. 겸비한 마음으로 기도하십시오. 하나님께서는 겸비하게 자신을 낮춘 자의 기도를 잘 들으십니다.(눅 18:9-14)

50. 뜻을 세운 기도를 하십시오. 구약성경의 다니엘은 단지 기도만 열심히 한 사람이 아니었습니다. 하나님의 영광을 드러내기 위한 뜻을 세운 기도였기에 하나님의 능력이 그와 함께 하셨습니다.

51. 환경을 초월하여 기도하십시오. 기도할 환경이 조성 되었기에 기도하는 것은 기도가 아닙니다. 주님의 기도 생활은 환경을 초월한 기도 생활이셨습니다.(막 1:35)

52. 기도하기 싫으면 예수님도 만날 생각을 하지 마십시오. 예수님이 기도하지 않는 사람을 본다는 것은 그분에게 고문이지 즐거움이 아닙니다.

53. 절망하지 마십시오. 절망은 기도의 불꽃을에 찬물을 끼얹는 것과도 같습니다.

54. 내가 원하는 방식대로 응답을 주셔야만 기도 응답이라고 생각하지 마십시오. 우리의 기도를 들으시는 하나님은 우리에게 모든 것이 합력하여 선을 이루시는 하나님이십니다.(롬 8:28)

55. 기도의 바른 내용을 가지고 기도하십시오. 기도의 내용이 바르면 열정적인 기도가 가능해지고 힘있는 기도를 할 수 있습니다.

56. 하나님의 나라와 그 의를 구하는 기도를 하십시오. 그리하면 하나님께서 모든 것을 더해 주십니다.(마 6:33)

57. 삶이 묻어나는 기도를 하십시오. 하나님께서는 기도의 무성한 말보다 삶을 먼저 보십니다.

58. 영혼이 잘되기 위하여 기도하십시오. 영혼이 건강해야 범사가 잘되는 하나님의 인도를 받을 수 있습니다.(요삼 1:2)

59. 깨달음이 있게 해달라고 기도하십시오. 깨달을 때에 기도의 향로에 불이 당겨지고 그 향연으로 하나님의 보좌 앞에 이르게 할 수 있습니다.

60. 믿음의 깨달음이 먼저 있게 해달라고 기도하십시오. 말씀의 깨달음이 있어야 마음을 쏟는 기도를 할 수 있습니다.

61. 끈기있는 기도를 하십시오. 어떤 것은 한번 기도했는데는 하나님이 이루어 주시지만 어떤 것은 일평생 기도해야만 이루어 주시는 경우도 있습니다.

62. 목숨을 건 기도를 하십시오. 구약성경의 한나는 고상한 기도제목은 아니었지만 타는 목마름으로 기도했기에 하나님의 응답을 맛볼 수 있었습니다.

63. 항복하는 마음으로 기도하십시오. 하나님 앞에서 어떤 태도로 간구하는가 하는 것은 무엇을 위하여 간구하는가 보다 중요합니다.

64. 기도와 응답을 사랑하기보다 하나님을 더 사랑하십시오. 기도를 통해서 얻어내려는 것에만 집착하면 마음을 쏟는 기도를 해도 하나님은 안 들어 주실 수 있습니다. 하나님은 우리와 바른 관계를 즐거워 하십니다.

65. 하나님의 주권을 의지하는 기도를 하십시오. 구약성경의 다윗이 골리앗을 이기는 하나님의 능력을 맛볼 수 있었던 것은 하나님의 주권을 전적으로 의지했기 때문입니다.(삼상 17:34-35)

66. 비 인격적이 기도를 하지 마십시오. 그것은 하나님의 인격과 성품에 대한 모독입니다.

67. 조금이라도 더 젊을때애 기도하십시오. 기도는 세상에서 할 일 없고 기력이 쇠한 사람이 심심풀이로 하는 것이 아닙니다.

68. 주일을 잘 지키십시오. 하나님은 그분의 시간을 도적질 하는 사람의 기

도를 듣지 않으십니다.

69. 의롭고 거룩한 삶을 살기에 힘쓰십시오. 하나님은 목소리 큰 사람의 기도에 주목하시는 것이 아니라 의롭고 거룩한 삶을 사는 사람의 기도에 귀를 기울이십니다.

70. 답변의 기도보다 진실한 마음이 담겨있는 기도를 하십시오. 하나님은 청산유수로 말하는 달변의 기도보다 하나님 자신을 갈망하는 마음으로 자신의 죄를 인식하고 참회하며 겸비해진 마음이 가득한 기도에 응답하시기를 원하십니다.

71. 기도의 회상자가 되기보다는 기도의 실행자가 되십시오. 현재의 기도생활이 없으면 과거의 기도생활은 꺼진 향불과 같은 것입니다.

72. 기도로 매일 매일 하나님과 사랑의 터치를 하십시오. 이것이 기도의 은혜로 사는 비결입니다.

73. 언제나 기도할 수 있게 해달라는 것을 기도의 제목으로 삼으십시오. 시냇가에 심은 나무가 시절을 좇아 과실을 풍성히 맺을 수 있습니다.(시 1편)

74. 기도는 숙달되지 않습니다. 어제까지만 해도 폭포수와 같이 열렬하게 쏟아지는 기도의 세계를 지녔다 하더라도 오늘 그 세계가 저절로 유지되지 않습니다. 우리의 영혼을 잘못 관리하면 오늘도 완전히 절벽 앞에 선 느낌을 받으며 거의 기도하지 못할 수도 있습니다.

75. 눈물로 기도하십시오. 하나님의 은혜를 체험한 자의 특징은 눈물이 많아진다는 것입니다.

76. 기도는 심은것입니다. 기도를 많이 심어야 많은 열매를 거둘 수 있습니다.

77. 하나님은 홀로 일하지 아니하시고 성도들의 기도를 통해 위대한 일을 이루어가기를 기뻐하십니다. 기차는 어디든 갈 수 있습니다. 그러나 레일이 필요합

니다. 공중에 레일이 깔리면 공중으로 갈 수 있고 해저 터널을 뚫고 레일을 깔면 바다 속을 지날 수도 있습니다. 기도와 하나님의 위대한 역사의 관계가 이러합니다.

78. 승리를 확신하며 기도하십시오. 구약성경의 갈렙은 열악한 환경임에도 불구하고 승리를 확신하였기에 가나안 땅에 들어가는 하나님의 축복을 누릴 수 있었습니다.

79. 기도는 하나님의 뜻을 추적하는 과정이고 하나님의 뜻을 듣는 과정입니다. 그러므로 기도가 충만해져야 하나님의 뜻을 명확하게 이해하고 방황하지 않는 삶을 살 수 있습니다.

80. 기도는 물대는(watering)작업입니다. 물댄 곳에서 왕성한 생명의 현상이 나타나듯 기도하는 자가 새롭게 하시는 하나님의 능력을 체험할 수 있습니다.

81. 영적인 침체에 놓여 있습니까? 기도의 물을 주면 영혼이 살아날 수 있습니다.

82. 기도를 비상 낙하산 식으로 사용하지 마십시오. 기도는 낙하산이 아니라 공격용 무기입니다. 기도에 매달려야만 하늘과 땅을 움직이는 기도의 능력을 활용할 수 있습니다.

83. 썩어지는 기도를 하십시오. 한 알의 밀이 땅에 떨어져야만 많은 열매를 거둘 수 있듯이, 자기의 생각과 의견을 온전히 죽어야만 기도의 많은 열매를 맺을수 있습니다.

84. 영적인 건강을 위하여 기도하십시오. 아무리 좋은 나무도 병이들면 열매를 맺을 수 없듯이 영적으로 병들어 있으면 기도의 열매를 맺을 수 없습니다.

85. 기도는 말을 많이 쏟아놓는 것이 아니라 마음을 많이 쏟아놓은 것입니다. 그

러므로 마음을 쏟는 기도를 하여야 응답 받는 기도의 원칙입니다.

86. 성전에 나와서 기도하십시오. 하나님은 어디에서나 함께 하시지만 특별히 성전을 통하여 함께 하시기를 원하십니다.

87. 어린아이와 같은 단순한 마음을 가지고 기도하십시오. 기도는 무엇인가를 주고 받는 거래가 아닙니다. 주님이 우리를 아시듯이 우리가 주님을 알고 하나님과의 관계 자체를 좋아하면서 어린아이처럼 기도할 수 있다면 거기에 하나님의 응답이 깃들게 되어 있습니다.

88. 자신을 쏟아 붓는 절박한 마음으로 기도하십시오. 하나님은 기도에 헌신을 투자하는 사람에게 응답의 아름다움을 주십니다.

89. 언제나 기도하십시오. 좋은 환경이나 여건이 우리의 신앙을 붙들어 주는 것이 아니라 기도할 수 있는 하나님과의 관계가 우리를 붙들어 줍니다.

90. 말씀에 대한 순종의 생활을 하십시오. 순종의 생활이 뒷받침 되면 기도에는 저절로 힘이 붙게 됩니다.

91. 비장한 각오를 가지고 기도하십시오. 구약성경의 다니엘은 비장한 각오를 가지고 기도했기에 하나님의 능력이 그와 함께 하셨습니다.

92. 부흥을 구하는 기도를 드리십시오. 우리 심령의 부흥이 하나님의 능력이 깃들게 하는데 가장 필요한 기도의 열쇠이기 때문입니다.

93. 말씀과 기도를 늘 균형있게 하십시오. 기도하지 않고 말씀의 은혜 속에서 살아가려는 사람은 마치 씨앗을 심고 물을 주지 않는 것과 같고, 단지 기도하려고 애를 쓸뿐 하나님의 말씀을 통한 은혜 없이 살아가려는 사람은 마치 씨앗 대신 구슬을 심고 물을 주는 것과 같습니다.

94. 경건한 성도가 되기 위하여 힘쓰십시오. 하나님은 경건한 성도의 기도를 잘 들어 주십니다.

95. 가정을 행복하게 만드십시오. 건강한 가정 없이 경건한 기도의 영성은 있을 수 없습니다.

96. 남편이나 아내에게 인정 받지 못하는 삶은 하나님에게도 인정 받지 못하는 삶이 될 수 있습니다. 그러므로 당신의 기도를 하나님이 인정하시게 만드시려면 먼저 남편이나 아내게 인정 받으십시오.

97. 매력있는 기도가 되게 하십시오. 우리도 매력 있는 사람에게 눈길이 가고 호감이 가듯, 하나님도 흐트러진 기도 보다는 매력 있는 기도에 관심을 보이십니다.

98. 기도의 제목을 분명히 하십시오. 어수선한 기도는 하나님의 응답이 주어지지 않을 뿐 아니라 하나님 나라에서 잡동사니 취급을 받습니다.

99. 우리는 우리의 간절한 필요 때문에 하나님께 기도하지만 기도의 궁극적인 목적은 하나님을 닮아가는 것입니다. 그분의 인격과 성품을 닮기에 마음을 쏟는다면 당신의 기도는 이미 응답이 주어진 기도입니다.

100. 기도의 탱크로리를 만드십시오. 가끔씩 기도하는 사람은 경차 용량밖에 되지 않지만 늘 많은 시간을 하나님 아에 쏟아 부으며 사는 삶은 탱크로리의 용량을 가진 기도의 사람입니다. 우리가 아는 위대한 기도의 사람들은 한번에 하나님의 능력이 깃들게 하는 기도의 사람이 된 것이 아니라 꾸준한 기도의 생활이 하나님의 능력의 통로가 되었고 기도의 거장이 될 수 있었습니다. 당신도 기도의 거장이 되어 보시기 바랍니다.

신앙의 위험 신호는 어떻게 오는가?

1. 교회 가기가 힘겨워지면 믿음이 식어지는 징조입니다.

신앙 생활의 기본은 예배입니다. 예배와 멀어진다는 것은 곧 하나님과 멀어지는 것을 의미하는 것이고, 은혜가 소멸되어 간다는 것이고, 하나님의 은혜를 체험할 수 없는 상태에 이르게 된다는 것입니다. 시냇가에 심기워진 나무만이 뿌리를 깊이 내릴 수 있고 언제나 푸르름을 유지할 수 있습니다.

2. 이 세상 풍습과 타협하면 믿음이 식어지는 징조입니다.

이 세상 풍습과 타협하는 그 이면에는 매우 합리적인 변명이 뒷받침하고 있습니다. "남들도 다하는데 나만 유별나게 행동할 필요가 있나", "어쩌다 한두 번 하는 것인데 뭐 별일이야 있겠나". 그런데 한 번이 두 번되고, 두 번이 세 번되고 그러다 나중에는 마음이 무감각해지고 맙니다. 세계적인 대문호 섹스피어는 그의 책 베니스의 상인에서 이런 말을 했습니다. "악마도 의젓하게 성경을 인용하면서 자기 목적을 성취할 줄 안다". 절대적인 신앙을 가질수록 절대적으로 안전합니다. 우리가 타협하지 않는 신앙을 가질 수록 오히려 형통케 하시는 하나님의 은혜를 체험할 수 있습니다.

3. 고가의 체험을 기념하는 단계로 기울어지면 믿음이 식어지는 징조입니다.

"그 때가 좋았다"는 식으로 과거의 신앙 체험과 은혜 체험을 추억하고 생각하는 그리스도인이 있습니다. 이것은 그 심령에 은혜가 소멸되고 있다는 증거입니다. 유대인 신학자 반스 하브너(Vancd Havner)는 인간의 영적 퇴보를 네 단계로 잘 규명해 주고 있습니다.

"Man – Movement – Machine – Monument"

처음에는 은혜 받은 사람이 되다가 나중에는 운동과 활동에 빠지기 쉽고 그 다음에는 기계적이 되다가 최종적으로는 과거를 기념하는 단계로 전락될 수 있음을 주지시켜 줍니다. 그러므로 소멸된 내면의 불꽃을 다시 살려서 발작적 신앙이 아니라 발전전 신앙으로 계속 전진해 나가야 합니다.

4. 기도의 문이 막히면 믿음이 식어지는 징조입니다.

그리스도인에게 기도는 액세서리가 아니라 가장 강력한 무기입니다. 그러나 동시에 가장 많이 사장되는 아까운 무기이기도 합니다. 기도를 열심히 심어야 기도의 열매를 거둘 수 있습니다. 따라서 기도의 문이 막히지 않도록 기도에 붙들린 종이 되기 위하여 힘쓰시기 바랍니다. 기도는 그 사람의 영적 수준입니다. 기도가 안 된다는 것은 그 사람의 영적 자본이 바닥났다는 것을 반증해 주는 것입니다.

5. 상대방이 단점이 보일 때 믿음이 식어지는 징조입니다.

마귀가 제일 무서워 하는 사람은 겸손한 사람입니다. 왜냐하면 겸손한 사람은 하나님만 의존하고 의뢰하기 때문입니다. 그런데 상대방의 단점이 보인다는 것은 자신이 교만해지고 있다는 증거이며, 사단이 쓰기에 합당한 사람으로 바뀌어지고 있다는 증세가 나타나는 것입니다. 겸손 하십시오. 겸손은 하나님의 종임을 확인하는 보증입니다.

6. 변명이 많아질 때 믿음이 식어지는 징조입니다.

믿음이 식어지면 "내 입장이 되면 어쩔 수 없다. 내 처지가 봐라"며 스스로를 합리화 합니다. 끊임없는 자기 변명에 옹색하게 만들어 버립니다.

7. 예배시간에 딴정을 피우게 될 때 믿음이 식어지는 징조입니다.

주보를 뒤척인다거나, 성경을 읽는다거나, 수시로 시계를 들여다본다거나, 예배 후에 있는 회의를 준비한다거나, 옆 사람과 글로 대화 한다거나 이런 식으로 예배 시간에 딴전을 피우는 것은 믿음이 식어지고 있다는 반증입니다.

8. 주일 오전 예배 외에 주중 예배에 참석하지 않는 것은 믿음이 식어지고 있다는 징조입니다.

신앙생활의 의무를 저버리는 것은 곧 하나님을 저버리는 것을 의미합니다. 사실 믿음이 식기 시작하면 예배 의무를 저버리는 것쯤은 대수롭지 않게 생각합니다. 여유가 생기면 그때는 예배를 잘 드리겠 노라고 말하지 마십시오. 평생 쫓기는 듯이 살다가 죽는 것이 인생입니다. 오늘의 공적 예배에 힘을 다하여 참석하고 그 예배를 통해 하나님이 주시는 은혜를 공급 받으면서 어려운 세상을 이기며 살아 갈 수 있도록 신앙 생활에 힘쓰지 아니하면 하나님 앞에 심각한 불신앙이라는 것을 잊지 마십시오.

9. 찬양하기가 힘겨워 지면 믿음이 식어지는 징조입니다.

찬송은 설교라는 예배 순서를 기다리는 '앞풀이'나 설교가 끝난 후 마무리를 하는 '뒤풀이'가 아니고, 헌금이 다 걷힐 때를 기다리며 부르는 노래도 아닙니다. 성경에 의하면 찬양은 예배와 마찬가지로 살아있는 하나님과의 생생한 교제입니다. 따라서 마음도 싣지 않은 채 뜻도 없고 생각도 없이 간간히 하나님의 이름을 섞어 기도하듯이 찬양할 것이 아니라 영혼에 울려 펴지는 찬양이 될 수 있도록 하십시오.

10. 설교 시간이 지루해지면 믿음이 식어지는 징조입니다.

주일에 하나님께 예배 드리는 것을 사모하며 한 주간을 살아왔다면 설교가 송이 꿀보다 더 단 것이 될 수 있겠지만, 주일을 지키지 않으면 신변에 무슨 위험한 일이 발생할 것만 같은 위기 위식이 있어서 마지 못해 주일 예배에 참석한다면 하나님의 말씀을 듣는 설교 시간은 고도의 테크닉을 갖춘 고문 기술자에게 고문을 받는 것같은 느낌을 지울 수 없을 것입니다. 당신의 예배가 견디기 식의 예배가 되지 않도록 주일을 기다리는 삶을 살아보시기 바랍니다.

11. 설교가 주님의 말씀으로 들리지 않고 사람의 말로 들릴 때 믿음이 식어지는 징조입니다.

"저 말씀은 나 들으라고 하는 소리구나", "저 말씀은 아무게 성도가 들었으면 좋겠다" 이런 쪽으로 생각이 기울어진다면 자신의 영혼을 살찌게 할 진리의 말씀은 영원히 들을 수 없습니다.

12. 재미있는 설교만 듣기를 원한다면 믿음이 식어지고 있다는 징조입니다.

설교를 들었는데 뱃살을 잡고 웃었던 예화 밖에 남는 것이 없다면 이것은 심각한 문제가 아닐 수 없습니다. 왜냐하면 본문과는 상관도 없이 우리의 마음 속에 돌아다니는 수많은 예화가 우리의 마음을 바꿔 놓을 수 없다는 것은 너무나 당여한 것이기 때문입니다. 설교는 강연이 아니라 우리의 영혼을 수술 받는 시간이라는 것을 잊지 마십시오.

13. 용서나 화목하기를 힘들어 하면 믿음이 식어지고 있다는 징조입니다.

하나님의 은혜를 깨닫고 아는 자라면 다른 사람에 대하여 용서와 화목의 마음을 갖는 것은 너무도 당연한 것입니다.

14. 성도에 대한 의무가 힘들어지면 믿음이 식어지고 있는 징조입니다.

복음을 받고 그리스도인이 되겠노라고 고백하는 것은 이미 그리스도 예수 안에있는 구원만을 받아들인 것이 아니라 그리스도인에게 따르는 마땅한 의무를 다하며 살겠다고 하나님과 교회 앞에 그리고 자신을 향하여 공적으로 고백한 것입니다. 따라서 예배와 기도, 전도와 봉사에 대하여 태만해 지는 것은 하나님을 막 보는 행동이나 다름 없습니다.

15. 예배시간에 조는 것은 믿음이 식어지고 있다는 징조입니다.

사람은 육체를 가진 피조물이기 때문에 때로는 힘들고 피곤하여 졸 수도 있습니다. 그러나 예배시간에 조는 것은 하나님 앞에 심각한 신성모독 임을 잊어서는 안됩니다. 그리고 한 두 번이 아니라 반복적으로 졸게 된다면 그것은 육체의 문제가 아니라 영혼의 문제입니다. 영혼이 심각한 병을 앓고 있기 때문에 습관적으로 조는 것입니다.

16. 기도원을 자주 가는 것은 믿음이 식어지고 있다는 징조입니다.

어쩌다 한번 영적으로 침체된 자신의 영적 회복을 위하여 기도원을 가는 것은 도움이 될지 모르나 기도원을 습관적으로 가는 것은 결코 신자의 바른 신앙 생활이라 말할 수 없습니다. 주님의 교회라는 이름 하에 이 땅에 당신의 몸을 남기셨고, 교회를 통하여 역사하시기를 원하시고, 회복시키기를 원하십니다. 주님께서 이 땅에 예배와, 안식과, 치료와, 교제와, 응답의 처소로 남기신 곳은 교회 밖에 없다는 것을 꼭 기억하여야 할 것입니다. 주님은 하나님 중심, 성경중심, 교회중심의 신앙을 높이 평가 하십니다.

17. 헌금 드리는 것이 인색해질 때 믿음이 식어지고 있다는 징조입니다.

신앙생활에 기쁨이 있다면 어떤 환경에 처해 있든지 하나님을 위해 넘치도록 물질로 섬길 수 있다는 것입니다. 헌금은 우리의 인생이 하나님 앞에 드려져야 하는 본보기로서 물질을 하나님 앞에 드리는 것입니다. 여기에는 우리가 물질을 의지하고 사는 사람이 아니라 하나님을 의지하며 사는 사람들이라는 신앙의 고백이 포함되어 있습니다. 만약에 사는 것이 물질 덕분이라고 생각하고 있다면 분명히 인색한 헌금생활에서 벗어날 수 없을 것입니다. 그러나 하나님의 은혜로 산다는 사실을 삶에서 고백 한다면 우리는 하나님 앞에 풍성한 헌금 생활을 하고야 말 것입니다.

18. 목회자의 인격이 보이면 믿음이 식어지고 있다는 징조입니다.

설교를 하나님 말씀 되게 하는 것은 설교자의 인격이 아니라 그 설교의 내용입니다. 물론 설교의 내용이 순전한 하나님의 말씀을 반영하고 그것을 설교하는 사람의 인격이 흠모할 만하여 삶이 정결하고 헌신 되어 모든 사람들 앞에 존경받는 삶을 살아갈 수 있다면 더할 수 없이 복된 일이지만, 설교자의 인격적인 흠이나 생활의 결함이 우리가 하나님의 말씀이 아닌 것으로 만들거나 거기에 순종하며 살아야 할 의무에서 해방시켜 주는 것은 아닙니다.

19. 내세애 대한 신앙이 희미해져 가면 믿음이 식어지고 있다는 징조입니다.

기독교 신앙은 이땅에서 하늘로 맞닿아 있는 신앙입니다. 지상의 존재가 하늘의 진리를 붙드고 이 땅에서 저 천국을 위하여 사는 것입니다. 이 땅에서 하늘에 속한 것을 느껴야만 비로소 세상을 위해 살지 않고 천국을 위해 살 수 있습니다. 혹시 당신이 방만한 삶을 살아가고 있는 것은 내세신앙이 없기 때문인 것은 아닌지 점검해 보시기 바랍니다.

20. 눈물이 메말라 갈 때 믿음이 식어지고 있다는 징조입니다.

죄에 대한 아픔도 없고, 예배 속에서의 하나님과의 만남의 감격도 없고, 기도속에서도 차가운 가슴으로 형식적인 말만 되풀이 하고 있다면 몸은 종교적인 습관에 매몰되어 있어도 믿음은 이미 화석화 되어버린것이나 마찬가지 입니다.

그리스도의 사랑에 감격하여 기도하던 자리가 물같이 쏟아진 마음에서 흘러나온 눈물로 기도한 것이 최근에 언제인지 생각해 보십시오. 휴지 없이 참여한 것을 불안하게 생각할 만큼 당신이 드리는 예배에 십자가의 감격이 마르지 않았던 때가 언제인지를 생각해 보십시오.

하나님의 사랑 앞에 기쁨의 눈물도 없고 슬픔의 흐느낌도 없는 우리라면 우리는 십자가의 사랑으로 죄 사함을 받은 그리스도인 아닐 수도 있습니다.

교회 선택의 십계명

교회를 선택하실때 건물을 보고 아름답다거나 환경이 좋다거나 나쁘다거나 혹은 규모가 크고 작은 것을 보지말고 또는 목회자의 명성이나 외모를 보지 말고 그 안에 담긴 신령한 면을 보십시오.

1. **예배가 인간 중심의 예배를 드리는가, 하나님 중심의 예배를 드리는가를 꼼꼼히 살펴 보시기 바랍니다.**

    하나님께서 기뻐하지 않는 예배는 일평생을 다녀도 헛수고가 되므로 하나님 중심의 예배를 드리는 교회를 찾으십시오.

2. **목회자가 감정폭발만 시키는가, 성령의 역사로 기도하고 찬송하게 하는가를 살펴보시기 바랍니다.**

    감정폭발은 육신의 스트레스를 해소 시킬 수 있어 잠시 기쁠지 몰라도 우리 안에 있는 속 사람은 슬퍼하며 쇠약해지기 때문에 성령께서 역사하시는 교회를 찾으십시오.

3. **목회자가 영광을 받으려고 하는가, 하나님께 영광을 돌리려고 하는가를 살펴보시기 바랍니다.**

    사람이 영광을 취하면 하나님께서 은혜와 복을 주시지 않습니다. 그러므로 하나님께 영광 돌리는 교회를 찾으십시오.

4. **사람의 철학을 가르치는가, 하나님의 말씀을 가르치는가를 살펴보시기 바랍니다.**

    어느 목회자가 하나님의 말씀을 전하지 않는다고 하겠습니까만은 그러나 성경은 읽어놓고 성경을 덮어두고 자기 말, 위인들의 말, 사람들의 말만 한다면?....

성도들의 영은 자신도 모른 사이에 시들어 갑니다. 그런즉 하나님의 말씀(성경), 하나님의 뜻을 전하는 교회를 찾으십시오.

5. **성도가 영혼에 만족하는가, 목회자가 권위에 만족하는가를 살펴보시기 바랍니다.**

목회자는 화려한 경력과 유창하고 깊이 있는 설교를 하고서 자신은 만족하지만 성도들은 답답하여 기도원이나 부흥회에 은혜 받으러 다녀야 한다면 신앙생활이 고달프고 영혼의 만족을 얻을 수 없게 되므로 성도들은 영혼을 만족시켜 주는 교회를 찾으십시오.

6. **어려운 교회나 개인을 돕는 것이 과시용인가, 사랑으로 하는것인가를 살펴보시기 바랍니다.**

과시는 복을 받지 못할 일이기 때문입니다. 어려운 것을 보고 눈물을 닦으며 마음 아파서 자기의 주머니에 있는 것을 다 주고도 미안하여 오른손이 한 것을 왼손이 모르게 하듯 숨어있는 아름다움이 있는 교회를 찾으십시오.

7. **주님의 말씀을 이용한 착취를 하는가? 은혜로운 헌금을 드리게 하는가? 를 살펴보시기 바랍니다.**

하나님의 은혜에 감사하여 헌금을 드리고 복을 받는 것은 기독교의 기본적인 경제관으로 기복 신앙이 아닙니다. 그러나 축복을 이용한 착취를 하고, 너무 많은 헌금 종류로 한푼이라도 더 걷어내려는 방법이나 동원하고, 헌금 걷어들이기 위해 부흥회를 하는 교회? ...
심령이 괴로워 은혜가 안됩니다. 은혜충만, 감사 충만하여 헌금하고 싶은 교회를 찾으십시오.

8. 율법적인가? 은혜와 사랑으로 하나가 된 교회인가?를 살펴보시기 바랍니다.

    에베소 교회처럼 은혜는 메마르고, 거룩만을 주장하고, 조그만 잘못도 용납하지 않는 율법적인 교회가 아니라 때로는 투정도 하고, 응석을 부리면 받아주고 이해하며 때로는 약간의 단점도 있지만 허다한 죄를 덮는 사랑으로 덮어주고, 상처입은 심령이 상처를 싸매주는 사랑이 끈이 되어 하나로 맺어진 형제 자매들의 수평적인 교회를 찾으십시오.

9. 목회자의 가정이 화목한가? 위선인가?를 살펴보시기 바랍니다.

    사모는 목사의 신앙상태, 마음상태, 영적상태와 인격과 삶을 대변하는 대변인 입니다. 사모의 입에서 늘 감사의 말이 흘러 넘치는가? 불평의 말만 늘어놓은가?...

    사모의 입에서 감사와 찬양이 가득하고 얼굴에 기쁨이 충만한 모습인 교회는 성도들도 목사님의 가정을 따라 성도들의 가정에 천국이 이루어집니다.

10. 목사님의 친구가 누구이며, 그 분을 어떻게 평가하는가를 살펴보시기 바랍니다.

    목사님의 친구가 명예와 권세와 사람보다 하나님이 친구라면 얼마나 좋을까요?

이런 교회를 찾으십시오.

평신도를 위한
주제별 대표 기도문

2013년 6월 17일 ·개정 1쇄 발행
2013년 11월 16일 ·개정 2쇄 발행
2014년 4월 28일 ·개정 3쇄 발행

지은이 · 노진향
발행인 · 민태근
발행처 · 도서출판 두돌비
131-820 서울특별시 중랑구 동일로 107길 12

전 화 · (02)964-6993 / Fax (02) 2208-0153
등 록 · 제 2006-12호

정 가 11,000원
ISBN 978-89-85583-23-1

* 잘못된 책은 바꿔 드립니다.